Zwischen den Zeilen 8

Lesebuch

Ingrid von Engelhardt
Josef Hammerl
Christoph Launer
Albert Schnitzer
Marlene Waas-Mezger

westermann

Der Band für das 8. Schuljahr
wurde erarbeitet von

Ingrid von Engelhardt, Erlangen;
Josef Hammerl, Bad Kissingen;
Christoph Launer, Vasbühl;
Albert Schnitzer, Rosenheim;
Marlene Waas-Mezger, Essenbach.

Einband und Illustrationen:
Susanne Spannaus, Erfurt.

1. Auflage Druck   5 4 3 2 1
Herstellungsjahr   2003 2002 2001 2000 1999
Alle Drucke dieser Auflage können im Unterricht
parallel verwendet werden.

© Westermann Schulbuchverlag GmbH, Braunschweig 1999
www.westermann.de

Verlagslektorat: Frank Sauer, Bettina Poppe
Lay-out und Herstellung: Sandra Grünberg
Druck und Bindung: westermann druck GmbH, Braunschweig

ISBN 3-14-**122138**-3

Inhaltsverzeichnis

Gedichte-Werkstatt   8

Verse in eine richtige Reihenfolge bringen
oder: Wie folgt ein Vers dem anderen? 10
    Man wünschte sich herzlich gute Nacht   *nach Wilhelm Busch* 10
    Abendständchen   *nach Clemens Brentano* 11
Ein Gedicht in Verse gliedern
oder: Wo enden die Verse? 12
    Ein Fichtenbaum steht einsam   *nach Heinrich Heine* 12
    Humorlos   *nach Erich Fried* 12
    Gedicht   *nach Jürgen Theobaldy* 12
    Großstadt   *nach Egon Rieble* 13
Zwei Gedichte entflechten
oder: Was gehört zu welchem Gedicht? 14
    Nachts/Nachtlied   *nach Hans Joseph von Eichendorff/Georg Lenzen* ... 14
    Mittag/Mittagsstille   *nach Theodor Fontane/Martin Greif* 15
Das richtige Wort finden
oder: Welches Wort passt hier am besten? 16
    April   *nach Christine Busta* 16
    Novembertag   *nach Christian Morgenstern* 16
Zu Reimwörtern ein Gedicht schreiben
oder: Welcher Vers passt zu diesem Schlussreim? 17
    Baden   *nach Dieter Mucke* 17
Zu Kernwörtern ein Gedicht schreiben
oder: Welcher Vers passt zu diesem Kernwort? 18
    August   *nach Elisabeth Borchers* 18
Gedichte nach einer Vorlage schreiben
oder: Welches Thema passt noch zu dieser Gedichtform? 19
    Fünfter sein   *Ernst Jandl* 19
    Selbstbedienungsrestaurant   *Hans Manz* 20
Die Gedichte in ihrer Originalfassung 21

Was Texte schön macht   24

Fahrerflucht   *Josef Reding* 25
Die Probe   *Herbert Malecha* 30
Ein komischer Liebesbrief   *Karl Valentin* 35

Heimat – nur ein Land? **36**

Mein Dorf *Isabella Nadolny* 37
Bochum *Herbert Grönemeyer* 41
Unsere kleine Farm *Gracemary Cuming* 42
Wie Spucke im Sand *Klaus Kordon* 45
Heimat ist nicht nur ein Land *Karin Kusterer/Edita Dugalic* 48
Gedanken zu „Heimat" *Schülerinnentexte* 51
Gespräch mit jugendlichen Aussiedlern *Interview* 52
Klagelied eines alten Münchners *Siegfried Sommer* 55
Hinweise zu den Texten 57

Gewalt hat viele Gesichter **62**

Über Frieden *Astrid Lindgren* 62
Jenö war mein Freund *Wolfdietrich Schnurre* 64
Spaghetti für zwei *Federica de Cesco* 67
Vorbei ist fast nichts *Renate Welsh* 70
Die Mutprobe *Peter Grosz* 72
Imagine *John Lennon* 77
Hinweise zu den Texten 78

Von dir und mir **82**

Liebste Abby *Hadley Irwin* 83
Eifersucht *Tanja Zimmermann* 87
Down by the river *Olaf Büttner* 88
Bitterschokolade *Mirjam Pressler* 90
Dû bist mîn *Unbekannter Verfasser* 92
Gedicht *Jürgen Theobaldy* 92
sieben bemerkungen am 5.12.76 *Ernst Jandl* 93
In der Frieh auf un dervoo (nooch Goethe) *Helmut Haberkamm* 94
Willkommen und Abschied *Johann Wolfgang von Goethe* 95
Das Ende von Etwas *Ernest Hemingway* 96
Das Brot *Wolfgang Borchert* 100
Hinweise zu den Texten 102

Traum-Bilder **110**

Die gefrorenen Träume *Willi Fährmann* 111
Nachmittag *Peter Maiwald* 113
Willst du nicht mit mir fort? *Jerome D. Salinger* 114
Zukunftsperspektiven und Träume *(Shell-Studie)* 118
Ich träume *Mehmet Arat* 119
Mit 13 hat man noch Träume … *Gabriele Heymann* 120

„Eigentlich habe ich keine Lust" *Achim Bröger* 123
Masken *Max von der Grün* 126
Hinweise zu den Texten 130

Bei Tag und bei Nacht **134**
„Es läuft der Frühlingswind…" 135
    Vorfrühling *Hugo von Hofmannsthal* 135
    Sommergesang *Paul Gerhardt* 136
    Novembertag *Christian Morgenstern* 137
    Im Nebel *Hermann Hesse* 137
    So kam die Nacht *Wolfgang Bächler* 138
    Mondnacht *Joseph von Eichendorff* 138
    Abendständchen *Clemens Brentano* 139
In der Stadt 140
    Augen in der Großstadt *Kurt Tucholsky* 140
    Sommersonntag in der Stadt *Georg Britting* 142
    Großstadt *Egon Rieble* 143
    Das Karussell *Rainer Maria Rilke* 144
„Ein Wiesel saß auf einem Kiesel…" 145
    Das ästhetische Wiesel *Christian Morgenstern* 145
    Moin, moin, Morgenstern *Robert Gernhardt* 145
    So – so *Kurt Schwitters* 146
    Es sitzt ein Vogel *Wilhelm Busch* 146
Hinweise zu den Texten 147

Balladen erzählen Geschichten **156**
Erlkönig *Johann Wolfgang von Goethe* 157
Der Knabe im Moor *Annette von Droste-Hülshoff* 158
Die Bürgschaft *Friedrich von Schiller* 160
Die Brück' am Tay *Theodor Fontane* 164
Aus der Vossischen Zeitung vom 30.12.1879 *Unbekannter Verfasser* 166
Die Ballade von dem Briefträger William L. Moore *Wolf Biermann* 168
Die Ballade von den sieben Schneidern *Wilhelm Busch* 170
Hinweise zu den Texten 173

Alles nur Theater? **180**
Beim Arzt *Karl Valentin* 181
Schmeckt's? *Loriot* 183
Dornröschen *Robert Walser* 187
Der Spitzel *Bertolt Brecht* 193
Hinweise zu den Texten 201

Zwischen Gestern und Heute — Klassenlektüre — 204

Paule Pizolka oder Eine Flucht durch Deutschland *Arnulf Zitelmann* 205
Reise im August *Gudrun Pausewang* 211
Dann eben mit Gewalt *Jan de Zanger* 217
Hinweise zu den Texten 222

Einem Autor über die Schulter geschaut — 226

Kartoffelkäferzeiten *Paul Maar* 233

Die Wüste lebt — Arbeitstechniken — 246

Aufbruch in die Wüste *Uwe George* 247
Leitfaden zur Erschließung von Sachtexten 249
Ordnung aus dem Chaos 250
„Überlebenskünstler" Kamel 255
Die Überlebenstricks der Wüstenspringmaus 258
Wie Pflanzen in der Wüste überleben 259
„Wüstenrätsel" 264

Eisnacht am Montblanc — Medien — 266

Der Inhalt der Nachricht 267
Der grafische und inhaltliche Aufbau einer Nachricht 268
Überregionale Tageszeitungen 269
Regionale Tageszeitungen 271
Elektronische Medien 273
Informationsmedien vergleichen 274
Die Reportage 275
Das Interview 278
Der Kommentar 279
Der Leserbrief 280
Projektidee 281

Textsortenverzeichnis 282

Quellenverzeichnis 285

Gedichte-Werkstatt

Was eine Gedichte-Werkstatt ist, wissen die meisten von euch:
Hier werden Gedichte nicht nur gelesen und interpretiert, sondern erst einmal
hergestellt, bearbeitet, in ihre endgültige Form gebracht.
Im ersten Teil dieser Werkstatt arbeitet ihr stärker mit vorgegebenen Textteilen,
aus denen ihr Gedichte machen sollt:
Ihr bringt die Verse von Gedichten in ihre richtige Reihenfolge;
überlegt, wie lang Gedichtverse in einem Text überhaupt sein sollen;
macht aus einem Text wieder zwei Gedichte, indem ihr herausfindet,
welche Verszeilen zusammengehören; ergänzt fehlende Wörter von Gedichten.

Im zweiten Teil (ab Seite 17) arbeitet ihr freier. Hier könnt ihr selbst Gedichte schreiben zu vorgegebenen Reimwörtern, zu einem bestimmten Thema mit bestimmten Kernwörtern oder zu einer vorgegebenen Gedichtform.
Eure fertigen Gedichtfassungen solltet ihr ausführlich miteinander vergleichen, bevor ihr dann die im Anhang abgedruckten Originaltexte (ab Seite 21) mit heranzieht. Wichtig ist nicht so sehr, dass eure Gedichtfassungen den Originaltexten möglichst gleichen, sondern dass ihr verschiedene Seiten des Gedichtemachens einmal selbst erprobt. Dabei könnt ihr eine Menge darüber lernen, was bei Gedichten wichtig ist. Ihr werdet dann auch die Originaltexte viel aufmerksamer lesen.

Verse in eine richtige Reihenfolge bringen
oder: Wie folgt ein Vers dem anderen?

Man wünschte sich herzlich gute Nacht

nach Wilhelm Busch

Man wünschte sich herzlich gute Nacht;

Sie wachten zusammen bis in der Früh,

Im ganzen Haus sind nur noch zween,

Mit seiner Base Lucinden.

Als ob sie von nichts was wüssten.

Das ist der gute Vetter Eugen

Und alles ist Ruh und Friede.

Des Morgens beim Frühstück taten sie,

Die keine Ruhe finden,

Bald sind die Lichter ausgemacht,

Die Tante war schrecklich müde;

Sie herzten sich und küssten.

Ihr habt es beim Lesen sicher gleich gemerkt:
Bei diesem Gedicht stimmt die Reihenfolge der Verse nicht.

1 Schreibt das Gedicht ab oder kopiert es und zerschneidet es so,
dass die einzelnen Verszeilen in Streifen vor euch auf dem Tisch liegen.

2 Ordnet dann die Zeilenstreifen so an,
dass daraus ein sinnvolles Gedicht wird.
Der Inhalt und die Reime der Verse helfen euch dabei.
Diese Aufgabe lässt sich auch gut zu zweit oder in der Gruppe lösen.
Ein Tipp: Die erste Verszeile steht am richtigen Platz.

Abendständchen
nach Clemens Brentano

Hör, es klagt die Flöte wieder

Holdes Bitten, mild Verlangen,

Stille, stille, lass uns lauschen!

Blickt zu mir der Töne Licht.

Golden wehn die Töne nieder –

Wie es süß zum Herzen spricht!

Und die kühlen Brunnen rauschen,

Durch die Nacht, die mich umfangen.

3 Versucht auch diesem Gedicht eine „richtige" Versfolge zu geben.
Die erste Verszeile könnt ihr lassen, wo sie ist.

4 Wieso ist das hier schwieriger als bei dem Gedicht von Wilhelm Busch?

5 Lest eure Texte vor und überlegt:
Wieso gibt es hier mehrere Textfassungen, die einen Sinn ergeben?

Ein Gedicht in Verse gliedern *oder:* Wo enden die Verse?

Ein Fichtenbaum steht einsam
nach Heinrich Heine

Ein Fichtenbaum steht einsam im Norden auf kahler Höh. Ihn schläfert; mit weißer Decke umhüllen ihn Eis und Schnee. Er träumt von einer Palme, die, fern im Morgenland, einsam und schweigend trauert auf brennender Felsenwand.

1 Das Besondere an Gedichten ist, dass sie – anders als Erzähltexte –
aus Versen bestehen; sie sind immer in Verszeilen "gebunden".
Dieser Text hier war ein Gedicht, das seine Versform verloren hat.
Gliedert den Text in Verse, sodass daraus wieder ein Gedicht wird.

2 An manchen Stellen kann man hören, dass hier der Vers zu Ende ist. Warum?

3 Lest eure Texte so vor, dass ihr das Zeilenende hören könnt:
Wie wirkt die Gedichtform, wenn ihr sie mit der Prosaform oben vergleicht?

Humorlos
nach Erich Fried

Die Jungen werfen zum Spaß mit Steinen nach Fröschen Die Frösche sterben im Ernst.

Gedicht
nach Jürgen Theobaldy

Ich möchte gern ein kurzes Gedicht schreiben eins mit vier fünf Zeilen nicht länger ein ganz einfaches eins das alles sagt über uns beide und doch nichts verrät von dir und mir.

4 Auch diese Texte waren ursprünglich Gedichte,
wenn sie auch keine Reime enthalten.
Sucht euch einen der beiden Texte aus und ordnet ihn in Verse zu einem Gedicht an.

5 Lest eure Gedichtfassungen vor und vergleicht:
Wie verändert sich der Text, sein Sinn durch die verschiedenen Verseinteilungen?

Großstadt
nach Egon Rieble

Die alte Blumenfrau an der Ecke hockt zwischen vermummtem Gelb. In den Händen hält mit ihrem Hauch sie die Hoffnung gemuldet. Doch sie gehen vorüber. Die Schluchten sind lang und kalt ist der schmutzige Schnee der Bürgersteige. Fast gläsern schiebt sich der Wind zwischen die Gesichter. Dort hat einer seinen Mantelkragen hochgeschlagen und friert mit den dekolletierten Schaufensterpuppen. Bitter schmecken Neon und Himmel. Nur am Eingang des großen Kaufhauses bläst immer der Föhn.

6 Macht aus diesem Text ein in Verse gegliedertes Gedicht.
Denkt daran: Die Verszeilen können ganz unterschiedlich lang sein, je nachdem, was ihr in einem Vers zusammenhaben oder besonders herausheben wollt.
Je weniger Wörter eine Verszeile enthält, desto betonter, gewichtiger wirken diese Wörter.

7 Vergleicht eure verschiedenen Gedichtfassungen.

Zwei Gedichte entflechten
oder: Was gehört zu welchem Gedicht?

Nachts/Nachtlied

Ich stehe im Waldesschatten
In den Träumen, die wir träumen,
Wie an des Lebens Rand,
Wachsen Sterne auf den Bäumen,
Haben Autos goldne Flügel
Die Länder wie dämmernde Matten
Der Strom wie ein silbern Band
Und die Stühle Pferdezügel.

In dem Haus, an das wir denken,
Von fern nur schlagen die Glocken
Über die Wälder herein,
Zwitschern Vögel in den Schränken;
Ein Reh hebt den Kopf erschrocken
In der Wanduhr überm Tisch
Schwimmt der große Messingfisch.
Und schlummert gleich wieder ein.
Der Wald aber rühret die Wipfel

In dem Zimmer, wo wir schlafen,
Im Traum von der Felsenwand.
Wiegen Schiffe sich im Hafen;
Denn der Herr geht über die Gipfel
Über unsere Betten ziehn
Wolken weiß und leicht dahin.
Und segnet das stille Land.

1 In diesem Text sind zwei Gedichte ineinander geschoben. Beide handeln von der Nacht. Die Reihenfolge der Verszeilen ist dabei gleich geblieben. Um diese beiden Gedichte wieder herzustellen, müsst ihr diese Verse also entflechten. Das ist gar nicht so schwierig, denn die beiden Gedichte sprechen von recht unterschiedlichen Eindrücken und Gefühlen in der Nacht.

2 Sprecht die Verse halblaut vor euch hin, dann werdet ihr merken: nicht nur der Inhalt, auch der Reim und der Rhythmus zeigen euch, welche Verse zusammengehören.

Beide Gedichte bestehen aus drei vierzeiligen Strophen. So fangen sie an:

Nachts
Joseph von Eichendorff

Ich stehe im Waldesschatten
Wie an des Lebens Rand …

Nachtlied
Hans Georg Lenzen

In den Träumen, die wir träumen,
Wachsen Sterne auf den Bäumen …

Zu Reimwörtern ein Gedicht schreiben
oder: Welcher Vers passt zu diesem Schlussreim?

Baden
nach Dieter Mucke

… kühlen
… spülen
… schweben
… geben

… Augen
… saugen
… treiben
… steigen

1 Nur die Überschrift und die Reimwörter sind hier vorgegeben. Schreibe mit diesen Reimwörtern ein Gedicht zum Thema Baden.

Georges Pierre Seurat, Badende in Asnières, 1883/84

Zu Kernwörtern ein Gedicht schreiben
oder: Welcher Vers passt zu diesem Kernwort?

August
nach Elisabeth Borchers

… Zeit …
… Bäume …
… Himmel…
… Blumen…
… Bäume…
… Himmel…
… oben…
… Wolken…

… Zeit…
… Pilze…
… Wald…
… Käfer…

… Sonne…
… anfassen…

… Sträuchern…
… Gräsern…
… Beeren…

1 Schreibe ein Gedicht mit dem Titel *August*.
Ein Wort für jede Verszeile ist dir vorgegeben. Ob dieses Wort am Anfang,
in der Mitte oder am Schluss der Verszeile steht, entscheidest du.
a) Du kannst zu diesem Kernwort jeweils erst einmal ein Cluster machen, in dem du
alles notierst, was dir zu dem Wort im Zusammenhang mit August einfällt.
b) Dein Gedicht braucht sich nicht zu reimen.

2 Lies das Gedicht leise für dich: Wie klingt es? Lässt es sich rhythmisch gut lesen?

3 Vergleicht eure August-Gedichte. Lest danach das Gedicht von Elisabeth Borchers
auf S. 23.

Gedichte nach einer Vorlage schreiben
oder: Welches Thema passt noch zu dieser Gedichtform?

In dem Wort Gedicht steckt „dicht" drin, Ge**dicht**e sind Texte
mit einer ver-dichteten Sprache. Mit wenigen Worten kann man viel sagen.

Fünfter sein
Ernst Jandl

tür auf
einer raus
einer rein
vierter sein

tür auf
einer raus
einer rein
dritter sein

tür auf   tür auf   tür auf
einer raus   einer raus   einer raus
einer rein   einer rein   selber rein
zweiter sein   nächster sein   tagherrdoktor

1 Dieses Gedicht besteht nur aus sehr kurzen und unvollständigen
Zweiwort-Sätzen. Trotzdem erzählt es eine ganze Geschichte. Welche?

2 Die Strophen sind alle gleich gebaut.
Wieso passt diese Form des Gedichts so gut zu seinem Inhalt?

3 Welche anderen Situationen kennt ihr, wo man warten muss,
bis man endlich an der Reihe ist?

4 Schreibt über eine solche Situation (z. B. im Schwimmbad,
an der Supermarktkasse …) ein Gedicht in der Form des Jandl-Textes.
Haltet euch dabei an die vorgegebene Form der Verse
(Zweiwort-Sätze – bis auf den Schlussvers) und die Form und Anzahl der Strophen.
Spätestens in der Schlussstrophe
(die auch eine Überraschung oder Pointe enthalten kann) sollte erkennbar werden,
um welche Situation es sich handelt.

Selbstbedienungsrestaurant

Hans Manz

angestanden
eingeordnet
aufgeladen
bezahlt
durchgeschleust
umgesehen
gesessen
zerschnitten
eingenommen
abgewischt
geflüchtet

5 Dieses kurze Gedicht enthält nur Einwortsätze. Trotzdem versteht man genau, wovon es handelt. Alle Wörter haben die gleiche Verbform, es sind Partizipien. Wie wirkt diese immer gleiche Wortform auf euch? Wieso passt diese Form gut zum Inhalt dieses Gedichts? Was soll hier ausgedrückt werden?

6 Schreibt selbst einmal so ein Gedicht zu einer vergleichbaren Situation. Beschränkt euch dabei auch auf Einwortsätze im Partizip.
Mögliche Themen könnten sein: Im Schwimmbad, im Pausenhof, in der Schule, am Wochenende, auf einer Fete, einer Einladung, Aufbruch in die Ferien u. a.

April
Christine Busta

Tage wie Vögel und locker wie junges Haar.
Auf den Stufen hüpft Regen und malt seine flüchtigen Zeichen.
Er spielt mit der Sonne. Bald wird sie dein Fenster erreichen
und steigt dir ins Zimmer, das lange voll Schatten war.

Novembertag
Christian Morgenstern
s. S. 137.

August
Elisabeth Borchers

Es kommt eine Zeit
da wachsen die Bäume
in den Himmel
Die Blumen wollen so groß sein
wie Bäume
Der Himmel
hoch oben
hat Wolken

Es kommt eine Zeit
da gehen rote Pilze
durch den Wald
und schwarzgelackte Käfer

Da ist die Sonne so heiß
dass man sie nicht anfassen kann

Da wächst es rot an den Sträuchern
und blau an den Gräsern
Das sind die Tage der Beeren

Baden
Dieter Mucke

Nackt den heißen Körper kühlen
Schweiß von Leib und Seele spülen
Schwerelos im Wasser schweben
Fischen stumm die Flosse geben.

Auf Unendlich stelln die Augen
Sich voll blaue Ruhe saugen
Mit den Wolken ein Stück treiben
Neu gebor'n dem See entsteigen.

Was Texte schön macht

> Dieses Buch ist einfach gut zu lesen.

> Das ist aber ein schönes Gedicht!

Solche und ähnliche Aussagen hast du sicher schon einmal gehört.
Wie aber ist die Wirkung eines Textes zu erklären? Was macht einen Text
spannend, komisch oder traurig? Und warum stuft man einen Text als „gut" ein,
einen anderen aber als „schlecht" oder weniger geglückt? Wie kommt es,
dass etwas holprig klingt, unklar oder unpassend ausgedrückt ist?
Solche Fragen sind nicht immer einfach zu beantworten.
Auf den folgenden Seiten lernt ihr einige sprachliche Gestaltungsmöglichkeiten
kennen, die Schriftstellerinnen und Schriftsteller in ihren Texten verwenden.
Ihr könnt über ihre Wirkung nachdenken und überlegen, wie sie Texte schön
machen oder nicht und dabei gleich lernen, wie ihr eure Texte gestalten könnt.

1 Lest zunächst einmal den folgenden Text.

Fahrerflucht

Josef Reding

Ich habe nicht auf die neue Breite geachtet, dachte Ellebracht. Nur deswegen ist
es so gekommen.
Der hemdsärmelige Mann hob die rechte Hand vom Lenkrad ab und wischte
sich hastig über die Brust. Als er die Hand zurücklegte, spürte er, dass sie noch
immer schweißig war, so schweißig wie sein Gesicht und sein Körper.
Schweißig vor Angst. Nur wegen der Breite ist alles gekommen, dachte der
Mann wieder. Er dachte es hastig. Er dachte es so, wie man stammelt. Die Breite des Wagens, diese neue, unbekannte Breite. Ich hätte das bedenken sollen.
Jäh drückte der Fuß Ellebrachts auf die Bremse. Der Wagen kreischte und
stand. Eine Handbreit vor dem Rotlicht, das vor dem Eisenbahnübergang warnte. Fehlte grade noch!, dachte Ellebracht. Fehlte grade noch, dass ich nun wegen einer so geringen Sache wie Überfahren eines Stopplichtes von der Polizei
bemerkt werde. Nach der Sache von vorhin…
Mit hohem Heulen raste ein D-Zug vorbei. Ein paar zerrissene Lichtreflexe,
ein Stuckern, ein verwehter Pfiff. Die Ampel sprang auf Grün um. Ellebracht
ließ seinen Wagen nach vorn schießen. Als er aufgeregt den Schalthebel in den
dritten Gang hineinstieß, hatte er die Kupplung zu nachlässig betätigt. Im Getriebe knirschte es hässlich.

Bei dem Geräusch bekam Ellebracht einen üblen Geschmack auf der Zunge. Hört sich an wie vorhin, dachte er. Hört sich an wie vorhin, als ich die Breite des Wagens nicht richtig eingeschätzt hatte. Dadurch ist es passiert. Aber das wäre jedem so gegangen. Bis gestern hatte ich den Volkswagen gefahren. Immer nur den Volkswagen, sechs Jahre lang. Und heute Morgen zum ersten Male diesen breiten Straßenkreuzer. Mit dem VW wäre ich an dem Radfahrer glatt vorbeigekommen. Aber so ... Fahr langsamer, kommandierte Ellebracht sich selbst. Schließlich passiert ein neues Unglück in den nächsten Minuten. Jetzt, wo du bald bei Karin bist und den Kindern. Karin und die Kinder. Ellebrachts Schläfen pochten. Er versuchte sich zu beruhigen: Du musstest weg von der Unfallstelle, gerade wegen Karin und der Kinder. Denn was wird, wenn du vor Gericht und ins Gefängnis musst? Die vier Glas Bier, die du während der Konferenz getrunken hast, hätten bei der Blutprobe für deine Schuld gezeugt und dann? Der Aufstieg deines Geschäfts wäre abgeknickt worden. Nicht etwa darum, weil man etwas Ehrenrühriges in deinem Unfall gesehen hätte. Wie hatte doch der Geschäftsführer von Walterscheidt & Co. gesagt, als er die alte Frau auf dem Zebrastreifen verletzt hatte? Kavaliersdelikt! Nein, nicht vor der Schädigung meines Rufes fürchte ich mich.

Aber die vier oder sechs Wochen, die ich vielleicht im Gefängnis sitzen muss, die verderben mir das Konzept! Während der Zeit schickt die Konkurrenz ganze Vertreterkolonnen in meinen Bezirk und würgt mich ab. Und was dann? Wie wird es dann mit diesem Wagen? Und mit dem neuen Haus? Und was sagt Ursula, die wir ins Internat in die Schweiz schicken wollen?

„Du hast richtig gehandelt!", sagte Ellebracht jetzt laut, und er verstärkte den Druck auf das Gaspedal. „Du hast so gehandelt, wie man es als Familienvater von dir erwartet." Verdammte Rotlichter!, dachte Ellebracht und brachte den Wagen zum Stehen. Ich will nach Hause. Ich kann erst ruhig durchatmen, wenn der Wagen in der Garage steht und ich bei der Familie bin.

Und wann ist der Mann mit dem Fahrrad bei seiner Familie? Der Mann, der mit ausgebreiteten Armen wie ein Kreuz am Straßenrand gelegen hat? Der Mann, der nur ein wenig den Kopf herumdrehte – du hast es im Rückspiegel deutlich gesehen –, als du den bereits abgestoppten Wagen wieder anfahren ließest, weil dir die wahnsinnige Angst vor den Folgen dieses Unfalls im Nacken saß? Du, wann ist dieser Mann bei seiner Familie?

Jetzt werd bloß nicht sentimental!, dachte Ellebracht. Jetzt werd' bloß nicht dramatisch! Bist doch ein nüchterner Geschäftsmann! Ellebracht sah stur nach vorn und erschrak. Da war ein Kreuz. Ein Kreuz an seinem Wagen. So ein Kreuz, wie es der Mann vorhin gewesen war.

Ellebracht versuchte zu grinsen. Krieg' dich bloß wieder ein, dachte er. Du siehst doch, was es ist. Das war mal das Firmenzeichen auf der Kühlerhaube. Es ist von dem Zusammenprall mit dem Fahrrad angeknickt worden und hat sich zu einem Kreuz verbogen.

Ellebracht musste immerfort auf dieses Kreuz starren. Ich steige aus, dachte er. Ich steige aus und biege das Ding wieder zurecht. Schon tastete seine Hand zum Türgriff, als er zusammenzuckte. Am Kreuz schillerte es, verstärkt durch das Licht der Signalampel.

„Ich muss nach Hause!", stöhnte Ellebracht. „Wann kommt denn endlich Grün?" Die feuchten Finger zuckten zum Hemdkragen, versuchten, den Knopf hinter der Krawatte zu lösen. Aber der Perlmutterknopf entglitt einige Male dem Zugriff. Grün! Der Schwitzende riss einfach den Hemdkragen auf und fuhr an. Das Kreuz macht mich verrückt, dachte er. Ich kann das nicht mehr sehen! Und wie der Mann dalag. Ob man ihn jetzt schon gefunden hat? Ob er schon so kalt und starr ist wie das Kreuz vor mir? Ellebracht stoppte. Diesmal war kein Rotlicht da. Nichts. Nur das Kreuz. Nur das Kreuz, das einen riesigen Schatten warf in den Wagen hinein. Nur das Kreuz, das vor dem Hintergrund des Scheinwerferlichtes stand. „Ich kann so nicht nach Hause!", flüsterte Ellebracht. „Ich kann so nicht zu Karin und den Kindern zurück. Ich kann so zu niemandem zurück!" Ein anderer Wagen überholte Ellebracht. Eine grelle Hupe schmerzte.

Ich kann das Kreuz nicht zurechtbiegen und dabei in das Blut greifen. Ich bringe das nicht fertig. Ich kann nicht eher zu irgendeinem zurück, bis ich bei dem Mann gewesen bin. Ellebracht spürte, wie seine Hände trocken wurden und sich fest um das Lenkrad legten. Ohne Mühe wendete der Mann den schweren Wagen und jagte die Straße zurück. Wieder die Signale, die Bahnübergänge, jetzt die Abbiegung, die Waldstraße.

Ein paar Steine schepperten gegen die Kotflügel. Ellebracht verlangsamte die Fahrt und seine Augen durchdrangen mit den Scheinwerfern das Dunkel. Da war der Haufen von verbogenem Blech und Stahl. Und da lag der Mensch. Als Ellebracht schon den Fuß auf der Erde hatte, sprang ihn wieder die Angst an. Aber dann schlug er die Tür hinter sich zu und lief. Jetzt kniete Ellebracht neben dem Verletzten und drehte ihn behutsam in das Scheinwerferlicht des Wagens.

Der blutende Mann schlug die Augen auf und griff zuerst wie abwehrend in das Gesicht Ellebrachts. Dann sagte der Verletzte: „Sie haben – angehalten. Danke!"

„Ich habe nicht – ich – ich bin nur zurückgekommen", sagte Ellebracht.

2 Wie wirkt die Erzählung auf euch? Versucht diese Wirkung zu beschreiben.

Ähnlich wie ein Handwerker in seinen Materialkasten greift, so kann auch eine Schriftstellerin oder ein Journalist einen „Sprachbaukasten" verwenden. Besonders im Blick auf die Auswahl von Wörtern und Sätzen hat man dann viele Möglichkeiten, den eigenen Text zu gestalten.
Auf den folgenden Seiten könnt ihr einige solcher sprachlichen Bausteine kennen lernen.

Eine Stelle zu Beginn des Textes von Josef Reding könnte auch so formuliert sein:
Als er die Hand zurücklegte, spürte er, dass sie immer noch schweißig war. Nur wegen der Breite ...

3 Sucht die entsprechende Stelle im Text. Beschreibt die Unterschiede.

> „Als er die Hand zurücklegte, spürte er, dass sie noch immer <u>schweißig</u> war, so <u>schweißig</u> wie sein Gesicht und sein Körper. <u>Schweißig</u> vor Angst. Nur wegen der Breite ..."
>
> Die **Wiederholung**:
> Dabei werden Wörter, aber auch Satzteile und ganze Sätze wiederholt, um etwas eindringlicher und nachhaltiger zu sagen.

4 Findest du weitere Wiederholungen im Text?

Ein anderer Satz aus dieser Erzählung könnte z. B. auch so formuliert sein:
Und wann ist der Mann mit dem Fahrrad bei seiner Familie? Der Mann, der am Straßenrand gelegen hat. Der Mann, der nur ...

5 Suche die entsprechende Stelle im Text.

6 Weshalb hat der Autor wohl die Formulierung: *wie ein Kreuz* gewählt?

> „... der mit ausgebreiteten Armen wie ein Kreuz (...) gelegen hat ..."
>
> Der **Vergleich**:
> Das Wörtchen *wie* kann Vergleiche schaffen, so dass man sich ein *konkretes Bild* vorstellen kann.

7 Finde weitere Vergleiche, z. B.
schwarz wie die Nacht, wie ein Häufchen Elend ...

Das Kreuz hat in der Geschichte eine besondere Bedeutung.
Es wird in der Erzählung noch sehr oft genannt.
Das Kreuz ist in der christlichen Religion ein wichtiges *Symbol*.

8 Schreibt in einem Cluster auf, welche Begriffe euch zu dem Symbol des Kreuzes einfallen.

9 Lest jetzt den Text noch einmal ab Zeile 53. Verfolgt die Spur des Kreuzes im Text. Denkt dabei insbesondere an die symbolische Bedeutung des Kreuzes.

> „Ellebracht musste immerfort auf dieses Kreuz starren." (Zeile 61)
> „Nur das Kreuz, das einen riesigen Schatten warf in den Wagen hinein."
> (Zeile 72/73)
>
> Hier: Kreuz → Symbol für Schuld
>
> Das **Symbol**:
> Das Wort hat über die konkrete Bedeutung hinaus noch einen übertragenen, tieferen Sinn. Es hat somit gewissermaßen die Aufgabe eines Zeichens.

10 Bekennt sich Herr Ellebracht zu seinem Kreuz? Begründe deine Meinung.

11 Kennst du weitere Symbole? Beispiele hierfür sind:
Herz → Symbol für Liebe, *Weiße Taube* → Symbol für … *Ring* → Symbol für …

12 Du hast jetzt folgende Bausteine kennen gelernt und dir Gedanken über ihre Wirkung gemacht. Jede und jeder, die oder der einen Text verfasst, kann sich dieser „Bausteine" bedienen.

> Symbol   Vergleich   Wiederholung

Solche sprachlichen „Bausteine" nennen die Fachleute *Stilmittel*.
Wie in der Mode, so finden sich auch in der Literatur eine Vielzahl an „Stilen".
Übrigens: das Wort „Stil" kommt aus dem Lateinischen (*stilus* bedeutet Griffel) und bezeichnete ein Schreibgerät. Wie ihr seht, haben Autorinnen und Autoren viele Möglichkeiten bzw. Stilmittel ihre Texte zu gestalten. Achtet auch in anderen Texten jetzt bewusst auf solche sprachlichen Mittel und ihre Wirkung.
Vielleicht bietet sich auch in euren Texten die Verwendung solcher Bausteine an?

13 Stelle dir z. B. vor, *du* bist der verunglückte Radfahrer.
a) Versuche die Gedanken festzuhalten, die dem Radfahrer nach dem Unfall durch den Kopf gehen könnten.
b) Versuche dabei, mindestens eines der Stilmittel, die du bis jetzt kennen gelernt hast, anzuwenden.

14 Lest nun die folgende Geschichte:

Die Probe

Herbert Malecha

Redluff sah, das schrille Quietschen der Bremsen noch in den Ohren, wie sich das Gesicht des Fahrers ärgerlich verzog. Mit zwei taumeligen Schritten war er wieder auf dem Gehweg. „Hat es Ihnen was gemacht?" Er fühlte sich am Ellbogen angefasst. Mit einer fast brüsken Bewegung machte er sich frei. „Nein, nein, schon gut. Danke", sagte er noch, beinah schon über die Schulter, als er merkte, dass ihm der Alte nachstarrte.

Eine Welle von Schwäche stieg von seinen Knien auf, wurde fast zur Übelkeit. Das hätte ihm gerade gefehlt, angefahren auf der Straße liegen, eine gaffende Menge und dann die Polizei. Er durfte jetzt nicht schwach werden, nur weiterlaufen, unauffällig weiterlaufen zwischen den vielen auf der hellen Straße. Langsam ließ das Klopfen im Halse nach. Seit drei Monaten war er zum erstenmal in der Stadt, zum erstenmal wieder unter so vielen Menschen. Ewig konnte er in dem Loch sich ja nicht verkriechen, er musste einmal wieder raus, wieder Kontakt aufnehmen mit dem Leben, überhaupt raus aus allem. Ein Schiff musste sich finden lassen, möglichst noch, bevor es Winter wurde. Seine Hand fuhr leicht über die linke Brustseite seines Jacketts, er spürte den Pass, der in der Innentasche steckte; gute Arbeit war dieser Pass, er hatte auch nicht schlecht dafür bezahlt.

Die Autos auf der Straße waren zu einer langen Kette aufgefahren. Nur stockend schoben sie sich vorwärts. Menschen gingen an ihm vorbei, kamen ihm entgegen; er achtete darauf, dass sie ihn nicht streiften. Einem Platzregen von Gesichtern war er ausgesetzt, fahle Ovale, die sich mit dem wechselnden Reklamelicht verfärbten. Redluff strengte sich an, den Schritt der vielen anzunehmen, mitzuschwimmen in dem Strom. Stimmen, abgerissene Gesprächsfetzen schlugen an sein Ohr, jemand lachte. Für eine Sekunde haftete sein Blick an dem Gesicht einer Frau, ihr offener, bemalter Mund sah schwarzgerändert aus. Die Autos fuhren jetzt an, ihre Motoren summten auf. Eine Straßenbahn schrammte vorbei. Und wieder Menschen, Menschen, ein Strom flutender Gesichter, Sprechen und hundertfache Schritte. Redluff fuhr unwillkürlich mit der Hand an seinen Kragen. An seinem Hals merkte er, dass seine Finger kalt und schweißig waren.

Wovor hab' ich denn eigentlich Angst, verdammte Einbildung, wer soll mich denn schon erkennen in dieser Menge, sagte er sich. Aber er spürte nur zu genau, dass er in ihr nicht eintauchen konnte, dass er wie ein Kork auf dem Wasser tanzte, abgestoßen und weitergetrieben. Ihn fror plötzlich. Nichts wie verdammte Einbildung, sagte er sich wieder. Vor drei Monaten war das ja noch anders, da stand sein Name schwarz auf rotem Papier auf jeder Anschlagsäule zu lesen, Jens Redluff; nur gut, dass das Foto so schlecht war. Der Name stand damals fett in den Schlagzeilen der Blätter, wurde dann klein und kleiner, auch das Fragezeichen dahinter, rutschte in die letzten Spalten und verschwand bald ganz.

Redluff war jetzt in eine Seitenstraße abgebogen, der Menschenstrom wurde dünner, noch ein paar Abbiegungen, und die Rinnsale lösten sich auf, zerfielen in einzelne Gestalten, einzelne Schritte. Hier war es dunkler. Er konnte den Kragen öffnen und die Krawatte nachlassen. Der Wind brachte einen brackigen Lufthauch vom Hafen her. Ihn fröstelte.

Ein breites Lichtband fiel quer vor ihm über die Straße, jemand kam aus dem kleinen Lokal, mit ihm ein Dunst nach Bier, Qualm und Essen. Redluff ging hinein. Die kleine, als Café aufgetakelte Kneipe war fast leer, ein paar Soldaten saßen herum, grelle Damen in ihrer Gesellschaft. Auf den kleinen Tischen standen Lämpchen mit pathetisch roten Schirmen. Ein Musikautomat begann aus der Ecke zu hämmern. Hinter der Theke lehnte ein dicker Bursche mit bloßen Armen. Er schaute nur flüchtig auf.

„Konjak, doppelt", sagte Redluff zu dem Kellner. Er merkte, dass er seinen Hut noch in der Hand hielt und legte ihn auf den leeren Stuhl neben sich. Er steckte sich eine Zigarette an, die ersten tiefen Züge machten ihn leicht benommen. Schön war es hier, er streckte seine Füße lang aus. Die Musik hatte gewechselt. Über gezogen jaulenden Gitarrentönen hörte er halblautes Sprechen, ein spitzes Lachen vom Nachbartisch. Gut saß es sich hier.

Der Dicke hinter der Theke drehte jetzt seinen Kopf nach der Tür. Draußen fiel eine Wagentür schlagend zu. Gleich darauf kamen zwei Männer herein, klein und stockig der eine davon. Er blieb in der Mitte stehen, der andere, im langen Ledermantel, steuerte auf den Nachbartisch zu. Keiner von beiden nahm seinen Hut ab. Redluff versuchte hinüberzuschielen, es durchfuhr ihn. Er sah, wie der Große sich über den Tisch beugte, kurz etwas Blinkendes in der Hand hielt. Die Musik hatte ausgesetzt. „What's he want?", hörte er den Neger vom Nebentisch sagen. „What's he want?" Er sah seine wulstigen Lippen sich bewegen. Das Mädchen kramte eine bunte Karte aus ihrer Handtasche. „What's he want?", sagte der Neger eigensinnig. Der Mann war schon zum nächsten Tisch gegangen. Redluff klammerte sich mit der einen Hand an die Tischkante. Er sah, wie die Fingernägel sich entfärbten. Der rauchige Raum schien ganz leicht zu schwanken, ganz leicht. Ihm war, als müsste er auf dem sich neigenden Boden jetzt langsam samt Tisch und Stuhl auf die andere Seite rutschen. Der Große hatte seine Runde beendet und ging auf den anderen zu, der immer noch mitten im Raum stand, die Hände in den Manteltaschen. Redluff sah, wie er zu dem Großen etwas sagte. Er konnte es nicht verstehen. Dann kam er geradewegs auf ihn zu.

„Sie entschuldigen", sagte er, „Ihren Ausweis, bitte!" Redluff schaute erst gar nicht auf das runde Metall in seiner Hand. Er drückte seine Zigarette aus und war plötzlich völlig ruhig. Er wusste es selbst nicht, was ihn mit einmal so ruhig machte, aber seine Hand, die in die Innentasche seines Jacketts fuhr, fühlte den Stoff nicht, den sie berührte, sie war wie von Holz. Der Mann blätterte langsam in dem Pass, hob ihn besser in das Licht. Redluff sah die Falten auf der gerunzelten Stirn, eins, zwei, drei. Der Mann gab ihm den Pass zurück. „Danke, Herr Wolters", sagte er. Aus seiner unnatürlichen Ruhe heraus hörte Redluff sich selber sprechen. „Das hat man gern, so kontrolliert zu werden wie –" er zögerte etwas, „ein Verbrecher!" Seine Stimme stand spröde im Raum. Er hatte doch gar nicht so laut gesprochen. „Man sieht manchmal jemand ähnlich", sagte der Mann, grinste, als hätte er einen feinen Witz gemacht. „Feuer?" Er fingerte eine halbe Zigarre aus der Manteltasche. Redluff schob seine Hand mit dem brennenden Streichholz längs der Tischkante ihm entgegen. Die beiden gingen.

Redluff lehnte sich in seinen Stuhl zurück. Die Spannung in ihm zerbröckelte, die eisige Ruhe schmolz. Er hätte jubeln können. Das war es, das war die Probe, und er hatte sie bestanden. Triumphierend setzte der Musikautomat wieder ein.

„He, Sie vergessen Ihren Hut", sagte der Dicke hinter der Theke.

Draußen atmete er tief, seine Schritte schwangen weit aus, am liebsten hätte er gesungen. Langsam kam er wieder in belebtere Straßen, die Lichter nahmen zu, die Läden, die Leuchtzeichen an den Wänden. Aus einem Kino kam ein Knäuel Menschen, sie lachten und schwatzten, er mitten unter ihnen. Es tat ihm wohl, wenn sie ihn streiften. „Hans", hörte er eine Frauenstimme hinter sich, jemand fasste seinen Arm. „Tut mir leid", sagte er und lächelte in das enttäuschte Gesicht. Verdammt hübsch, sagte er zu sich.

Im Weitergehen nestelte er an seiner Krawatte. Dunkelglänzende Wagen sangen über den blanken Asphalt, Kaskaden wechselnden Lichts ergossen sich von den Fassaden, Zeitungsverkäufer riefen die Abendausgaben aus. Hinter einer großen, leicht beschlagenen Spiegelglasscheibe sah er undeutlich tanzende Paare; pulsierend drang die Musik abgedämpft bis auf die Straße. Ihm war wie nach Sekt. Ewig hätte er so gehen können, so wie jetzt. Er gehörte wieder dazu, er hatte den Schritt der vielen, es machte ihm keine Mühe mehr. Im Sog der Menge ging er über den großen Platz auf die große Halle zu mit ihren Ketten von Glühlampen und riesigen Transparenten. Um die Kassen vor dem Einlass drängten sich Menschen. Von irgendwoher flutete Lautsprechermusik.

Stand dort nicht das Mädchen von vorhin? Redluff stellte sich hinter sie in die Reihe. Sie wandte den Kopf, er spürte einen Hauch von Parfüm. Dicht hinter ihr zwängte er sich durch den Einlass. Immer noch flutete die Musik, er hörte ein Gewirr von Hunderten von Stimmen. Ein paar Polizisten suchten etwas Ordnung in das Gedränge zu bringen. Ein Mann in einer Art von Portiersuniform nahm ihm seine Einlasskarte ab.

„Der, der!", rief er auf einmal und deutete aufgeregt hinter ihm her. Gesichter wandten sich, jemand im schwarzen Anzug kam auf ihn zu, ein blitzendes Ding in der Hand. Gleißendes Scheinwerferlicht übergoss ihn. Jemand drückte ihm einen Riesenblumenstrauß in die Hände. Zwei strahlend lächelnde Mädchen hakten ihn rechts und links unter, Fotoblitze zuckten. Und zu allem dröhnte eine geölte Stimme, die vor innerer Freudigkeit fast zu bersten schien:

„Ich darf Ihnen im Namen der Direktion von ganzem Herzen gratulieren, Sie sind der hunderttausendste Besucher der Ausstellung!" Redluff stand wie betäubt. „Und jetzt sagen Sie uns Ihren werten Namen", schnalzte die Stimme unwiderstehlich weiter. „Redluff, Jens Redluff", sagte er, noch ehe er wusste, was er sagte, und schon hatten es die Lautsprecher dröhnend bis in den letzten Winkel der riesigen Halle getragen.

Der Kordon der Polizisten, der eben noch die applaudierende Menge zurückgehalten hatte, löste sich langsam auf. Sie kamen auf ihn zu.

15 Suche im Text die folgenden Stilmittel.
Lege dir dazu im Heft folgende Tabelle an und fülle sie aus.

Bezeichnung	Beispiel	Zeile
Wiederholungen	…	…
	…	…
Vergleiche	…	…
	…	…

Der Text hat ein weiteres auffallendes sprachliches Mittel. Damit ihr es selbst findet, wurden folgende Textstellen leicht verändert.

Geänderte Formulierung	Originalstelle
Seine Knie wurden schwach, ihm wurde übel. Das hätte ihm gerade gefehlt, …	…
Einer Menge von Gesichtern war er ausgesetzt, fahle Ovale, die sich mit dem wechselnden Reklamelicht verfärbten.	…
Und wieder Menschen, Menschen, eine Vielzahl von Gesichtern, Sprechen und hundertfache Schritte.	…

16 Legt auch diese Tabelle in eurem Heft an.
Sucht im Text die Originalstellen, unterstreicht die Änderungen im Original und vergleicht.

17 Wie könnte man dieses sprachliche Mittel bezeichnen?

> „Ein Platzregen von Gesichtern ..."
>
> **Die Metapher:**
> Das Wort kommt aus dem Griechischen (*metaphorein*) und heißt „hinüber tragen". Hier wird eine bekannte Wortbedeutung in einem *übertragenen* und *bildhaften* Sinn verwendet.

18 Suche im Text von Malecha weitere Metaphern.

Aus dem vorhergehenden Text kennst du schon Symbole und ihre Aufgaben.
In diesem Text von Herbert Malecha wird das *Licht* als ein Symbol verwendet.

19 Lest im Text nach, wie oft und in welcher Form Malecha das Symbol „Licht" einsetzt. Verfolgt dieses Symbol in der Erzählung.
a) Welche Aufgabe hat das Licht in der wörtlichen Bedeutung?
b) Findet dazu viele Verben.
c) Welche Bedeutung hat das Symbol Licht in der Geschichte?

Nun sind in deinem Sprachbaukasten folgende Bausteine:

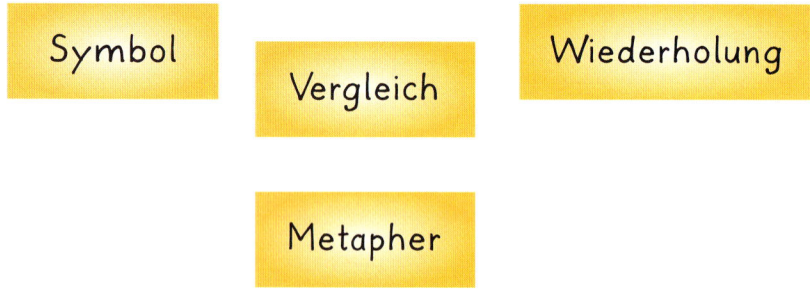

Vergleiche, Metaphern und Symbole bewirken, dass wir uns beschriebene Personen, Orte, Gegenstände oder Situationen konkreter und besser vorstellen können.
Dabei werden durch diese sprachlichen Mittel *Bilder* in unserem Kopf erzeugt.
Deshalb nennt man diese Stilmittel auch *sprachliche Bilder* oder *bildhafte Ausdrücke*.

20 Die folgenden Anregungen wollen euch dazu ermuntern, diese Stilmittel in eigenen Texten zu erproben. Denkbar wäre z. B.
a) dass ihr euch in die Situation des Kellners (S. 31, Zeile 52) versetzt, der Redluff erkennt und auf die ausgesetzte Belohnung spekuliert.
b) dass ihr ab S. 32, Zeile 118 weiterschreibt und aus der Erzählung eine Liebesgeschichte macht, die natürlich ein Happyend findet.

21 Jeder Lehrer hätte wohl an dem folgenden Brief von Karl Valentin etwas auszusetzen. Doch lest ihn zunächst einmal.

Ein komischer Liebesbrief
Karl Valentin

Lieber …
(Hier nennt der Vortragende seinen Vornamen)

Mit weinenden Händen nehme ich den Federhalter in meine Hände und schreibe Dir. – Warum hast Du so lange nicht geschrieben? wo Du doch neulich geschrieben hast, dass Du mir schreibst, wenn ich Dir nicht schreibe!! – Mein Vater hat mir gestern auch geschrieben – er schreibt, dass er Dir geschrieben hat. Du hast mir aber kein Wort davon geschrieben, dass Dir mein Vater geschrieben hat. – Hättest Du mir geschrieben, dass Dir mein Vater geschrieben hat, so hätte ich meinem Vater geschrieben dass Du ihm schon schreiben hättest wollen, hättest aber leider keine Zeit gehabt zum Schreiben sonst hättest Du ihm schon geschrieben.
Mit unserer Schreiberei ist es sehr traurig, weil Du mir auf kein einziges Schreiben, welches ich Dir geschrieben habe, geschrieben hast. – Wenn Du nicht schreiben könntest, wäre es was anderes, dann tät ich Dir überhaupt nicht schreiben, weil dann die Schreiberei keinen Wert hätte, – so kannst Du aber schreiben und schreibst doch nicht, wenn ich Dir schreibe!
Ich schließe mein Schreiben und hoffe, dass Du mir nun endlich schreibst, sonst ist das mein letztes Schreiben, welches ich Dir geschrieben habe. – Solltest Du aber wieder nicht schreiben, so sage wenigstens dem Überbringer dieses Schreibens, wann und wo wir uns heute noch treffen. *(Vortragender übergibt den Brief wieder dem Überbringer mit den Worten:)* Sag'ns eine schöne Empfehlung von mir und ich wart ihr heut Nacht um 2 Uhr – Ecke Dachauerstraß' und Isartorplatz.

22 Ganz offensichtlich hat der berühmte Komiker ein ganz bestimmtes Stilmittel etwas überstrapaziert. Welche Wirkung hat diese Stilmittel jetzt?

23 Schreibt selbst einen Liebesbrief oder einen Text mit einer Liebesszene, den ihr mit Hilfe der kennen gelernten Stilmittel recht übertrieben, kitschig, ja schmalzig ausgestaltet. Vielleicht könnt ihr so beginnen:
*Mein(e) Liebste(r) XY, mein(e) Herzallerliebste(r) XY,
wie eine Ewigkeit ist die Zeit …*

Viel Spaß dabei.

Heimat – nur ein Land?

Mein Dorf
Isabella Nadolny

Dies ist die Geschichte einer Gemeinde im Chiemgau, deren Name ohne Belang ist. Denn die Entwicklung dieses Dorfs in den letzten fünfzig Jahren ist typisch für viele anderen Fremdenverkehrsorte in Bayern. Zu Beginn dieses Jahrhunderts war „mein Dorf" ein verträumtes Fischernest mit Spritzenhaus, Viehwaage und zwischen den Höfen eingestreuten, etwas unbäuerlichen Gebäuden, Austragshäusern oder Villen, deren Dächer in sinnlose Türmchen und Erkerchen ausblühten.

Als wir vor mehr als fünfzig Jahren hier selber bauten, waren Baugrundstücke noch schwer zu bekommen. Die meisten Bauern brauchten Land für Futter, für Rüben, für Weizen. Sie wollten eher noch dazukaufen, ihren Besitz abrunden. Sie versorgten sich weitgehend selbst. Viele butterten für den eigenen Bedarf und backten zu Hause, Vorrat für sechs Wochen. Traktoren gab es kaum, man pflügte mit Ochsen, hier und da mit einem Pferd. Wollte eines der seltenen Autos ein Fuhrwerk überholen, kletterte der Bauer vom Wagen und hielt den Tieren den Kopf. Die Straße zur Kirche hinauf war etwa halb so breit wie heute.

Wir bekamen durch einen glücklichen Zufall ein Stück Baugrund, steinig, voller Maulwurfshügel. Wir bauten. Den Brunnen mussten wir selber graben lassen, der elektrische Anschluss machte keine Schwierigkeiten.

Leicht zu erreichen war das Dorf nicht. Noch wenige Jahre zuvor hatte es nur zweimal wöchentlich ein Botenfuhrwerk in die kleine Kreisstadt gegeben. Mittlerweile verkehrte ein Autobus, aber der hatte selten Anschluss an die Fernzüge. Reisende nahmen gern den Dampfer, doch auch der hatte auf der Fahrt quer über den See längeren Aufenthalt auf der Herren- und Fraueninsel. Dann kam noch die Bockerlbahn von Stock nach Prien, dort stieg man in den Zug.

Es gab schon Sommerfrischler, aber wenige. Es waren immer die gleichen über viele Jahre, die beim gleichen Bauern wohnten und deren Kinder man langsam groß werden sah. Die Zimmer hatten ein hartes, meist zu kurzes Bett, einen harten Stuhl, und wenn man energisch auftrat, öffneten sich langsam und geisterhaft die Schranktüren. Doch dafür hingen an den Wänden noch die köstlichen Bilder, manchmal stockfleckig, auf denen der wackere Förster vom Wilddieb erschossen wird. Manchmal war Goldfilter auf dem Geweih des erlegten Hirsches.

Essen konnte man im Gasthaus, wenn man sich den örtlichen Gegebenheiten anpasste. Ruhetage für Personal oder Wirtsleute kannte man nicht. Im Flur der schönen alten Wirtshäuser befand sich manchmal einer der seltenen Telefonapparate. Gespräche bekamen durch das Donnern vorübergerollter Bierfässer etwas unnötig Dramatisches. Dafür war dieses Telefon immer erreichbar, was die Post nicht von sich sagen konnte. Sie befand sich in einer Art muffigem Hinterstübchen, und der Beamte lugte aus einer Klappe wie aus einer Kasperlebühne.

Die Gemischtwarenhandlungen führten Petroleum, Malzkaffee, Barchent und Heringe. Größere Artikel hingen an Stangen von der Decke, und das Geruchsgemisch, das zu ihnen aufstieg, war einzigartig. Obst und frisches Gemüse führten die Läden nicht. Es gab keinen Gärtner im Ort. Ein Mann mit einem Karren voller Gemüse kam gelegentlich von weit her. Ihn zu erwischen, war Glückssache. Brauchte man einen Arzt und erreichte aus irgendeinem Grunde das Telefon nicht, musste man ins Nachbardorf radeln und dort Bescheid sagen lassen.

Der Strand, heute Magnet und Mittelpunkt, war auch im Juli und August himmlisch leer. Die traditionellen Sommerfrischler erkannte man von weitem – manchmal am Hund –, man begrüßte sie und wechselte ein paar Worte übers Wetter. An Wochenenden lehnten gelegentlich ein paar verlassene Fahrräder an den Uferweiden.

Weit draußen im See sah man Köpfe aus dem Wasser ragen (heute wagen die wenigsten sich so weit hinaus – aus Angst vor Surfern und ihren Brettern). Für Schulklassen gab es an Wochentagen manchmal ein Bad im See; die Buben und der Herr Lehrer badeten fast vierhundert Meter weiter südlich als die Mädchen und das Schulfräulein. Es war sogar ein „Mädchenbad" vorhanden, ein zum See offener Holzverschlag mit Bänken und rostigen Nägeln zum Aufhängen der Kleider und einer verschließbaren Kabine für die Lehrerin. (…) Bis in den November hinein konnte man an sonnigen Tagen dort sitzen und sich – wie wir – gegenseitig Bücher vorlesen. Gestört wurde man niemals.

Heute ist das Ufer von solchen Völkerscharen belagert, dass es sich für Großunternehmen bereits lohnt, ein Reklameflugzeug darüber kreisen zu lassen. Aus Transistorradios plärrt Musikgedudel, und über allem liegt eine Wolke aus Sonnenölduft und dem Geruch von Grillbratfett. Am Strand haben sich Eisverkäufer und Wurstbuden etabliert. Die anliegenden Wiesen liefern keiner Kuh mehr Futter, sondern sind von Fußballspielern breitgetreten und von Papieren und Abfällen übersät. Uns genügte noch ein Frottierhandtuch zum Daraufsitzen, heute benutzt man Klappstühle, Boote, aufblasbare Matratzen. Diese Gummigebirge ziehen morgens und abends auf den Köpfen der Fremden oberhalb unserer Hecke vorüber. Doch nicht nur der Strand hat sich verändert. Die weichen Wiesenwege beginnen zu verschwinden: Wo immer es möglich ist, wird aufgeschüttet, gekiest, asphaltiert. Unaufhaltsam verschwinden Gras und Erde unter Beton. Es entstehen Parkplätze, Tankstellen, Sportanlagen. Durch die Motorisierung ist das Dorf erreichbar geworden, erreichbar sogar von Arbeitsplätzen aus.

Heute wird auf den Höfen nicht mehr gebacken und gebuttert, es wird vielleicht nicht einmal mehr gemolken. Sofern Stall und Scheune nicht zu Zweitwohnungen umgebaut sind, beherbergen sie Kühlschränke, Bier- und Limokisten, Gestelle für überwinternde Segelboote. Die Kühe, diese gestrengen Herrschaften, die keinen Urlaub gestatten und zweimal am Tag versorgt werden wollen, sind in den meisten Kleinbetrieben abgelöst worden durch die Fremden, denen man nur Frühstück bereiten und die Betten beziehen muss – und die im Herbst verschwinden.

Es sind nicht mehr Jahr für Jahr die gleichen Gäste wie früher. Sie werden durch ein Verkehrsamt vermittelt, und die Vermieter müssen eine Fremdenverkehrsabgabe zahlen. Wo man früher die Kammertür öffnen musste, um sich die Schuhe anziehen zu können, werden Apartments mit Bad und Fernseher geboten.

Wir sind umgezogen, ohne es zu merken. In einen anderen Ort, der an der gleichen Stelle liegt. In einen Kurort mit Hallenbad, Ärzten und Zahnärzten, Sauna, Kosmetikern, Supermarkt, Feinschmeckerlokalen, Boutique und einem Geldinstitut, dessen Türen sich bei Annäherung automatisch öffnen. Es wäre in einem mondänen Badeort besser am Platz, ebenso wie das gewaltige „Kurkasino", von den Zeitungen als „Projekt der Großmannssucht" eingestuft, das das Ortsbild für alle Zeiten zerstört hat und nachts von Lämpchenreihen beleuchtet ist, als sei man auf der Oktoberwiese.

Immer seltener trifft man Alteingesessene, die es für einen Verlust und keinen Gewinn halten, sich dem Geschmack des Massentourismus und der Versandhauskataloge anzupassen, wenn man eine so schöne Heimat hat. Wie treffsicher und eigenständig der ursprüngliche Forminstinkt der Einheimischen war, sieht man an jedem alten Hof. Ein Häuflein Unentwegter kämpft um deren Erhaltung und Restaurierung und hat es nicht leicht.

Als ich kürzlich einem herrlich alten Obstanger nachtrauerte, an dessen Stelle jetzt der Betonklotz einer Mehrfachgarage steht, sagte mir ein Dorfbewohner sanft mahnend: „Da darfst net hinschau'n, a jeder will verdienen." Es war jedoch auch ihm bewusst, dass die beiden schönsten Eigenschaften unseres Dorfes dahin sind: Stil und Stille.

Früher hörte man Hähne krähen, Glocken läuten, Hunde bellen, Kühe muhen, das Rauschen der Sensen, die Rufe eines Bauern, der seine Ochsen zu schnellerer Gangart anfeuerte, und im Herbst das Summen der Dreschmaschine. Jetzt hört man Baukräne, Bagger und Pressluftbohrer, das aggressive Geknatter der Mofas und Autolärm. Ungeheure Erntemaschinen, die kaum noch die Kurve nehmen können, ernten ein ganzes Feld an einem einzigen Nachmittag ab. Der Bauer, der noch Kühe besitzt, hat keine Knechte und Mägde mehr und muss ein halber Ingenieur sein. Doch beim Auszahlen seiner Geschwister tut sich der Hoferbe leichter als früher. Er baut ihnen auf eigenem Grund ein Etagenhaus, das meist im Stil nicht in die Landschaft passt. Die eine Etage bewohnen sie selber, und die andere können sie vermieten und haben dadurch lebenslang das Huhn, das goldene Eier legt. Uns aber geht es wie beim Spiel „Ochs am Berg". Wenn wir uns umschauen, sind uns viele Häuser schon wieder einen Schritt näher gerückt. (...)

Eins aber bleibt sich gleich: das herrliche Umland. Noch heute verirrt sich kein Fremder in die Waldlichtungen voller Himbeeren und Brombeeren, über denen die Föhrenstämme knarren und die Wildtauben gurren, oder in die Hochmoore mit dem gelblichen Schilf, den unheimlichen alten Torfstadeln, die immer schiefer werden und in denen kein Torf mehr lagert.

Wer im Winter, wenn die Gebirgskette nur noch wie ein japanischer Holzschnitt über wallenden Nebeln zu sehen ist, an der richtigen Stelle des Ufers steht, kann manchmal noch glauben, wir lebten in dem Dorf von einst.

Hinweise zum Text: Seite 57.

Bochum

Herbert Grönemeyer

tief im westen
wo die Sonne verstaubt
ist es besser
viel besser, als man glaubt
tief im westen

du bis keine schönheit
vor arbeit ganz grau
du liebst dich ohne schminke
bist 'ne ehrliche haut
leider total verbaut
aber grade das macht dich aus

du hast'n pulsschlag aus stahl
man hört ihn laut in der nacht
du bist einfach zu bescheiden
dein grubengold
hat uns wieder hochgeholt
du blume im revier

Conrad Felixmüller, Ruhrrevier I, 1920

bochum
ich komm aus dir
bochum
ich häng an dir
glück auf, bochum

du bist keine weltstadt
auf deiner königsallee
finden keine modenschaun statt
hier, wo das herz noch zählt
nicht das große geld
wer wohnt schon in düsseldorf

bochum …

du bist das himmelbett für tauben
und ständig auf koks
hast im schrebergarten deine laube
machst mit 'nem doppelpass
jeden gegner nass
du und dein vfl

Hinweise zum Text: Seite 57/58.

bochum …

Unsere kleine Farm

Gracemary Cuming

Wenn ich an Stirling denke, sehe ich zuerst meine Eltern vor mir. Sie sind die Farm, die Familie, der Kreislauf der Jahresfeste, der
5 Traum vom Zuhause. Ich kann sie mir nicht ohne das Land vorstellen, das wir Stirling nennen, und Stirling nicht ohne sie. 1 800 Morgen Fläche, das hört sich für
10 Europäer vielleicht groß an. Hier in Australien, in den Western Plains des Staates Victoria, gibt es aber noch sehr viele größere Farmen.
15 Die Farm ist ein hektisches Unternehmen, das Schafmilchprodukte einspeist in das rätselhafte Auf und Ab des Weltmarkts.
„Grampian's Pure" haben meine Eltern ihre Molkerei getauft: Gourmet-Jo-
20 ghurts in verschiedenen Geschmacksrichtungen, ab und zu auch Frischkäse. Telefon und Fax hören nicht auf zu läuten, in der Zufahrt stauen sich Autos und Busse von Finanzberatern, Marketing-Gurus, französischen Austauschstudenten, landwirtschaftlichen Studienreisenden und Kunden aus der Umgebung. Das Geschäft wird dieses Jahr zehn Jahre alt. Es hat meinen Eltern Sicherheit
25 gebracht, es hat das Überleben der Farm ermöglicht – aber manchmal denke ich auch, dass es meine Kindheit ausgelöscht hat.

Mein Vater warb um meine Mutter, als er Jungbauer auf Stirling war. Wenn er nachmittags die Tiere versorgt hatte, machte er sich fein und fuhr die dreieinhalb Stunden nach Melbourne, um Mum zum Essen auszuführen. Zurück
30 musste er noch in derselben Nacht, denn im Morgengrauen rief schon wieder die Pflicht. 1969 haben sie geheiratet und im Mai des nächsten Jahres kam ich zur Welt. Nach mir kamen sechs Geschwister und ich denke immer, dass unsere Kindheit in zwei Phasen stattfand: In der ersten waren wir älteren vier klein, in der zweiten haben wir die drei jüngeren als die Kleinen wahrgenommen.

35 Marius wurde zwei Jahre nach mir geboren und sofort MAC genannt, nach den Anfangsbuchstaben seiner Vornamen. In meinen ersten Erinnerungen ist er rosig, rund, sehr pflegeleicht und phlegmatisch. Er war ein liebes und unschuldiges Kind; aber für nichts wirklich zu begeistern. Die Mäuse in seinem Käfig, die ihm anvertraut waren, ließ er verhungern. Meine Mutter inmitten von Chaos,
40 Kindern und Haushaltspflichten, zutiefst frustriert von seinem Desinteresse, diktierte ihm einen moralischen Aufsatz mit dem Titel „Die Pflichten der Liebe".

Zwei Jahre nach MAC kamen die Zwillinge Sylvia und Verity zu Welt, noch einmal zwei Jahre später Anne. Bis zu Rupert vergingen dann vier Jahre und bis zu William, unserem ewigen Baby, noch einmal vier. Es war eine wirklich glückliche Kindheit, voll von der Freiheit und Zuversicht, die man oft mit Australien verbindet. Wir verbrachten sie mit unseren eigenen Spielen, seltsam introvertiert in einem Kinderreich, das aus zwei kleinen, alten, sorgsam mit Kochgeräten ausstaffierten Holzhütten bestand, an einem Bach unter alten Gummibäumen. Wir halfen Dad auf den Feldern oder schleppten die enormen Tüten mit Vorräten, die Mum aus dem Supermarkt heranschaffte, ins Haus.

Sylvia war immer die Verkörperung von Selbstvertrauen und Erfolg, sprang mühelos von Jahr zu Jahr in der Schule, durch nichts zu erschüttern. Verity, ihre Zwillingsschwester, musste viel härter für ihre Ziele arbeiten. Still und entschlossen kämpfte sie um Durchschnittsnoten – aber so verschieden die beiden auch waren, sie standen sich immer sehr nah.

Anne erfand Fantasiefiguren, die für uns zum Leben erwachten und uns lange begleiteten. „Aunty Qwen" kam eines Tages unangemeldet mit ihrem Chauffeur Rupert an, Lockenwickler im Haar, Highheels an den Füßen, Lippenstift bis zu den Ohren, und verlangte mit lauter Stimme eine Tasse Tee. „Sharon McPatter" wurde im Supermarkt geboren. Sie konnte sich all die Dinge leisten, an denen wir aus Geldmangel meist vorbeigehen mussten: Coca-Cola, McDonald's und Schokolade, später auch Yachten, Strandhäuser und Weltreisen. Das Wort „Nein" existierte in Sharons Wortschatz nicht, denn Sharon hatte „die Macht". Sie sagte immer, was sie dachte. Das Spiel setzte sich mit Rupert und William fort, die als eigene Figuren einstiegen, und führte dazu, dass wir uns oft vor Lachen auf dem Boden wälzten.

Die Verwandlung der Farm begann Ende der achtziger Jahre. Eine verzweifelte Zeit: Die Preise für Wolle und Lämmer fielen ins Bodenlose, die Börse brach zusammen und in mehreren schlimmen Jahren wurde der Regen immer knapper. In dieser Krise begannen meine Eltern mit den „Grampian's Pure"-Produkten. Sie wurden verlacht, weil sie sich an ein Geschäft wagten, das damals vollkommen esoterisch erschien. Niemand war an der Idee interessiert, es gab kein

Geld um Helfer zu bezahlen, die neuen Maschinen streikten – und jede Woche erschienen die Leute von der Bank um die Finanzen zu überwachen.

Meine Eltern wollten keine Märtyrer oder Helden sein. Sie hatten nur keine Wahl. Sie durften Stirling nicht verlieren, denn sie hatten keine Chance, auf andere Weise Geld zu verdienen. Dad, der zur Blütezeit der australischen Landwirtschaft auf der Farm seiner Eltern begann, hatte nie etwas anderes gelernt. Mit 50 Jahren standen die beiden also vor einer Aufgabe, die selbst die kräftigsten Jungunternehmer überwältigt hätte. Zeitweise konnten sie nicht einmal mehr ihre Zinsen bezahlen.

Mum wurde die treibende Kraft des Geschäfts: In dem Moment, als sie die Finanzen übernahm, war eine neue Präzision, eine neue Zielrichtung in der Entwicklung der Farm zu spüren.

Bei jeder Entscheidung von Zweifeln geplagt, bauten meine Eltern die neue Molkerei, molken die 120 Schafe, verarbeiteten die Milch zu hunderten von Joghurt-Töpfen, brachen zweimal in der Woche um vier Uhr morgens auf, um ihre Erzeugnisse nach Melbourne zu fahren, priesen ihr Produkt auf endlosen Messen und Ausstellungen an – und lernten Buchführung für die Banken. Drei Jahre heftigster Streitigkeiten waren die Folge. Die Ehe schien dauerhaft zerrüttet: Immer waren sie am Ende ihrer Kräfte, immer auf der Suche nach späten Schecks in der Post, immer am Rand des Nervenzusammenbruchs, Tag für Tag. Für Waschen und Bügeln blieb Mum keine Zeit, der Haushalt brach zusammen. Und Dad wusste, dass draußen wertvolle Schafe und Lämmer starben, weil er nicht mehr die Zeit fand, alle Weiden täglich zu kontrollieren. In dieser Zeit dachte ich, meine Eltern wären ohne einander vielleicht besser dran.

Als ich 1995 nach einer Zeit im Ausland wieder nach Stirling zurückkam, fand ich nichts mehr von der Romantik unserer Kindheit. Jetzt gab es lokale Behörden, die sogar den Bau von öffentlichen Toiletten auf der Farm forderten. Ich hatte große Schwierigkeiten mit meinen Eltern zurechtzukommen, in ihrem neuen Leben voll Depressionen, Repression und scheinbar endlosem Chaos.

(…)

Erst im letzten Jahr ist der Punkt gekommen, wo wir Kinder spürten, dass es endlich bergauf geht. Jetzt gibt es ab und zu Hilfskräfte auf dem Hof, das Haus ist renoviert und aufgefrischt worden, die verzweifelte Spannung ist gewichen. Es ist schon wahr: Das Land prägt noch immer unser aller Leben. Stirling ist unser Zuhause, ob wir nun in London, Ballarat, Paris oder Melbourne wohnen, ob wir unsere Eltern nun zweimal oder fünfmal im Jahr besuchen. Weihnachten entwickelt sich zum festen Treffpunkt, wo wir, wie so viele Familien, die Zeit für einen Tag zum Stillstand bringen, um für die glücklichen Wendungen unserer Geschichte zu danken. Dann halten wir unsere turbulente Vergangenheit fest und nehmen die Zukunft ins Visier, wie Australier das eben tun: Ewig auf der Hut vor diesem Land, seiner spartanischen Erhabenheit und seinem plötzlichen Wandel.

Hinweise zum Text: Seite 58.

Wie Spucke im Sand
Klaus Kordon

Ich kann schreiben, ja, ich kann schreiben! Es fällt mir immer leichter. Und geht es nicht, brauche ich nur aufzublicken und Aruna kommt, hockt sich neben mich und fährt mit dem Zeigefinger die Zeilen entlang. Aruna findet immer das richtige Wort. Nur deshalb wage ich es, ihrem Rat zu folgen und meine Geschichte aufzuschreiben. Sie sagt, es wäre wichtig für Yoni, meinen „kleinen Bruder", aber auch für mich. Vor allem für mich. Ob mir mein Vorhaben gelingen wird, ob ich genügend Geduld mit mir haben werde, weiß ich nicht. Versuchen muss ich es: Ich will mich besser kennen lernen, will richtig begreifen können, was geschah, seit ich unser Dorf verließ.

Damals war ich dreizehn Jahre alt, nun bin ich siebzehn. War ich damals noch ein Mädchen, bin ich heute eine Frau. Doch was besagen diese Bezeichnungen schon? Was ich erlebt habe, ist mehr, als vier Jahre älter geworden zu sein. Ich habe einen Sprung getan aus einer Welt in eine andere Welt. Bin eine andere Munli geworden, denke anders, fühle wohl inzwischen auch ganz anders.

Das Dorf, aus dem ich stamme, liegt im Grenzgebiet zwischen Uttar Pradesh und Madhya Pradesh, direkt am Fuß der Berge. Es ist sehr arm, nicht mal einen Brunnen gibt es dort. Das Wasser mussten wir Mädchen und Frauen in Krügen vom Fluss heranschleppen. Und in heißen Sommern, wenn der Fluss fast ausgetrocknet war, sogar vom See her. Das waren viele Stunden Fußweg mit den schweren irdenen Krügen auf dem Kopf. Auch die Wäsche wuschen wir im Fluss. Dabei wurde meistens gesungen. Das war schön und hat Spaß gemacht.

Richtige Straßen gab es in unserem Dorf lange nicht. Es bestand nur aus einer Ansammlung von Lehmhütten, die oft weit auseinander lagen. Trotzdem lebten wir alle sehr eng zusammen. Jeder wusste alles vom anderen, jeder interessierte sich für den anderen. Das ist in der Stadt anders. Hier kümmert sich kaum jemand um seine Nachbarn. Es sei denn, sie sind hoch gestellte Persönlichkeiten, die einem nützen können. Oder sie leben anders als die meisten und man will sie vergraulen, wie gerade Aruna und wir Mädchen es immer wieder erleben.

Ein Städter hätte unser Leben im Dorf sicherlich sehr eintönig gefunden. In der nassen Jahreszeit pflanzten wir Reis an, in der trockenen Bohnen, Weizen, Linsen, Chili, Süßkartoffeln und rund um die Hütten auch etwas Gemüse. Auch bei größter Sonnenglut arbeiteten wir auf den Feldern. Und in den Abendstunden sammelten wir Brennholz.

An den Hitzetagen beneidete ich immer die Wasserbüffel, die sich im kühlen Flussschlamm suhlten. Einmal, als ich noch ganz klein war, legten wir Mädchen uns tatsächlich mal dazu. Wir sahen schlimm aus danach, aber es hatte riesigen Spaß gemacht. Wenn ich heute an diese Zeit zurückdenke, habe ich das Gefühl, als passierte ungeheuer viel in unserem Dorf. Es wurde geboren und gestorben, es gab Streit und Versöhnungen, Hochzeiten, Leichenverbrennungen und andere Feste. Es geschah immer irgendetwas, war nie langweilig. Dazu hatten wir alle auch viel zu viel zu tun.

Eine Schule gab es nicht in unserem Dorf. Die nächste lag viele Meilen weit entfernt. Kein Kind in unserem Dorf ist je zur Schule gegangen. Aber auch wenn die Schule nicht so weit entfernt gewesen wäre, hätte ich sie nie von innen gesehen. Wir Mädchen arbeiteten ja alle auf den Feldern mit, wir hätten gar keine Zeit gehabt zur Schule zu gehen. Nur für die Jungen wäre eine Schule von Vorteil gewesen. Der einzige Lehrer im Dorf war Bhimal, unser Dorfpriester. Er reichte uns den ersten Reis und lehrte uns die verschiedenen Erscheinungsformen Gottes. Lesen und Schreiben lehrte er uns nicht. (…)

Wie alle Kinder blieb ich bis zu meinem fünften Lebensjahr zu Hause. Oder ich folgte Mataji aufs Feld und sah zu, wie sie arbeitete. Mit meinem fünften Geburtstag änderte sich mein Leben. Nun war es mit der göttlichen Kindheit vorbei, ich musste Mataji im Haushalt oder beim Brennholzsammeln helfen. Als ich acht Jahre alt war, musste ich dann zum ersten Mal mit aufs Feld. Ich werde den Tag nie vergessen. Wir steckten junge Reispflanzen, standen bis zu den Knien im Schlamm und richteten uns kaum auf. Abends tat mir der Rücken weh und meine Füße waren eiskalt.

Von da an musste ich immer mit aufs Feld. Feldarbeit ist Frauenarbeit, Männer helfen nur beim Pflügen und bei der Aussaat. Das ging fünf Jahre so. Die einzige Abwechslung war die jährliche Regenzeit: Würde der Monsun früh kommen, würde er spät kommen? Wie fiel er aus? Würde es heftig regnen, wenig oder gar nicht? Würde die Ernte reichlich ausfallen und wir einen besseren Lohn erhalten oder würde sie karg sein und eine Hungerzeit beginnen?

Jedes Jahr die gleichen Fragen, die gleichen Gespräche. Wir sorgten uns um die Ernte, als gehörten die Felder uns. Sie gehörten aber der Familie Maday, reiche Leute, die in der Stadt lebten. Wir bekamen sie nie zu sehen. Der Verwalter teilte uns zur Arbeit ein, seine Angestellten zahlten uns den mageren Lohn aus. Brauchte eine Familie mal etwas mehr als das, ging sie zum Verwalter. Der gab ihr Kredit – zu dreihundert Prozent Zinsen. Die Kredite konnten nie abgezahlt werden, die Familien waren schon froh, wenn sie die Zinsen tilgten. So war das ganze Dorf auf Lebenszeit Schuldner der Familie Maday.

Erst als die große Straße sich unserem Dorf näherte, änderte sich das ein wenig. Zwar war die Arbeit beim Straßenbau hart, doch sie war die einzige Gelegenheit die Schulden abzuarbeiten. Und wie auf den Feldern verrichteten auch hier die Frauen die anstrengendsten Arbeiten. Ob wir mit schweren Hämmern große Steine zu Schotter zerschlugen, Zement mischten, Baumstämme schleppten – die Männer trieben uns an, kontrollierten uns, waren auch hier für die gehobeneren Arbeiten zuständig. Trotzdem war die große Straße die Chance unseres Lebens, wir mussten sie nutzen. Deshalb arbeiteten wir alle dort mit, bis auf Pula, Ila und Mantu. Pula, die schon acht war, musste dafür auf die beiden Kleinen aufpassen.

Die Verdienstmöglichkeiten beim Straßenbau waren sehr unterschiedlich. Es zählte nicht, was man tat, sondern wer man war – ein Mann, eine Frau oder ein Mädchen. Pitaji, als Aufseher, verdiente zwölf Rupien am Tag, die anderen Männer – also auch meine Brüder – zehn. Mataji bekam wie alle Frauen acht

Rupien, ich wie alle Mädchen sechs. Das war ein Tagesverdienst von sechsundvierzig Rupien für die Familie. Bei fünfmal zehn Stunden am Tag ein Hungerlohn – und trotzdem ein Geldsegen. Der allerdings nicht lange anhalten würde. Wir wussten ja: Eines Tages würde die große Straße fertig sein. Uns blieb dann wieder nur die Arbeit von den Reisfeldern und die jährliche Angst vor Überschwemmungen oder Dürreperioden. Deshalb lebten wir auch weiterhin sehr sparsam.

Pitaji aber machte sich seine eigenen Gedanken über die Zukunft. „Die große Straße ist wie eine Kuh, die man melken muss", sagte er immer. „Kühe spenden Milch, liefern Dung für die Felder und ihr Mist taugt zum Heizen. Kühe spenden Leben! Die große Straße tut das auch. Erst bauen wir sie, da gibt sie uns Arbeit. Wenn sie fertig ist, kommen Menschen auf ihr entlanggelaufen. Und wo Menschen sind, gibt es neue Arbeit. Es müssen Wasserleitungen gelegt, Häuser gebaut, Restaurants eröffnet werden. Vielleicht bekommen wir sogar Strom in unser Dorf. Und einen Doktor. Auch ein Kino…Dann müssen wir unsere Schulden abgezahlt haben, um einen richtigen Kredit aufnehmen zu können – für einen Kiosk mit Zigaretten, Süßigkeiten und Zeitungen oder wenigstens einen Getränkestand." Das waren seine Pläne. Oder nur Träume? Ich weiß es nicht. Ich weiß nur, dass der Gedanke, in einem solchen Dorf zu leben, wie Pitaji es schilderte, nicht nur mich zutiefst erregte. Meine Brüder Ramesh und Birri waren genauso angetan davon. Sie wünschten sich eine Buslinie, die es ihnen ermöglichte mit dem Bus in die Stadt zu fahren, um dort zu arbeiten. Oder auch nur, um dort spazieren zu gehen, die Schaufenster zu betrachten und den Städtern zuzusehen. Städter waren für uns Dörfler ja fast so was wie höhere Wesen. (…)

Straße des Lebens, Straße der Hoffnung, Straße des Glücks – in wie vielen Dörfern wurde die große Straße inzwischen wohl noch so gefeiert? Wie weit in die Berge hinein schlängelt sie sich schon? Manchmal habe ich noch heute den Geruch von Teer oder Zement in der Nase. Doch es ist kein schlechter Geruch, es ist der Geruch nach Träumen, Wünschen, Plänen. Derselbe Geruch, den ich wahrzunehmen glaube, wenn ich an jenen Tag zurückdenke, der als Glückstag begann und mit einem bösen Schrecken endete. An diesem Tag begann mein Abschied vom Dorf…

Doch darüber möchte ich heute nicht mehr berichten. Ich will, bevor ich mich schlafen lege, noch ein bisschen an unser Dorf zurückdenken, an Mataji, Pitaji, meine Geschwister. Sicher, unser Dorf ist nur ein Dorf wie tausend andere auch, für mich aber ist es mehr, viel mehr. Ich habe oft Sehnsucht nach den Abenden am Feuer, dem gemeinsamen Wäschewaschen, den vielen kleinen, unwichtigen Heimlichkeiten zwischen uns Mädchen, dem Geschwätz der Nachbarinnen und Nachbarn. Werde ich unser Dorf jemals wieder sehen? Möchte ich es überhaupt wieder sehen?

Hinweise zum Text: Seite 58/59.

Andrew Wyeth, Christinas Welt, 1948

Heimat ist nicht nur ein Land

Karin Kusterer / Edita Dugalic

Wenn mich früher jemand nach meiner Nationalität gefragt hätte, so hätte ich geantwortet: „Ich bin Jugoslawin". Vielleicht hätte ich auch noch gesagt, dass ich aus Bosnien komme, aber dass ich eine „Muslima" bin, hätte ich nur erwähnt, wenn mich jemand speziell danach gefragt hätte – und das tat niemand.

5 Früher lebten Muslime, Serben und Kroaten in unserer Stadt zusammen wie ein Volk. Es war nicht nur so, dass viele meiner Freunde Serben waren, nein, auch in unserer weit verzweigten Familie gab es Serben: Es war typisch für Bosnien, dass die Nationalitäten untereinander heirateten. Eine meiner Tanten ist Serbin und ich liebe sie sehr. Ich könnte sie niemals hassen, bloß weil sie Ser-
10 bin ist, das wäre doch verrückt! Sie ist meine Tante und ich habe sie sehr gern.
Es war früher nicht so wichtig, ob man Muslim, Serbe oder Kroate war. Und jetzt ist es das Entscheidende. Es entscheidet in meinem Land darüber, ob man in seiner Heimat bleiben darf oder verjagt wird, ob man erschossen wird oder nicht.

15 Für mich war Heimat ein bisschen wie eine Zwiebel: Die äußere Schicht war der Staat Jugoslawien, die innere war Bosnien-Herzegowina als ein Teil davon und der Kern – für mich das Wichtigste – war meine Stadt Zvornik und ihre

Umgebung. Alles gehörte zusammen und widersprach sich nicht. Ich weiß jetzt, dass Heimat nicht nur ein Land oder eine Stadt ist. Ich habe meine Stadt nach der ersten Flucht wieder gesehen und sie war wie das Gespenst einer Heimat. Es war gruselig, denn vieles sah trotz allem so aus wie immer.

Aber ich will euch ein bisschen von meiner Heimat erzählen, wie sie früher war. Viele von euch waren wohl schon einmal in Jugoslawien im Urlaub, an der kroatischen Adriaküste zum Baden und Sonnen. Bosnien-Herzegowina liegt aber im Hinterland und zu uns kommen nicht so viele Touristen, obwohl es bei uns auch sehr schön ist. Das einstige Jugoslawien bestand aus sechs Republiken (Slowenien, Kroatien, Bosnien-Herzegowina, Serbien, Montenegro und Makedonien) und zwei sogenannten autonomen Provinzen (Vojvodina und Kosovo), die zur Republik Serbien gehörten.

Zvornik liegt in Ost-Bosnien genau an der Grenze zur ehemaligen Republik Serbien. (Herzegowina heißt der Südwesten von Bosnien-Herzegowina.) Die Grenze bildet der Fluss Drina und am anderen Ufer liegt „Klein-Zvornik" (Mali Zvornik); das wäre wohl so etwas wie ein Stadtteil von Zvornik, wenn es nicht schon zu Serbien gehörte. Früher war hier nie so etwas wie eine Grenze zu sehen und kaum jemandem war sie bewusst.

Ich liebte die Drina, sie war „mein Fluss", so wie Zvornik „meine Stadt" war. Wie oft habe ich in ihrem Wasser gebadet, vor allem im Stausee! Dort gab es viele schwimmende Holzhäuschen auf Flößen, die am Ufer vertäut waren, und auf einem solchen „Hausboot" war ich im Sommer fast jedes Wochenende zu finden. Ich lag dort mit Freunden und Freundinnen in der Sonne, wir hörten Musik, wir schwammen, plauderten, picknickten. Das Wasser war so klar und sauber, dass man dort die dicksten Fische fangen konnte. Darin war mein Vater Spezialist, er war begeisterter Hobbyangler. Und wenn wir Ferien hatten, saß ich manchmal mit meinem Bruder und seinen Freunden bis zum Morgengrauen am Ufer der Drina. Einer von uns spielte Gitarre und es war richtig romantisch! Die Stadt und der Fluss liegen in einem Tal. Auf beiden Seiten der Drina erheben sich niedrige Berge mit runden Kuppen, auf deren Weiden Schafherden grasen. Auf einem der Hügel steht Kula, die Ruine einer alten Festung. Dort lebte einst der Legende nach „Jerina die Verfluchte" (Prokleta Jerina), die viele Geheimgänge und Falltüren einbauen und hinterher alle Bauleute, die davon wussten, umbringen ließ. Sie soll genauso schön wie tückisch gewesen sein und ihre ehemaligen Liebhaber vergiftet haben. Und jedesmal, wenn wieder einer ihrer Verehrer gestorben war, läutete die Glocke im Glockenturm der Burg. Glockenturm heißt in unserer Sprache „Zvonik", daraus soll mit der Zeit „Zvornik" als Name für unsere Stadt geworden sein.

Oh, es gibt viele märchenhafte Orte in unserer Gegend. So zum Beispiel auch den Fußabdruck von Djerzelez Alija, dem bosnischen Robin Hood, im Fels am Ufer der Drina: Dort sprang dieser Räuber und Helfer der Armen angeblich auf der Flucht seinen Verfolgern über den Fluss. Und dann haben wir nicht weit von unserer Stadt eine wundertätige Quelle, in der viele Frauen an einem bestimmten Tag im Jahr ihre Haare waschen. Davon wird ihre (künftige oder jetzige) Ehe glücklich und ihre Haare werden voll und dicht. Ich habe auch meine Haare darin gewaschen – na ja, verheiratet bin ich noch nicht, aber schöne Haare habe ich schon!

65 Bei uns gab es auch richtige Urwälder mit viel Unterholz, Büschen, umgestürzten Bäumen, Schlingpflanzen, Flechten, Moos und so weiter. In manchen dieser Wälder, heißt es, sei noch nie ein Mensch gewesen, so undurchdringlich seien sie. Da gibt es natürlich auch allerhand Tiere, wie zum Beispiel Rehe, Füchse, aber auch Schlangen, Bären und Wölfe! In unserer Gegend wächst viel Obst:
70 Äpfel, Birnen, Pflaumen, Kirschen, Erdbeeren, Johannisbeeren, Blaubeeren und auch Pfirsiche, Aprikosen, Walnüsse und Maroni gedeihen bei uns. Ich habe immer mit Begeisterung Esskastanien gesammelt und geröstet, aber man konnte sie auch beim Straßenhändler kaufen. Mein Großvater und mein Onkel hatten große Obstplantagen, wo vor allem Pflaumen wuchsen, aus denen wir manch-
75 mal Schnaps (sljivovica) brannten.

Zvornik ist eher ein Städtchen als eine Stadt, aber es gibt dort alles, was man braucht: Cafés, Diskotheken, Kinos, Restaurants, Pizzerien, Schulen, Geschäfte, Parkanlagen usw. Ich liebte auch die Märkte: den Viehmarkt, den Fischmarkt, den Bauernmarkt. Sie wurden üblicherweise montags und freitags aufgebaut
80 und man konnte dort alles kosten, wenn man wollte. Man biss einfach in einen Apfel oder eine Birne, und wenn es einem nicht schmeckte, brauchte man das Obst nicht zu kaufen. Außerdem konnte man handeln, meine Mutter tat das mit Leidenschaft!

Die meisten Häuser waren modern, aber es gab auch noch ein paar alte, die un-
85 ten aus Stein und oben aus Holz gebaut waren. Und es gab drei Moscheen in unserer Stadt, eine davon hatte fünf Türme, was ganz ungewöhnlich ist, denn sonst haben die Moscheen im Allgemeinen nur ein Minarett. Aber es heißt, der Erbauer habe im Traum von Allah den Befehl erhalten, fünf Minarette zu errichten.

90 Wir wohnten im Zentrum in einer Eigentumswohnung und hatten etwas außerhalb in der Nähe der Drina ein kleines Haus. Das heißt, das Haus wäre im Sommer ganz fertig geworden, wir – vor allem Vater – hatten in unserer Freizeit viel daran gebaut. Es hatte am Eingang drei Rundbögen mit Säulen dazwischen und oben eine große Terrasse. Auch innen gab es viele Rundbögen, es war wunderschön! Aber nun ist es abgebrannt, serbische Soldaten haben es angezündet.

Hinweise zum Text: Seite 59.

Gedanken zu „Heimat"

Das Wort „Heimat" bedeutet für mich sehr viel. Wo ich geboren bin, wo ich aufgewachsen bin, dort ist meine Heimat. Dort verstehe ich die Leute und die Leute verstehen mich. Jeder Mensch hat seine Heimat. Das ist ja schön, wenn ein Mensch weiß, wo seine Heimat ist. Die wunderschönen Wiesen und Wälder, Felder und Täler, Flüsse und das Meer, das ist alles Heimat. Dort habe ich viele Verwandte, Freunde und Bekannte. Dort sind meine Eltern, Großeltern, Geschwister. Dort habe ich mein Haus und meinen Hof mit verschiedenen Haustieren. Das bedeutet für mich Heimat.

Larissa (15 Jahre) aus Kasachstan

In meiner Heimat „Kosovo" war alles ganz anders. Angefangen bei den Menschen. In dem Dorf, wo ich lebte, waren alle wie eine Familie. Man hatte immer Hilfe, wenn man sie brauchte, z. B. wenn mein Vater geschlachtet hat, sind alle gekommen um zu helfen, und das ohne Aufforderung.
Das Klima und die Umwelt war bei uns auch viel besser. Die Luft war einfach unbeschädigter, reiner und gesünder als hier. In dem Wald bei meinem Haus kam Wasser zwischen den Steinen heraus und man konnte es ohne weiteres trinken. Nach dem Haarewaschen hatte ich nie solche Probleme beim Kämmen wie hier. Wir hatten auch viele Hektar Land, wo wir alles, was möglich war, selber angebaut hatten, von den Tomaten bis zu den Kartoffeln. Das Obst und Gemüse wurde ohne Chemie behandelt und das schmeckt man eben. Die Kinder konnten ohne Furcht vor Autos auf der Straße spielen. Spielplätze gab es zwar nicht, aber jeder Garten war es für uns. In jedem Haus waren wir immer und zu jeder Zeit herzlich willkommen. Hass und Neid gab es nie. Mein Vater lebte jahrelang mit seinen fünf Brüdern und deren Familien in einem Haus. Und Streit gab es nie.
Man kann sich mein Land so vorstellen, wenn man weiß, wie Deutschland vor ca. 50 Jahren war. Aber eins ist mir sicher, egal was der Krieg kaputt macht, ich werden nie vergessen, wie es früher war. Denn es ist meine Heimat, aus der mich der Krieg vertrieben hat.

Violeta (14 Jahre) aus dem Kosovo

Hinweise zu den Texten: Seite 60.

Gespräch mit jugendlichen Aussiedlern

In der Runde sitzen Eugen aus Karaganda in Kasachstan, in der Bundesrepublik seit sechs Monaten; neben ihm Johanna aus Kattowitz in Oberschlesien, seit zehn Monaten hier; ebenso lange wie Katharina aus Danzig. Seit acht Monaten lebt Irene in der Bundesrepublik; sie stammt aus Kirgisien. Artur aus Danzig lebt seit einem halben Jahr hier, ebenso wie Heinrich aus Frunse in Kirgisien.

REPORTER: Sind Sie mit Ihrer ganzen Familie hierher gekommen oder sind Angehörige zurückgeblieben?
JOHANNA: Ich bin nur mit meinem Vater gekommen. Die Mutter kommt erst im September nach.
REPORTER: Fast ein Jahr lang waren Sie getrennt.
JOHANNA: Im April war meine Mutter schon einmal hier und ist dann wieder zurückgefahren. Erst in diesem Monat wird sie endgültig herkommen. Aber mein ältester Bruder ist dann noch dort. Vielleicht kann er auch einmal kommen, aber zuvor muss er noch zum Militär.
REPORTER: Ist es schwer, wenn die Familie getrennt ist?
JOHANNA: Fast ein Jahr von der Mutter fort sein, das hat schon wehgetan.
REPORTER: Und bei den anderen?
ARTUR: Ich bin mit meinem Vater und meinem Bruder hier. Meine Mutter ist noch in Polen. Aber sie wird sicher kommen.
REPORTER: Sie wissen noch nicht, wann?
ARTUR: Nein.
REPORTER: Ihre Verwandten, Ihr Freundeskreis: Sind welche dort geblieben – und wollen vielleicht auch dort bleiben?
IRENE: Meine Tante bleibt in Russland, weil ihr Mann Russe ist. Sie ist Deutsche. Sie bleibt mit der Familie drüben. Der Mann darf nicht ausreisen. Sie will sich nicht von ihrer Familie trennen, deshalb bleibt sie dort.
REPORTER: Sind Sie selbst gekommen, weil Ihre Eltern das entschieden haben, oder sind Sie auch selbst gerne hierhergekommen? Wäre jemand von Ihnen gerne dort geblieben?
(Langes Schweigen; einige schauen lächelnd vor sich hin.)
REPORTER: Sie haben Freundinnen und Freunde zurückgelassen?
MEHRERE GLEICHZEITIG: Ja.
REPORTER: Haben Sie Kontakte zu ihnen?
KATHARINA: Ja, wir schreiben Briefe.
REPORTER: Fiel Ihnen die Trennung von Ihren Freunden schwer?
KATHARINA: Ja, am Anfang war es schwer. Aber jetzt ist es besser. Ich habe hier schon Freunde und kann auch schon besser Deutsch.
REPORTER: Ist es leicht gefallen, hier neue Freunde zu finden, oder mussten Sie lange suchen?
KATHARINA: Es war schwer.

REPORTER: Woran liegt das nach Ihrer Meinung?
KATHARINA: Viele sagen, das sind Aussiedler; mit denen wollen wir nichts zu tun haben.
REPORTER: Das haben Sie selbst erlebt?
KATHARINA: Ja. In der deutschen Schule in E. war das so.
REPORTER: Ist das den anderen auch so gegangen?
HEINRICH: Nein.
REPORTER: Erzählen Sie, wie es Ihnen gegangen ist.
HEINRICH: In der 8. Hauptschulklasse, wo ich zuerst war, haben mich die anderen gern gehabt. Sie wollten nicht, dass ich in die Förderschule nach Freiburg gehe. Sie hätten lieber gehabt, dass ich dort bleibe.
REPORTER: Sie selbst?
HEINRICH: Jetzt geht es schon. Aber zuerst … Ich wäre gerne dort geblieben. Aber das geht nicht. Ich habe zum zweitenmal die Freunde zurückgelassen. Aber hier an der Schule habe ich wieder welche gefunden.
EUGEN: Ich habe fast keine Freunde unter den Deutschen, weil ich kein kontaktfreudiger Mensch bin. Wenn ich einige Tage in einer Gruppe bin, dann finde ich Freunde. Aber einfach geht das nicht.
REPORTER: Hier an der Schule …?
EUGEN: In meiner Klasse habe ich Kontakt gefunden, aber zu Hause, wo ich wohne, nicht.
REPORTER: Stört es Sie – darf ich das fragen – dass Sie hier an der Schule mit anderen, mit ausländischen Jugendlichen zusammen sind?
IRENE: Ich finde das normal.
REPORTER: Ich erkläre Ihnen ehrlich, warum ich das frage. In unserer Bevölkerung werden oft alle Menschen aus anderen Ländern als Fremde in einen Topf geworfen. Aber Sie kommen ja als Deutsche hierher und wollen als solche anerkannt werden.
IRENE: Das macht mir keine Probleme. In Russland war es ja auch so. Wir waren alle zusammen. Russland ist ein Land mit 15 Republiken und über hundert Nationalitäten. Das sind viele verschiedene Menschen beieinander. Auch als Deutsche dort zu sein, war normal.
REPORTER: Sie hatten darunter nicht zu leiden?
IRENE: Nein. Ich nicht, wir Jugendlichen nicht. Das war normal. Aber für unsere Eltern früher waren es schwierig.
REPORTER: Haben Sie die Erfahrung gemacht, dass Sie nicht als Deutsche anerkannt werden?
IRENE: Nun ja, das war hier schon so. Manche Leute sagen, wir seien Russen und keine Deutschen und wir sollten raus hier.
REPORTER: Das ist Ihnen selbst schon so gegangen?
IRENE: Ja.
REPORTER: Was haben sie denn für Zukunftspläne? Was möchten Sie werden?
EUGEN: Ich weiß es noch nicht genau. Im Sommer, nach dem Sprachkurs, aufs Gymnasium. Und dann vielleicht studieren.

IRENE: Ich weiß es noch nicht.
JOHANNA: Ich möchte auf die Realschule. Und dann vielleicht zur Bank oder zur Post …
JOHANNA: Nach diesem Jahr möchte ich noch hier bleiben an der Uni-Klinik – dort drei Jahre Praktikum machen und dann Kinderkrankenschwester werden.
ARTHUR: Ich werde Automechaniker.
HEINRICH: Auch Automechaniker.
REPORTER: Haben Ihre Eltern hier schon Arbeit gefunden?
IRENE: Mein Vater ist in Rente. Und meine Mutter sucht eine Arbeit, aber sie hat noch nichts gefunden. Früher hat sie als Fabrikarbeiterin gearbeitet. Aber jetzt ist es schwierig für sie, wieder etwas zu finden. Einmal hatte sie einen Arbeitsplatz in Aussicht. Sie hat ihre Papiere eingeschickt, Lebenslauf und so, aber dann hat sie gar keine Antwort bekommen. Jetzt ist sie enttäuscht.
EUGEN: Mein Vater geht noch auf den Sprachkurs.
REPORTER: Für die Erwachsenen ist es ja doch schwieriger, wieder die Schulbank zu drücken. Was erzählen Sie denn von der Schule?
JOHANNA: Das ABC …

Hinweise zum Text: Seite 60.

Klagelied eines alten Münchners
Siegfried Sommer

Kopfschüttelnd steht der ältere Herr im Lodenmantel vor der Auslage einer kleinen Bäckerei. Aber er hat sich nicht getäuscht. Tatsächlich ist an der kleinen Pyramide blass vergrämter Semmelbastarde das Wörtchen „Schrippen" zu lesen. Und noch im Weitergehen muss der eingeborene Brotzeit-Spezialist über diesen Einbruch nordischer Lebensart in die bayerischen Belange leise lächeln. Dabei zieht vor seinen Augen eine lange Reihe längst vergessener Schmankerl, Genüsse und Kindheitserinnerungen vorbei.

Und er gedenkt noch der himbeerroten und giftgrünen Kracherl, die es in seiner Zeit in allen den winzigen Minzenkugel-Kaufhäusern gab, die man Standl nannte und die sich ein bisschen verschüchtert an die Bahndämme lehnten oder an den Isarbrücken und Mietgartenaussparungen standen. Auch den „Bärendreck" gab es da zu kaufen, „um a Fünferl an Waffelbruch", eine kleine Jugendseligkeit, die in einer Pergamenttüte war, mit der man nachher, wenn man sie aufblies, einen Kanonenschlag erzeugen konnte. Ebenso begehrt waren ferner die Gummischlangen, Amerikaner oder Boxer, ein Fünferlgebäck, das heute fast gänzlich verschwunden ist, sowie die lila Veilchenpastillen oder der Eis- und Kokos-Schokolad.

Am schlimmsten aber hat die neue Zeit unter den Produkten der Metzger und Bäcker aufgeräumt. Das Maurerloawi und die Pfennigmuckl werden längst aus demselben Einheitsteig geschliffen und gebacken, wie das süßmürbe Eierweckl, in dem zwar keine Eier waren, das aber immerhin aus zartem „Millidoag" fabriziert wurde. Auch die römischen Weckerl, die weder mit Rom noch mit dem Münchner Flughafen Riem etwas zu tun haben, obwohl sie „Riemische" geschrieben werden, sind verfälscht und zu kleinen Zwittern degradiert. Die Bezeichnung Riemische kommt nämlich davon her, weil früher die Bäckerlehrstuben das notwendige graue und weiße Mehl mit Riemen mischten, indem sie dieselben durch die Herstellungsmasse zogen. Zwar sind die Kaisersemmeln und die Eingeschnittenen der Form nach noch das gleiche Brot wie vor fünfzig Jahren, doch tut es einem alten Münchner Herzen halt weh, wenn es erfährt, dass diese Produkte verschiedentlich zuerst eingefroren werden, bevor sie in das Brotkörberl kommen.

Der „Warschauer" war einst das billigste und begehrteste Pausebrot für die Münchner Schuljugend. Um ein Fünferl gab es ein Stück, das so groß war wie zwei Kinderfäuste und mindestens ein Kilo wog. Doch auch im häuslichen Kreise, so erinnert sich der alte Spaziergänger, ist manches Gericht verschwunden, das noch aus Großmutters Zeiten stammte. Wer macht heute noch breite Nudeln selber daheim, und welche Mutter serviert sie noch in der Milch, mit Zimt und Zucker bestreut? Die Dampfnudel ist den jungen Ehefrauen von heute in ihrer Herstellungsart längst ein Rätsel geworden.

„Dradiwichspfeiferl" halten sie höchstwahrscheinlich nur für ein witziges Wortgebilde, und auch die „Grimmiteigsuppe" dürfte ihnen einige Rätsel aufgeben.

Der „Kuchemilchl" war einstmals ein beliebtes Sonntagsgebäck, besonders für kinderreiche Familien. Zu ihm wurde in Zeiten der Not als Getränk gerne der köstliche Saft vom „chinesischen Teepilz" serviert. Dann gab es da noch die herrliche „aufgeschmalzene Brotsuppn" und für die kleinen Kinder hin und wieder auch einmal ein paar Bierbröckerl, weiche Semmelbröckchen, in dunklem Bier aufgeweicht. Die Milzwurst in der Brotsuppe, das saure Voressen, „Grammen", die vom selbst ausgelassenen Fett stammten, und in großen Töpfen dunkelrote „Ranen" oder das gesunde Hollermus waren fast auf jedem Altmünchner Speiseplan zu finden.

In der warmen Jahreszeit sah man in allen Milliladerln die Regale mit der „Gschtekltn" in den braunen irdenen Weidlingen stehen. Auch Buttermilch, in der wirklich noch kleine gelbe Klümpchen wie im Danziger Goldwasser funkelten, war zu kriegen und heiß begehrt. Am Montag machte die Mutter aus den übrig gebliebenen Fleischresten das gutbürgerliche Haschee, am Donnerstag holte sie beim Metzger eine Wurstsuppe und ein paar „Blunsen", und am Freitag wutzelte sie mit eigener geschickter Hand den goldgelben Kartoffelschmarrn, zu dem es vielleicht sogar noch einen „Hätschibätsch" gab.

Doch auch an den heutigen Produkten der Metzger übt der stille Träumer kleine bescheidene Kritik. Und er denkt daran, wie er einst um ein Zehnerl fast eine armlange „Pfefferwurst" kriegte, in der allerdings nichts drin war als rotes Ochsenblut und die bestimmt so zäh und unverdaulich war wie ein Stück Radlmantel. Dafür, dünkt ihm, war beispielsweise der Leberkäs um ein Vielfaches besser und würziger als heute. Denn damals hat man halt diese Münchner Spezialität noch wirklich in einer Bratreine herausgebraten, sodass der fertige Laib hochbrüstig und braun gebrutzelt war wie eine verlockende Kirchweihgans. Auch befanden sich keineswegs die fetten glitschigen Schwarterl in dieser Altmünchner Delikatesse wie heute, da man den Leberkäs in viereckige Quadern presst und sie in Dampfkammern aufquellen lässt, was ihn zwar sehr saftig machen soll, aber vermutlich auch ziemlich wässrig.

Sicher gäbe es in der Reihe der verfälschten oder sang- und klanglos verschwundenen Magentratzer und Gaumenkitzler noch manches zu erwähnen. Was aber einem eingesessenen und gelernten Brotzeitmacher immer wieder besonders hochkommt, das ist die Art und Weise, wie man in unserer Zeit die hoch empfindliche und ebenso geschätzte Weißwurst behandelt. Nicht nur, dass sie längst das Zwölfuhrläuten überhört hat und oft sogar zu mitternächtlicher Stunde bräunlich, runzelig und vergrämt wie ein böser Finger auf kaltem Porzellan serviert wird; man eist sie auch noch ein, um sie dauerhaft zu machen, und verschickt sie gleich gar in Dosen bis nach Hinterindien.

Dazu kann der sinnierende Lodenmantel-Philosoph in Bezug auf den biederen Metzgergesellen, der diese „bayerischen Bananen" vor über hundert Jahren einst erfand, nur mehr leise murmeln: „Wenn das der Moser Sepp wüsste, das Herz im Leib möcht' ihm zerspringen."

Hinweise zum Text: Seite 60/61.

Heimat – nur ein Land?

Diese Frage wird euch zunächst überraschen, da Heimat zumeist mit einem bestimmten Land gekoppelt wird. Trotzdem lässt Heimat auch andere Antworten zu.

In dieser Sequenz könnt ihr anhand verschiedener Texte nach der jeweiligen Bedeutung von Heimat fragen. Die Autoren bieten euch dafür recht unterschiedliche Erklärungen an. Teilweise werdet ihr genauso denken, teilweise auch nicht. Das ist gut so. Denn: Eine einheitliche, allgemein gültige Festlegung des Begriffes „Heimat" kann es nicht geben, weil hier immer und überall ganz persönliche Beziehungen eine entscheidende Rolle spielen.

Und auch daran müsst ihr denken: Viele Menschen, und gerade Jugendliche, verlassen ihre angestammte Heimat, um in einer neuen Umgebung, oft in einem anderen Land von vorne zu beginnen. Dafür gibt es viele Gründe, etwa Vertreibung und Not. Wahrscheinlich sind auch in eurer Klasse Schülerinnen und Schüler, die darüber eigene Erfahrungen besitzen. Sprecht darüber, damit ihr möglichst viel von deren Heimat erfahren könnt.

Heimat gibt es also überall auf der Welt. Für die meisten von euch, die ihre Heimat in Bayern erleben, ist dies natürlich von besonderem Reiz. Versucht deshalb die eigene Heimat bewusst wahrzunehmen und tragt dazu bei, dass sich möglichst viele Menschen hier wohlfühlen.

Isabella Nadolny: Mein Dorf

Die Autorin, 1917 in München geboren, ist seit den fünfziger Jahren des 20. Jahrhunderts schriftstellerisch tätig. Dafür hat sie schon mehrere Preise erhalten. Außerdem arbeitet sie auch als Übersetzerin. Isabella Nadolny lebt seit langem in einem Fremdenverkehrsort am Chiemsee. Welche Veränderungen sich in der Ortsentwicklung zwangsläufig ergeben haben, ist in ihrer Erzählung mitaufgegriffen.

1. Was erfahrt ihr über das Dorfleben zu früherer Zeit?
2. Wie hat sich das Dorf verändert?
   Woran könnt ihr dies besonders gut erkennen?
   Sucht entsprechende Textstellen heraus.
3. Einerseits lebt das Dorf von den Kurgästen recht gut; andererseits gehen viele gewohnte Lebensformen verloren. Versucht darüber ein Streitgespräch in eurer Klasse.
4. In vielen bayerischen Orten ist der Fremdenverkehr nicht mehr wegzudenken. Besorgt euch Informationen – z.B. aus der Kurverwaltung – aus denen hervorgeht, welche Erwartungen die Gäste bezüglich des Fremden haben und welche Folgerungen sich daraus für die einheimische Bevölkerung ergeben.

Herbert Grönemeyer: Bochum

Der Autor, 1956 geboren, ist mit Leib und Seele seiner nordrhein-westfälischen Heimat verwurzelt geblieben. Er gilt seit langem als einer der bedeutendsten deutschen Liedermacher und Sänger und prägt die Unterhaltungsbranche in Radio und Fernsehen entscheidend mit. Gelegentlich tritt er auch als Schauspieler in Theaterstücken und Filmen auf.

1 Grönemeyer erzählt von seiner Heimatstadt Bochum. Was erfahrt ihr dabei im Einzelnen?
2 In welcher Situation wird die besonders enge Beziehung Grönemeyers zu seiner Heimatstadt deutlich? Welche Ausdrücke sind dafür besonders typisch?
3 Bochum liegt im Ruhrgebiet. Auch darüber und über die Menschen dort könnt ihr einige Informationen entnehmen (Hinweis: Vfl heißt der dortige Bundesliga-Fußballverein).
4 Hört euch diesen Text auch als Lied (Song) an. Dabei wird euch die persönliche Note Grönemeyers sofort auffallen. Vergleicht dies mit anderen Liedern aus seinem Repertoire.
5 Erkundigt euch nach anderen Städten, die ebenfalls von bekannten Sängern musikalisch „verewigt" wurden, etwa Berlin, Paris oder New York. Bringt entsprechende Tonaufnahmen mit und vergleicht Inhalt und Liedform mit der von Grönemeyer.

Gracemary Cuming: Unsere kleine Farm

Die Autorin lebt in Australien und erzählt im vorliegenden Text über ihre Kindheit auf einer Farm.

1 G. Cuming wächst in einer riesigen Farm in Australien auf (3 Morgen Land = 1 Hektar Land). Sucht im Atlas den Bundesstaat Victoria im Süden des Landes.
2 Im Lauf der Zeit verändert sich die Farm: Aus der Schafzucht wird ein Milchbetrieb. Welche Erklärungen findet ihr im Text für diesen Wandel? Gibt es ähnliche Entwicklungen in der deutschen Landwirtschaft?
3 *Stirling* ist die Heimat der Familie Cuming. Worin wird ihre enge Beziehung zu dieser Gegend besonders deutlich?

Klaus Kordon: Wie Spucke im Sand

Klaus Kordon, 1943 in Berlin geboren, lebte lange Jahre in der früheren DDR, bevor er in die Bundesrepublik übersiedelte. Er genießt als Kinder- und Jugendbuchautor breite Anerkennung und hat bereits zahlreiche Buchpreise, etwa den „Preis der Leseratten" erhalten.
Er beschäftigt sich in seinen Büchern gerne mit historischen und zeitgeschichtlichen aktuellen Themen. Der Textauszug stammt aus einem Taschenbuch und erzählt von den besonderen Lebensumständen in einem Land in der sogenannten Dritten Welt, auch „Schwellenland" genannt.
Der Autor erzählt in seinem Buch *Wie Spucke im Sand* von einem Mädchen, das mit 13 Jahren sein Heimatdorf in Indien verlässt.

1 Welche Erinnerungen sind dem Mädchen geblieben? Unterscheidet in solche, die mehr äußerlich sind, und solche, die mit menschlichen Begegnungen verknüpft sind.
2 Die Religionen spielten in Indien eine bedeutsame Rolle. Hier ist der Hinduismus die führende Staatsreligion. Versucht möglichst vieles über diese Religionen in Erfahrung zu bringen.
3 Welche Veränderung ergeben sich für das indische Dorf durch technische Neuerungen?
Erweist sich dies in jedem Fall als ein echter Fortschritt? Begründet eure Meinung.
4 „Straße des Lebens, Straße der Hoffnung, Straße des Glücks" – versucht zu deuten, was hierbei gemeint sein könnte.
5 Sprecht über das „Frauenbild" bei diesem Volk in Indien. Vergleicht deren Situation mit anderen.
6 Am Ende dieses Buchkapitels stellt das Mädchen eine überraschende Frage. Welche Antworten sind denkbar?
7 Leiht euch in der Bibliothek das Buch aus und lasst euch darüber berichten, wie sich das Leben in einem indischen Dorf abspielt.
8 Besorgt euch Prospekte über Indien und stellt sie in der Klasse aus.

Karin Kusterer/ Edita Dugalic: Heimat ist nicht nur ein Land

Die beiden Autorinnen leben seit 1992 in Deutschland. Eine davon ist aus ihrer Heimat *Bosnien* auf Grund eines jahrelang andauernden Krieges geflüchtet.
Die Erzählung über die bosnische Heimat ist als Taschenbuch erhältlich.

1 Sprecht mit eurer Lehrkraft über die derzeit vorherrschende politische Lage auf dem Balkan und erkundigt euch insbesondere über das Zusammenleben der dort ansässigen Völker. Nehmt auch den Atlas zu Hilfe.
2 Eine der Autorinnen musste aus ihrer Heimat fliehen. Jetzt versteht ihr, warum sie sagt, „dass Heimat nicht nur ein Land oder eine Stadt ist".
Erzählt mit eigenen Worten, welche Erinnerungen an die bosnische Heimat ihr im Gedächtnis geblieben sind.
3 Falls Mitschülerinnen oder Mitschüler aus Südosteuropa stammen, sollten diese ihre eigenen Erfahrungen – evtl. in einem kleinen Referat – vortragen. Sicher habt ihr dazu viele Fragen.

**Larissa/Violeta:
Gedanken zu „Heimat"**

Zwei ausländische Schülerinnen eurer Altersstufe äußern sich dazu, was sie unter Heimat verstehen.

1. Lest beide Texte und vergleicht sie miteinander.
2. In beiden Äußerungen kommt zum Ausdruck, dass die Mädchen sehr an ihrer Heimat (Kosovo bzw. Kasachstan) hängen. Sucht Erklärungen hierfür und denkt insbesondere daran, dass die Heimat beider Mädchen von kriegerischen Unruhen bzw. großer Armut gekennzeichnet ist.
3. Besorgt euch weitere Informationen über diese Gebiete und fertigt dazu eine Übersicht an.
4. Schreibt eure Gedanken und Gefühle auf, wie ihr selbst über eure Heimat denkt. Könnt ihr dazu eine passende Bild-Text-Collage anfertigen?

Interview: Gespräch mit jugendlichen Aussiedlern

Ein Reporter unterhält sich mit Jugendlichen, die in Osteuropa und Zentralasien aufwuchsen und nun seit einiger Zeit in Deutschland leben.

1. Stellt zunächst mit Hilfe des Atlas fest, in welchen Ländern die Jugendlichen gelebt haben und beschafft euch dazu weitere Informationen aus Sachbüchern oder Lexika.
2. Fertigt eine Übersicht an und haltet fest, worüber die Jugendlichen im Einzelfall berichten.
3. Unterhaltet euch in der Gruppe über die Begriffe *Heimat* und *Fremde*. Welche Eigenschaften könnt ihr diesen Begriffen zuordnen; denkt auch daran, dass jeder Mensch mit Ausnahme seines Geburtslandes überall in der Welt ein „Fremder" bzw. Ausländer ist.
4. Zwischen Erwachsenen und Jugendlichen gibt es gerade bei Ausländern bzw. Aussiedlern oft große Meinungsunterschiede hinsichtlich ihrer Lebensumstände. Welche Informationen könnt ihr aus dem Interview entnehmen?
5. Stellt selbst ein Interview zusammen, in welchem nach den besonderen Problemen bei Aussiedlern gefragt wird. Vergleicht die einzelnen Antworten miteinander.

**Siegfried Sommer:
Klagelied
eines alten Münchners**

Siegfried Sommer, 1914 in München geboren und 1990 dort gestorben, liebt seine Heimatstadt über alles. Dies kommt in seinen zahlreichen Erzählungen zum Ausdruck, die er als „Spaziergänger" bzw. „Blasius" durchführt. Seine Liebe zur bayerischen Landeshauptstadt äußert sich auch in vielen typischen, mundartlich gefärbten Redewendungen.

Besonders gerne erzählt er von kleinen, zwischenmenschlichen Begegnungen, wobei er Vergangenes und Gegenwärtiges oftmals als einen unüberbrückbaren Gegensatz – allerdings mit einem gewissen „Augenzwinkern" – beschreibt.

1 Lasst die Erzählung auf euch wirken und überlegt, warum sich so viele Veränderungen im Laufe von Jahren ergeben haben.
2 Stellt anhand des Textes heraus, welche Lebensmittel sich auch in ihren Bezeichnungen verändert haben.
3 Schreibt alle bayerischen Ausdrücke heraus. Welche sind euch bekannt, bei welchen müsst ihr selbst nachfragen?
4 Sammelt typische Ausdrücke aus eurer Umgebung und fragt nach, welche immer mehr aus dem Sprachschatz der einheimischen Bevölkerung verschwinden.
Welche Gründe mag es hierfür geben?
5 In Bayern gibt es viele, regional bekannte Heimatdichter. Bringt Texte von solchen Schriftstellern in die Schule mit, die in eurer Gegend besonders bekannt sind.

Gewalt hat viele Gesichter

Über Frieden
Astrid Lindgren

Jetzt werde ich eine kleine Geschichte erzählen. Ich hörte sie selbst vor langer Zeit, eine alte Dame erzählte sie mir, und ich habe sie niemals vergessen. Sie ging so – wenn ich mich recht erinnere:

„Ich war jung zu jener Zeit, als fast alle Kinder oft geschlagen wurden. Man hielt es für nötig, sie zu schlagen, denn sie sollten artig und gehorsam werden. Alle Mütter und Väter sollten ihre Kinder schlagen, sobald sie etwas getan hatten, von dem Mütter und Väter meinten, dass Kinder es nicht tun sollten. Mein kleiner Junge, Johan, war ein artiger und fröhlicher kleiner Kerl, und ich wollte ihn nicht schlagen. Aber eines Tages kam die Nachbarin zu mir herein und sagte, Johan sei in ihrem Erdbeerbeet gewesen und habe Erdbeeren geklaut, und bekäme er jetzt nicht seine Schläge, würde er wohl ein Dieb bleiben, sein Leben lang. Mit Müttern ist es nun einmal so, dass ihnen angst und bange wird, wenn jemand kommt und sich über ihre Kinder beschwert. Und ich dachte: Vielleicht hat sie Recht, jetzt muss ich Johan wohl eine Tracht Prügel verpassen.

Johan saß da und spielte mit seinen Bausteinen – er war ja damals erst fünf Jahre alt –, als ich kam und sagte, dass er nun Prügel bekäme und dass er selbst hinausgehen solle, um eine Rute abzuschneiden. Johan weinte, als er ging. Ich saß in der Küche und wartete. Es dauerte lange, bis er kam, und weinen tat er noch immer, als er zur Tür hereinschlich. Aber eine Rute hatte er keine bei sich.

„Mama", sagte er schluchzend, „ich konnte keine Rute finden, aber hier hast du einen Stein, den du auf mich werfen kannst!" Er reichte mir einen Stein, den größten, der in einer kleinen Hand Platz fand. Da begann auch ich zu weinen, denn ich verstand auf einmal, was er sich gedacht hatte: Meine Mama will mir also weh tun, und das kann sie noch besser mit einem Stein. Ich schämte mich. Und ich nahm ihn in die Arme, wir weinten beide so viel wir konnten, und ich dachte bei mir, dass ich niemals, niemals mein Kind schlagen würde. Und damit ich es ja nicht vergessen würde, nahm ich den Stein und legte ihn in ein Küchenregal, wo ich ihn jeden Tag sehen konnte, und da lag er so lange, bis Johan groß war. Ein Dieb wurde keiner aus ihm. Das hätte ich gerne meiner Nachbarin erzählen mögen, aber sie war schon lange fortgezogen."

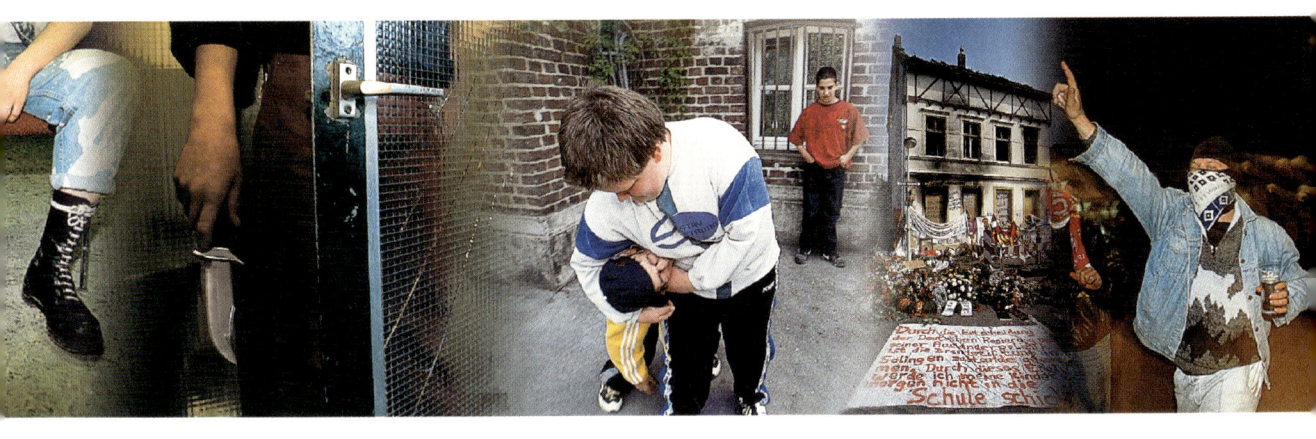

Ja, so sprach die alte Dame, die mir dies alles erzählte, als ich noch sehr jung war. Und ich weiß noch, dass ich mir dachte: Ich werde meine Kinder auch nicht schlagen, sollte ich welche bekommen. Ich bekam zwei Kinder, und ich schlug sie niemals. Trotzdem wurden gute Menschen aus ihnen. Und auch sie schlagen ihre Kinder nicht.

Warum erzähle ich das alles? Es sollte ja vom Frieden die Rede sein. Ich glaube, das tut es auch. In gewisser Weise. Immer noch gibt es viele Mütter und Väter auf der Welt, die ihre Kinder schlagen und glauben, das sei gut. Sie meinen, Kinder würden artig und gehorsam durch die Schläge. Aber stattdessen werden sie zu solchen Menschen, die gerne selber andere schlagen und weitermachen damit, wenn sie groß sind. Denn wie sollte einer, der sich als Kind an die Gewalt gewöhnt hat, zu einem friedlichen Menschen heranwachsen?

Und wie soll es Frieden geben in der Welt, wenn es keine friedfertigen Menschen gibt? Zu Hause, in den Wohnungen, da muss der Friede beginnen. Ich glaube, es wäre gut, wenn ein Stein in den Küchenregalen läge, fast überall auf der Welt, als Erinnerung: Schluss mit der Gewalt! Ich kenne eine Menge Staatsmänner und Politiker, die einen solchen Stein auf dem Küchenregal haben sollten. Aber dann würden sie vielleicht bloß die Steine nehmen und hinausgehen und einander die Schädel damit einschlagen. Denn glaubt man an Gewalt, dann handelt man auch so!

Hinweise zum Text: Seite 78.

Jenö war mein Freund
Wolfdietrich Schnurre

Als ich Jenö kennen lernte, war ich neun; ich las Edgar Wallace und Conan Doyle, war eben sitzen geblieben und züchtete Meerschweinchen. Jenö traf ich zum ersten Male auf dem Stadion am Faulen See beim Grasrupfen; er lag unter einem Holunder und sah in den Himmel. Weiter hinten spielten sie Fußball und schrien manchmal „Toooooor!" oder so was. Jenö kaute an einem Grashalm; er hatte ein zerrissenes Leinenhemd an und trug eine Manchesterhose, die nach Kokelfeuer und Pferdestall roch.

Ich tat erst, als sähe ich ihn nicht und rupfte um ihn herum; aber dann drehte er doch ein bisschen den Kopf zu mir hin und blinzelte schläfrig und fragte: Ich hätte wohl Pferde. „Nee", sagte ich, „Meerschweinchen." Er schob sich den Grashalm in den anderen Mundwinkel und spuckte aus. „Schmecken nicht schlecht." „Ich ess sie nicht", sagte ich; „dazu sind sie zu nett." „Igel", sagte Jenö und gähnte, „die schmecken auch nicht schlecht." Ich setzte mich zu ihm. „Igel?" „Toooooor!" schrien sie hinten. Jenö sah wieder blinzelnd in den Himmel. Ob ich Tabak hätte. „Hör mal", sagte ich; „ich bin doch erst neun." „Na und", sagte Jenö; „ich bin acht." Wir schwiegen und fingen an, uns leiden zu mögen. Dann musste ich gehen. Doch bevor wir uns trennten, machten wir aus, uns möglichst bald wieder zu treffen.

Vater hatte Bedenken, als ich ihm von Jenö erzählte. „Versteh mich recht", sagte er, „ich hab nichts gegen Zigeuner; bloß –" „Bloß –?", fragte ich. „Die Leute", sagte Vater und seufzte. Er nagte eine Weile auf seinen Schnurrbartenden herum. „Unsinn", sagte er plötzlich; „schließlich bist du jetzt alt genug, um dir deine Bekannten selbst auszusuchen. Kannst ihn ja erst mal zum Kaffee mitbringen."

Das tat ich dann auch. Wir tranken Kaffee zusammen, und Vater hielt sich auch wirklich hervorragend. Obwohl Jenö wie ein Wiedehopf roch und sich auch sonst ziemlich komisch benahm – Vater ging drüber weg. Ja, er machte ihm sogar ein Katapult aus richtigem Vierkantgummi und sah sich obendrein noch alle unsere neu erworbenen Konversationslexikonbände mit uns an. Als Jenö weg war, fehlte das Barometer über Vaters Schreibtisch.

Ich war sehr bestürzt; Vater gar nicht so sehr. „Sie haben andere Sitten als wir; es hat ihm eben gefallen. Außerdem hat es sowieso nicht mehr viel getaugt." „Und was ist", fragte ich, „wenn er es jetzt nicht mehr rausrückt?" „Gott –", sagte Vater, „früher ist man auch ohne Barometer ausgekommen." Trotzdem, das mit dem Barometer, fand ich, ging ein bisschen zu weit. Ich nahm mir jedenfalls fest vor, es ihm wieder abzunehmen.

Aber als wir uns das nächste Mal trafen, hatte Jenö mir ein so herrliches Gegengeschenk mitgebracht, dass es unmöglich war, auf das Barometer zu sprechen zu kommen. Es handelte sich um eine Tabakspfeife, in deren Kopf ein Gesicht geschnitzt worden war, das einen Backenbart aus Pferdehaar trug. Ich war sehr beschämt, und ich überlegte lange, wie ich mich revanchieren könnte. Endlich hatte ich es; ich würde Jenö zwei Meerschweinchen geben. Es bestand dann zwar die Gefahr, dass er sie aufessen würde, aber das durfte einen jetzt nicht kümmern, Geschenk war Geschenk.

Und er dachte auch gar nicht daran, sie zu essen; er lehrte sie Kunststücke. Innerhalb weniger Wochen liefen sie aufrecht auf zwei Beinen, und wenn Jenö ihnen Rauch in die Ohren blies, legten sie sich hin und überkugelten sich. Auch Schubkarrenschieben und Seiltanzen lehrte er sie. Es war wirklich erstaunlich, was er aus ihnen herausholte, Vater war auch ganz beeindruckt.

Ich hatte damals außer Wallace und Conan Doyle auch gerade die zehn Bände vom Doktor Dolittle durch, und das brachte mich auf den Gedanken, mit Jenö zusammen so etwas wie einen Meerschweinchenzirkus aufzumachen. Aber diesmal hielt Jenö nicht durch. Schon bei der Vorprüfung der geeigneten Tiere verlor er die Lust. Er wollte lieber auf Igeljagd gehen, das wäre interessanter.

Tatsächlich, das war es. Obwohl, mir war immer ziemlich mulmig dabei. Ich hatte nichts gegen Igel, im Gegenteil, ich fand sie sympathisch. Aber es wäre sinnlos gewesen, Jenö da beeinflussen zu wollen; und das lag mir auch gar nicht. Er hatte sich für die Igeljagd einen handfesten Knüppel besorgt, der unten mit einem raugefeilten Eisenende versehen war; mit dem stach er in Laubhaufen rein oder stocherte auf Schutthalden unter alten Eimern herum. Er hat so oft bis zu vier Stück an einem Vormittag harpuniert; keine Ahnung, wie er sie aufspürte; er muss sie gerochen haben, die Biester.

Jenös Leute wohnten in ihren Wohnwagen. Die standen zwischen den Kiefern am Faulen See, gleich hinter dem Stadion. Ich war oft da, viel häufiger als in der Schule, wo man jetzt doch nichts Vernünftiges mehr lernte. Besonders Jenös Großmutter mochte ich gut leiden. Sie war unglaublich verwahrlost, das stimmt. Aber sie strahlte so viel Würde aus, dass man andächtig wurde in ihrer Nähe. Sie sprach kaum; meist rauchte sie nur schmatzend ihre Stummelpfeife und bewegte zum Takt eines der Lieder, die von den Lagerfeuern erklangen, die Zehen. Wenn wir abends mit Jenös Beute dann kamen, hockte sie schon immer am Feuer und rührte den Lehmbrei an. In den wurden die Igel jetzt etwa zwei Finger dick eingewickelt. Darauf legte Jenö sie behutsam in die heiße Asche, häufelte einen Glutberg auf über ihnen, und wir kauerten uns hin, schwiegen, spuckten ins Feuer und lauschten darauf, wie das Wasser in den Lehmkugeln langsam zu singen begann. Ringsum hörte man die Maulesel und Pferde an ihren Krippen nagen, und manchmal klirrte leise ein Tamburin auf, oder mit einer hohen, trockenen Männerstimme zusammen begann plötzlich ein Banjo zu schluchzen. Nach einer halben Stunde waren die Igel gar. Jenö fischte sie mit einer Astgabel aus der Glut. Sie sahen jetzt wie kleine, etwas zu scharf gebackene Landbrote aus; der Lehm war steinhart geworden und hatte Risse bekommen, und wenn man ihn abschlug, blieb der Stachelpelz an ihm haften, und das rostrote Fleisch wurde sichtbar. Man aß grüne Paprikaschoten dazu oder streute rohe Zwiebelkringel darauf; ich kannte nichts, das aufregender schmeckte.

Aber auch bei uns zu Hause war Jenö jetzt oft. Wir sahen uns die sechs Bände unseres neuen Konversationslexikons an; ich riss die Daten der nationalen Er-

hebung aus meinem Diarium und schrieb rechts immer ein deutsches Wort hin, und links malte Jenö dasselbe Wort auf Rotwelsch daneben. Ich habe damals eine Menge gelernt; von Jenö meine ich, von der Schule rede ich jetzt nicht. Später stellte sich heraus, es verging kein Tag, dass sich die Hausbewohner nicht
90 beim Blockwart über Jenös Besuche beschwerten; sogar zur Kreisleitung ist mal einer gelaufen. Weiß der Himmel, wie Vater das jedesmal abbog; mir hat er nie etwas davon gesagt.

Am meisten hat sich Jenö aber doch für meine elektrische Eisenbahn interessiert; jedesmal, wenn wir mit ihr gespielt hatten, fehlte ein Waggon mehr. Als er
95 dann aber auch an die Schienenteile, die Schranken und die Signallampen ging, fragte ich doch mal Vater um Rat. „Lass nur", sagte er, „kriegst eine neue, wenn Geld da ist." Am nächsten Tag schenkte ich Jenö die alte. Aber merkwürdig, jetzt wollte er sie plötzlich nicht mehr; er war da komisch in dieser Beziehung.

Und dann haben sie sie eines Tages doch abgeholt; die ganze Bande, auch Jenö
100 war dabei. Als ich früh hinkam, hatte SA und SS das Lager umstellt, und alles war abgesperrt, und sie scheuchten mich weg. Jenös Leute standen dicht zusammengedrängt auf einem Lastwagen. Es war nicht herauszubekommen, was man ihnen erzählt hatte, denn sie lachten und schwatzten, und als Jenö mich sah, steckte er zwei Finger in den Mund und pfiff und winkte rüber zu mir.
105 Nur seine Großmutter und die übrigen Alten schwiegen; sie hatten die Lippen zusammengepresst und sahen starr vor sich hin. Die anderen wussten es nicht. Ich habe es damals auch nicht gewusst; ich war nur traurig, dass Jenö jetzt weg war. Denn Jenö war mein Freund.

Hinweise zum Text: Seite 79.

Spaghetti für zwei

Federica de Cesco

Heinz war bald vierzehn und fühlte sich sehr cool. In der Klasse und auf dem Fußballplatz hatte er das Sagen. Im Unterricht machte er gerne auf Verweigerung. Die Lehrer sollten bloß nicht auf den Gedanken kommen, dass er sich anstrengte.

Mittags konnte er nicht nach Hause, weil der eine Bus zu früh, der andere zu spät abfuhr. So aß er im Selbstbedienungsrestaurant, gleich gegenüber der Schule. Viel Geld wollte Heinz nicht ausgeben. „Italienische Gemüsesuppe" stand im Menü. Ein schwitzendes Fräulein schöpfte die Suppe aus einem dampfenden Topf. Heinz nickte zufrieden. Der Teller war ganz ordentlich voll. Eine Schnitte Brot dazu, und er würde bestimmt satt. Er setzte sich an einen freien Tisch. Da merkte er, dass er den Löffel vergessen hatte. Heinz stand auf und holte sich einen. Als er zu seinem Tisch zurückstapfte, traute er seinen Augen nicht: Ein Schwarzer saß an seinem Platz und aß seelenruhig seine Gemüsesuppe!

Heinz stand mit seinem Löffel fassungslos da, bis ihn die Wut packte. Zum Teufel mit diesen Asylbewerbern! Der kam irgendwo aus Uagadugu, wollte sich in der Schweiz breit machen, und jetzt fiel ihm nichts Besseres ein, als ausgerechnet seine Gemüsesuppe zu verzehren! Heinz öffnete den Mund, um dem Menschen lautstark seine Meinung zu sagen, als ihm auffiel, dass die Leute ihn komisch ansahen. Heinz wurde rot. Er wollte nicht als Rassist gelten. Aber was nun?

Plötzlich fasste er einen Entschluss. Er zog einen Stuhl zurück und setzte sich dem Schwarzen gegenüber. Dieser hob den Kopf, blickte ihn kurz an und schlürfte ungestört die Suppe weiter. Heinz presste die Zähne zusammen, dass seine Kinnbacken schmerzten. Dann packte er energisch den Löffel, beugte sich über den Tisch und tauchte ihn in die Suppe. Der Schwarze hob abermals den Kopf. Sekundenlang starrten sie sich an. Heinz führte mit leicht zitternder Hand den Löffel zum Mund und tauchte ihn zum zweiten Mal in die Suppe. Einen vollen Löffel in der Hand, fuhr der Schwarze fort, ihn stumm zu betrachten. Dann senkte er die Augen auf seinen Teller und aß weiter. Eine Weile verging. Beide teilten sich die Suppe, ohne dass ein Wort fiel. Heinz versuchte nachzudenken. „Vielleicht hat der Mensch kein Geld, muss schon tagelang hungern. Vielleicht würde ich mit leerem Magen ähnlich reagieren? Und Deutsch kann er anscheinend auch nicht, sonst würde er da nicht sitzen wie ein Klotz. Ist doch peinlich. Ich an seiner Stelle würde mich schämen. Ob Schwarze wohl rot werden können?" Das leichte Klirren des Löffels, den der Afrikaner in den leeren Teller legte, ließ Heinz die Augen heben. Der Schwarze hatte sich zurückgelehnt und sah ihn an. Heinz konnte seinen Blick nicht deuten. In seiner Verwirrung lehnte er sich ebenfalls zurück. Er versuchte, den Schwarzen abzuschätzen. „Junger Kerl. Etwas älter als ich. Vielleicht sechzehn oder sogar schon achtzehn. Normal angezogen: Jeans, Pulli, Windjacke. Sieht eigentlich nicht wie ein Obdachloser aus. Immerhin, der hat meine halbe Suppe aufgegessen und sagt nicht einmal danke! Verdammt, ich habe noch Hunger!"

Der Schwarze stand auf. Heinz blieb der Mund offen. „Haut der tatsächlich ab? Jetzt ist aber das Maß voll! So eine Frechheit! Der soll mir wenigstens die halbe Gemüsesuppe bezahlen!" Er wollte aufspringen und Krach schlagen. Da sah er, wie sich der Schwarze mit einem Tablett in der Hand wieder anstellte. Heinz fiel unsanft auf seinen Stuhl zurück. „Also doch: Der Mensch hat Geld! Aber bildet der sich vielleicht ein, dass ich ihm den zweiten Gang bezahle?" Heinz griff hastig nach seiner Schulmappe. „Bloß weg von hier, bevor er mich zur Kasse bittet! Aber nein, sicherlich nicht. Oder doch?" Heinz ließ die Mappe los und kratzte nervös an einem Pickel. Irgendwie wollte er wissen, wie es weiterging. Jetzt stand der Schwarze vor der Kasse und – wahrhaftig – er bezahlte! Heinz schniefte. „Verrückt!", dachte er. „Total gesponnen!"

Da kam der Schwarze zurück. Er trug das Tablett, auf dem ein großer Teller Spaghetti stand, mit Tomatensauce, vier Fleischbällchen und zwei Gabeln. Immer noch stumm, setzte er sich Heinz gegenüber, schob den Teller in die Mitte des Tisches, nahm eine Gabel und begann zu essen. Heinz' Wimpern flatterten. Dieser Typ forderte ihn tatsächlich auf, die Spaghetti mit ihm zu teilen! Heinz brach der Schweiß aus. Was nun? Sollte er essen? Nicht essen? Seine Gedanken überstürzten sich. Wenn der Mensch doch wenigstens reden würde! „Na gut. Er aß die Hälfte meiner Suppe, jetzt esse ich die Hälfte seiner Spaghetti, dann sind wir quitt!" Wütend und beschämt griff Heinz nach der Gabel, rollte die Spaghetti auf und steckte sie in den Mund. Schweigen. Beide verschlangen die Spaghetti. „Eigentlich nett von ihm, dass er mir eine Gabel brachte", dachte Heinz. „Aber was soll ich jetzt sagen? Danke? Saublöde! Einen Vorwurf machen kann ich ihm auch nicht mehr. Vielleicht hat er gar nicht gemerkt, dass er meine Suppe aß. Oder vielleicht ist es üblich in Afrika, sich das Essen zu teilen? Schmecken gut, die Spaghetti. Wenn ich nur nicht so schwitzen würde!"

Die Portion war sehr reichlich. Bald hatte Heinz keinen Hunger mehr. Dem Schwarzen ging es ebenso. Er legte die Gabel aufs Tablett und putzte sich mit der Papierserviette den Mund ab. Heinz räusperte sich. Der Schwarze lehnte sich zurück, schob die Daumen in die Jeanstaschen und sah ihn an. Undurchdringlich. Heinz kratzte sich unter dem Rollkragen, bis ihm die Haut schmerzte. „Wenn ich nur wüsste, was er denkt!" Verwirrt, schwitzend und erbost ließ er seine Blicke umherwandern. Plötzlich spürte er ein Kribbeln im Nacken. Ein Schauer jagte ihm über die Wirbelsäule von den Ohren bis ans Gesäß. Auf dem Nebentisch, an den sich bisher niemand gesetzt hatte, stand – einsam auf dem Tablett – ein Teller kalter Gemüsesuppe.

Heinz erlebte den peinlichsten Augenblick seines Lebens. Am liebsten hätte er sich in ein Mauseloch verkrochen. Es vergingen zehn volle Sekunden, bis er es endlich wagte, dem Schwarzen ins Gesicht zu sehen. Der saß da, völlig entspannt und cooler, als Heinz es je sein würde, und wippte leicht mit dem Stuhl hin und her. „Äh …", stammelte Heinz, feuerrot im Gesicht. „Entschuldigen Sie bitte. Ich …"

Er sah die Pupillen des Schwarzen aufblitzen. Auf einmal warf dieser den Kopf zurück, brach in dröhnendes Gelächter aus. Zuerst brachte Heinz nur ein verschämtes Glucksen zustande, bis endlich der Bann gebrochen war und er aus vollem Halse in das Gelächter des Afrikaners einstimmte. Eine Weile saßen sie da, von Lachen geschüttelt. Dann stand der Schwarze auf, schlug Heinz auf die Schulter. „Ich heiße Marcel", sagte er in bestem Deutsch. „Ich esse jeden Tag hier. Sehe ich dich morgen wieder? Um die gleiche Zeit?" Heinz' Augen tränten, und er schnappte nach Luft. „In Ordnung!", keuchte er. „Aber dann spendiere ich die Spaghetti!"

Hinweise zum Text: Seite 79/80.

69

Vorbei ist fast nichts
Renate Welsh

Als Klara in den Klub kam, saß neben Jutta ein eher kleiner, zarter Blonder. Er trug eine schwarze Lederjacke mit silbernen Nieten. „Sag mir bloß, was du dir dabei denkst." Bert stippte mit dem Mittelfinger die Nieten auf dem Kragen an. „Sag mir bloß, warum du das trägst."

„Gefällt mir eben."

„Einfach so?"

„Stört's dich?"

„Weißt du überhaupt, was das ist?"

„Für wie blöd hältst du mich eigentlich?", fragte der Blonde. „Klar weiß ich, dass das eine SS-Rune ist."

Ich bin blöd, dachte Karla. Sie hatte die Nieten einfach für ein Muster gehalten. „Und so was trägst du?"

„Wie du siehst."

Jutta schaltete sich ein. „Manfred meint das nicht so. Nicht so – so politisch."

„Wie denn?", fragte Bert.

„Natürlich meine ich es so. Ganz genau so." Manfred fuhr mit dem Zeigefinger die Rune nach.

„Jetzt sag noch, du wärst zur SS gegangen!"

„Wäre ich auch. Die waren immerhin Männer."

„Große Helden, was? Man muss schon ein großer Held sein, um jüdischen Babies die Köpfe an der Wand einzuschlagen!"

„Das ist doch Greuelpropaganda. Nicht einmal die Hälfte davon stimmt."

„Das wäre immer noch mehr als genug."

„Ich glaub's nicht. Es gibt Beweise, dass das alles die Amis erfunden haben." Jutta legte Manfred die Hand auf den Arm. „Hört doch auf. Immer nur die blöde Politik. Wie mein Vater. Das steht mir bis da. Und was hat das mit uns zu tun?" Bert fuhr sie an: „Eine ganze Menge! Solange es Trottel wie Manfred gibt, kann es wieder losgehen."

„Du nennst mich einen Trottel?"

„Ja! Das heißt: nein. Wer damals denen reingefallen ist, der war vielleicht ein Trottel. Der hat es möglicherweise nicht besser gewusst. Das kann ich nicht beurteilen. Aber wer sich heute für so was hergibt …"

Manfred sprang auf, holte aus und schlug Bert ins Gesicht. Bert schlug zurück. Beide wälzten sich auf dem Boden. Stühle fielen um. Jutta kreischte: „Aufhören!"

Erwin und Angelika lösten sich voneinander. Erwin versuchte, Manfred und Bert zu trennen. Er bekam ein Knie in den Magen gerammt. Dann lag Manfred auf dem Boden, und Bert kniete über ihm. Plötzlich stand Bert auf. Er klopfte sich den Staub von den Jeans. Manfred sah er überhaupt nicht an.

„Du warst gut", sagte Erwin.

Bert schüttelte den Kopf. „Ich möchte wissen, was das soll", sagte Jutta.

„Und ich möchte wissen, wie du zu so einem Kerl kommst", sagte Bert. Er wirkte wie einer, den man auf den Kopf geschlagen hat. Er blickte von einem zum anderen. Manfred kam frisch gekämmt und gewaschen von der Toilette. Er sah nur Jutta an. „Kommst du mit?"

Jutta stand zögernd auf, blickte einen nach dem anderen an. Niemand sagte etwas. Sie warf den Kopf zurück und nahm Manfreds Hand. Sie gingen.

„Beschissen ist es schon", sagte Walter. „Alles."

„Auch, dass man dann zuschlägt", sagte Bert.

„Manchmal bleibt einem nichts anderes übrig", sagte Erwin.

Bert drehte sein Glas. „Ändert nur nichts."

„Nein."

Sie tranken aus. Karla hatte das Gefühl, bei einer Prüfung durchgefallen zu sein. Aber warum bloß? Was hatte das alles mit ihr zu tun? Ihre eigenen Probleme genügten ihr. Voll und ganz.

„Vorbei ist überhaupt fast nichts", sagte Walter.

Bert nickte. „Haben wir ja eben gesehen. Dass es nicht vorbei ist."

Aus dem Abend wurde nichts mehr. Sie gingen dann auch bald.

Hinweise zum Text: Seite 80.

Die Mutprobe
Peter Grosz

„Schitt, heavyhochdreimalgequirlter Schitt!"
Er hat's gewusst. Irgendwas musste ja schief gehen. Von Anfang an war ihm das nicht geheuer gewesen. Gigamegaheavy! So'n Berg! Und der liegt ihm auf der Brust, auf dem Kopf. Der lässt nicht atmen. Nicht denken. Der macht das Gehen schwer. Bleischwer. Das Liegen auch. Pille hat Angst.

Wenn er unter die Bettdecke kriecht, sich zusammenrollt wie auf dem Foto, das die Mutter geknipst hat, als er noch klein war, kann er sich vorstellen, wie es gewesen ist, als die Abende noch Märchen waren. Wenn jetzt bloß irgend so 'ne Fee vorbeikäme, die doch immer kommt, wenn die Not groß ist! Pille wüsste, was er wollte, wenn er drei Wünsche frei hätte.

Pille heißt gar nicht Pille, obwohl er so aussieht. Pille heißt eigentlich Edgar, aber das weiß fast keiner mehr. Klein und rund war er in der Fünften in die Klasse gestolpert, und Ralph hatte seinen doofen Westernschrei losgelassen und gegrölt: „Guckt mal, die Pille rollt ein!" Und damit war die Sache gegessen. Alle hatten ihn gehänselt. Zwei Jahre lang. Und manche hatten es ganz doll übertrieben. Als hätten sie Angst gehabt, selbst Zielscheibe zu werden, wenn nicht mehr er die Lachnummer wäre. Doch seit einiger Zeit darf nur noch Ralph gemein sein. Weil Ralph es so will. Wenn ein anderer es tut, schlägt Ralph zu.

Und dann war Ralph plötzlich ganz anders geworden. Sogar den Arm hatte er Pille manchmal in der Pause um die Schultern gelegt. Und mitgenommen hatte er ihn. Zu sich nach Hause. Das hatte Pille ganz schön verwirrt. Aber nachdem Ralph ihm sogar seine Dolche und Messer gezeigt hatte und die kleinen Anstecker, die mit den Hakenkreuzen, die er im Keller versteckt, da hatte Pille gewusst, dass er nun endlich dazugehört. Nach der Sache im Supermarkt erst recht. Und jetzt das.

„Wenn du die Klappe aufmachst, bist du dran", hatte Ralph ihm ins Ohr gezischt, als die Polizeibeamten mit dem Schulleiter vor der Klasse standen. „Mein Bruder macht dich alle!" Özer ist noch nicht vernehmungsfähig, Rippenbrüche, schwere Gehirnerschütterung und innere Verletzungen, hatten die gesagt. Ob Özer mit irgendwem Streit gehabt hätte, hatten sie wissen wollen. Und ob Pille das wüsste.

Er hatte nicht hören wollen, wie seine Eltern sich zankten, es lief immer auf das Gleiche hinaus. Irgendwann würden sie sich anschreien, der Vater mit der Faust auf den Küchentisch schlagen, und die Mutter würde die Kartoffel und das Messer in die Spüle werfen und heulend die Badezimmertür hinter sich zudonnern. „Ich führ noch mal den Hund Gassi", hatte er gerufen, noch schnell dem Sparschwein ein paar Groschen für den Kaugummiautomaten aus den Rippen geschüttelt und hastig die Tür hinter sich zugezogen. „Bis gleich." Aus den Fenstern war ihm das blaue Licht ins Gesicht gesprungen, war über die Sträucher und Hecken hinweggeflimmert. Aus den Fenstern waren dumpfe Wortfetzen in die Vorgärten gefallen. Die gleichen wie seit Tagen. Dedeärrr …

Wiedavaeinichung ... Däämarrk. Sollte einer verstehen, was daran so aufregend war. Er konnte es nicht mehr hören. Und zu Hause schon gar nicht.

Wenn der Vater wieder vom Haus anfängt, das die da drüben vergammeln lassen, angeblich. Wenn er mit jedem Wort die Bierflasche unsanft auf die Tischplatte aufstößt, bis der Schaum hochquillt und diese unschönen Flecken zurücklässt. Wenn er sich in Rage redet. Wenn er mit hochrotem Kopf von *der* Gelegenheit spricht. Als Pille ihn mal gefragt hatte, ob sie denn nun von hier wegziehen müssten, da hatte er nur gelacht. Käme nicht in die Tüte, hatte er gesagt, so blöd wäre er nun auch wieder nicht, und dass die da drüben ihren Dreck gefälligst alleine in Ordnung bringen sollen. „Verscherbeln, den Plunder, meistbietend, versteht sich, und dann hier was aufbaun, mich selbstständig machen, vielleicht, 'nen Videoladen oder so was, nicht viel Arbeit, aber gut Kohle, nicht mehr malochen, sich krummlegen für nix, mein eigener Herr."

Auch wenn er nicht dabei war, wusste Pille, wie der Streit endet. Spätestens dann, wenn die Mutter nicht mehr nur den Kopf schütteln, sondern wieder sagen würde: Nein, nicht mit mir!, spätestens dann würde auch der letzte Nachbar im Haus mitbekommen, was der Vater von der Mutter hält.

Der Hund hatte Pille hinter sich hergezogen, dahin, wo es alle Hunde aus dem Neubaugebiet hinzieht, hinter das wild wuchernde Gestrüpp am Spielplatz. Zuerst hatte Pille nur das Stöhnen gehört. Und als er die Äste beiseite geschoben hatte, hatte er sie gesehen. Im nervös zuckenden Licht der Neonlampe hatte er sie gesehen. In den Bauch hatten sie ihn getreten, als er längst reglos am Boden lag. In den Rücken. Immer wieder. Jeden Tritt hatte Pille selbst gespürt. Der Schmerz hatte ihm die Luft genommen. Nur der Hund hatte zu winseln begonnen, als hätte er die Angst gewittert, die Pille die Knie weich machte.

Und plötzlich hatten sie vor ihm gestanden. Wenn ihm nicht alles so weh getan hätte, hätte er gelacht. Springerstiefel, hochgekrempelte Jeans, grüne Bomberjacke und Kurzhaarschnitt. Beide. Wie geklont, hatte er noch gedacht. Aber da hatte der Große ihm schon ins Hemd gegriffen, ihn hochgezerrt, und der Boden unter den Füßen war weg gewesen. „Lass ihn", hatte Ralph gekeucht, „das is doch nur Pille. Der gehört zu uns!"

„Wenn du pfeifst, mach ich dich alle!", hatte der Große durch die schmalen Lippen gezischt und ihm die Faust vor die Augen gehalten. Auf jedem Knöchel ein Buchstabe: H-A-S-S. Blau tätowiert.

Dann waren sie weg gewesen, und am Rande des gespenstisch flackernden Neonlichts hatte Özer gelegen, ohne sich zu rühren. Einen Augenblick lang hatte Pille nicht gewusst, was er machen soll. Özer steht bestimmt gleich wieder auf, hatte er gedacht, steht auf und klopft sich den Staub von den Kleidern. Aber Özer war ganz komisch dagelegen, und der Hund hatte ohne Unterbrechung gewinselt und war Pille mit eingezogenem Schwanz um die Beine getrippelt. Dann war Pille davongerannt. Kaum, dass der Hund folgen konnte. Erst als er die Telefonzelle gesehen hatte, war ihm eingefallen, was er tun musste.

„Da ist einer auf'm Spielplatz, liegt da wie tot, im Neubaugebiet!", hatte er ziemlich abgehetzt geflüstert. Als der Polizeibeamte am anderen Ende des Tele-

fons mehr hatte wissen wollen, hatte er den Hörer schnell eingehakt. Wenn du pfeifst, mach ich dich alle! Wie hätte er da seinen Namen nennen sollen!
„Gigamegaheavyhochdreimalgequirlter Schitt!"
Pille zieht die Decke über den Kopf. Doch wenn er nichts mehr sieht, wenn die vertrauten Dinge um ihn herum abhanden kommen, sieht er Bilder, die er nicht sehen will: Özer mit geschlossenen Augen, aus der Nase wachsen ihm Schläuche, aus den Armen wachsen Schläuche, am Kopfende des weißen Bettes tobt ein grünes Bällchen in Zickzacklinien über den Bildschirm. Das Bällchen piepst und springt, wenn der Springerstiefel Özer in den Bauch tritt, und Ralph steht daneben und grinst hämisch. „Mann, bist du bescheuert", sagt er und tippt sich an die Schläfe, „in die andere Richtung musst du die Haken machen!"
Dabei hatte Pille doch nur beweisen wollen, dass er kein Angsthase ist. Die Mutprobe hat sich Ralph ausgedacht. „Willste dazugehören, Klops?"
„Zu was?", hatte Pille gefragt.
„Frag nicht", hatte Ralph gesagt, „willste oder willste nicht?" Mein Gott, der megastarke Ralph hatte ausgerechnet ihn gefragt, ob er dazugehören will. Klar wollte er. Und wie. Sogar die Haare hatte er sich kurz schneiden lassen. Wie Ralph. Nur noch in hoch gekrempelten Jeans war er rumgelaufen zum Ärger seiner Mutter, und zum Geburtstag hatte er sich gleich zwei Dinge gewünscht, aber nicht bekommen: Schnürstiefel und eine Bomberjacke.
Dann hatte er im Supermarkt gestanden, ganz allein, nur auf sich gestellt. Und er hatte, ganz nach Ralphs Anweisung, in der Regalreihe, wo die Halva liegt, wo das Ajvar relish steht und all die anderen Sachen aus der Türkei, da hatte er die Spraydose gezückt und die Kreuze mit den Haken über die Waren gesprüht. Die Hände hatten ihm gezittert, schweißbadend hatte er vor diesen Dingen gestanden, die eigentlich ganz gut schmeckten, die es aber nur selten zu Hause gab. Wenn mich jetzt nur keiner sieht! Wie hätte er da noch überlegen sollen, ob diese blöden Haken nun nach links oder nach rechts stehen müssen.
„Du darfst keine Fehler machen, wenn du dazugehören willst!", brüllt Ralph.
„Zu was?", schreit Pille und reißt die Decke vom Kopf. Der Schlafanzug klebt auf der Haut.
„Was'n los?" In der Tür steht der Vater. Sein Schatten schlägt lang ins Zimmer.
„Nichts", sagt Pille, „hab nur schlecht geträumt."
„Das kommt davon, wenn man sich abends den Bauch voll Schokolade haut", sagt der Vater gereizt und zieht die Tür wieder zu.

Nein, mit ihm könnte Pille jetzt nicht reden. Mit der Mutter auch nicht, die haben andere Probleme. Hört man doch. Sogar durch die geschlossene Tür. Sein Problem ist da viel leiser.

„Du kannst nicht nach 45 Jahren einfach in ein Haus stürzen und losbrüllen: Das ist mein, alles mein, verzieht euch", sagt die Mutter.

„Doch! Kann ich! Es ist mein Haus, mein Eigentum, meins!", schreit der Vater.
„Ist es nicht. Die haben es niemand weggenommen. Dreck am Stecken hat er gehabt, aus dem Staub gemacht hat er sich, dein lieber Großvater, da hat er nicht an das Haus gedacht, an sein Haus, an dein Haus, das war ihm so was von egal", sagt Mutter.

Das ist es, was Pille nicht mehr hören kann. Jeden Abend die gleichen Sätze. Einschlafen will er auch nicht, sonst sind da wieder Özer und die Schläuche und die Spingerstiefel und der Schmerz, der nicht aufhören will, solange die Bilder da sind. Vielleicht hilft Lesen. Für Deutsch muss er sowieso noch ein Buch zu Ende bringen. Was heißt hier muss? Das ist das falsche Wort. Eigentlich liest er es ganz gerne, auch wenn er nicht alles versteht, was diese Anne in ihr Tagebuch schreibt. Vielleicht muss man Mädchen sein, um das zu begreifen.

Ich verurteile mich selbst in namenlosen Dingen und sehe immer mehr, wie wahr das Wort von Vater ist: „Jedes Kind muss sich selbst erziehen." Andere können nur Rat oder Anleitung geben.

„Rat, Anleitung – so'n Schmarrn. Wer denn? Wo denn? Was denn? Kommen doch alle selber nicht klar", murmelt Pille.

Die endgültige Form des Charakters liegt in eines jeden Menschen eigener Hand.

Hast du 'ne Ahnung. Du blickst das nicht. Eigene Hand. Wie soll das denn gehen? Mit den Händen kannst du da nichts anrichten. Mit dem Kopf auch nicht. Liegt 'n Berg drauf, du.

Dazu kommt, dass ich außergewöhnlich viel Lebensmut habe, ich fühle mich immer so stark und im Stande, viel zu ertragen, so frei und so jung! Als ich das zum ersten Male fühlte, war ich froh, denn ich glaubte nicht, dass die Schläge, die jeder aufzufangen hat, mich schnell zerbrechen könnten.

Du hast leicht reden, Anne. Hast du gesehen, was Ralphs Bruder für

Fäuste hat? Und wenn ich den Mund aufmache, packen die Geklonten bei der Polizei auch noch das mit dem Supermarkt aus.

Na und, sagt Anne. Sie sitzt auf dem Rand des Hochbetts und baumelt mit den Füßen. Was kann dir schon passieren? Hast du Spaß dabei gehabt?

Nein, sagt Pille, nur Angst. Und wenn du's keinem weitererzählst, kann ich's dir ja verraten. In die Hose hab ich gepinkelt dabei. Nicht viel, aber es hat genügt, um mich elend zu fühlen.

Siehst du, sagt Anne und legt den Kopf schief, dann sag denen das. Sie werden es verstehen. Anne schweigt, und der Vater wird lauter. Seine Stimme überschlägt sich.

„Wem soll das denn jetzt gehören, wo die Kommunistenschweine ausgedient haben, wem?"

„Denen, die sich bisher darum gekümmert …"

„Gekümmert?", schreit der Vater dazwischen. „Verlottert ist alles …"

„Ja, denen, die dein Haus, das nicht dein Haus ist, in all den Jahren überhaupt am Leben erhalten haben mit dem wenigen, was sie hatten. Sie haben es nicht einfach aufgegeben, wie dein Großvater", sagt die Mutter ruhig.

„Es gehört mir, mir allein, noch haben wir ein Gesetz, mir gehört alles, nicht diesen oberfaulen Stasispitzeln, und was mir gehört, werde ich mir zurückholen, mit der bloßen Faust!"

„Mit mir nicht", sagt die Mutter. „Hass ist ein schlechter Ratgeber", sagt sie noch, dann schlägt die Badezimmertür zu.

Wie schön und gut würden alle Menschen sein, wenn sie sich jeden Abend vor dem Einschlafen die Ereignisse des ganzen Tages vor Augen führten und überlegten, was gut und was schlecht gewesen ist, sagt Anne und streicht das schwarze Haar hinter das linke Ohr.

Das hat Pille nicht ganz verstanden. Wie meinst du das, Anne?

Ach, Peter, sagt sie. Und Pille spürt, wie ihm die Haut brennt. Wieso weiß sie, dass er gerne der Peter in ihrem Tagebuch gewesen wäre?

Petel, sagt sie und lächelt, Petel, *wir leben alle, aber wir wissen nicht warum und wofür, wir leben alle mit einem Ziel, glücklich zu werden.* Ich wollte es. Und du willst es. Auch Özer will es. Nur du kannst ihm helfen, nur du kannst für ihn sprechen, solange er keine Stimme hat und in diesem schrecklichen Bett liegen muss, sagt Anne.

Und Pille sieht wieder die Schläuche, die farblosen und die roten, und den Hund hört er winseln, und die Faust sieht er. Er spürt den Berg, und der Berg lässt ihn nicht atmen. Und Anne lächelt noch immer, lächelt ihn an; ihre dunklen Augen lassen ihn nicht mehr los. Bloß nichts anmerken lassen, denkt Pille und schließt die Augen. Anne darf nicht sehen, dass es ihm gefällt, wie sie ihn ansieht. „Der Berg muss weg", sagt Pille leise. „Gleich morgen früh."

Wer es nicht weiß, muss es lernen und erfahren, sagt Anne nach einiger Zeit. Aber das hört Pille nicht mehr.

Hinweise zum Text: Seite 80/81.

Imagine

John Lennon

Imagine there's no heaven. It' s easy if you try.
No hell below us. Above us only sky.
Imagine all the people living for today.

Refrain:
Aha – you may say I'm a dreamer,
but I'm not the only one. –
I hope some day you'll join us
and the world will be as one.

Imagine there's no countries, it isn't hard to do.
Nothing to kill and die for, and no religion, too.
Imagine all the people living in peace.

Refrain:
…

Imagine no possessions, I wonder if you can.
No need for greed or hunger, a brotherhood of man.
Imagine all the people sharing all the world.

Hinweise zum Text: Seite 81.

Wilhelm Lehmbruck, Der Gestürzte, 1915/16

Gewalt hat viele Gesichter

Täglich hören und lesen wir von Verbrechen und Kriegen, die irgendwo auf der Welt geschehen, uns innerlich aber nicht oder kaum betreffen. Wir lernen im Geschichtsunterricht von Rassenhass, Kriegen und Morden und meinen, das sei alles nur in der Vergangenheit so gewesen.

Aber Vorurteile und Gewalt gibt es nicht nur in anderen Ländern und gab es nicht nur früher. Du findest sie in deiner Stadt oder in deinem Dorf, in der Schule, im Bekanntenkreis und in der Familie, überall wo es Menschen gibt.

In den folgenden Texten wirst du dich mit diesen Themen auseinander setzen. Mache dir dabei Gedanken, wo Aggressionen, Ablehnung und Verurteilung alles Fremden ihren Anfang haben – horche dabei auch in *dich* hinein.

Astrid Lindgren:
Über Frieden

Astrid Lindgren ist eine der bekanntesten Kinder- und Jugendbuchautoren der Welt. 1907 wurde sie auf Näs im schwedischen Småland geboren, wo sie im Kreise ihrer Geschwister eine überaus glückliche Kindheit verlebte.

Für ihre mehr als 70 Kinder- und Jugendbücher, die in über 60 Sprachen übersetzt worden sind, wurde sie mit zahlreichen Preisen ausgezeichnet. Zu ihren bekanntesten Werken gehören *Pippi Langstrumpf*, *Michel aus Lönneberga*, *Die Kinder aus Bullerbü* und *Ronja Räubertochter*.

1 Astrid Lindgren erzählt von einer alten Dame. Sucht den Anfang und das Ende ihrer Geschichte und benennt sie. Gebt nun die Rahmen- und die Binnenerzählung in eigenen Sätzen wieder.

2 Die Geschichte besteht nicht nur aus Rahmen- und Binnenerzählung, sondern aus drei Teilen. Wie hängen sie zusammen? Welchen Teil findet ihr besonders wichtig?

3 Astrid Lindgren hat die Erzählung „Über Frieden" genannt. Welchen Zusammenhang sieht die Schriftstellerin zwischen Kindererziehung und dem Frieden in der Welt?

4 a) Schreibe aus der Geschichte die Gründe heraus, die für das Schlagen von Kindern genannt werden. Welche weiteren Gründe könnten Erwachsene haben, Kinder zu schlagen?
b) Rund 150 Kinder sterben jährlich an Kindsmisshandlungen. Schneidet Pressemitteilungen zu diesem Thema aus und besorgt euch Aufklärungsbroschüren bei Beratungsstellen. Sprecht darüber in der Klasse.
c) Oft sagen Erwachsene: „Eine Ohrfeige hat noch niemandem geschadet."
Wie steht ihr zu dieser Meinung?

5 Gewalt gegen Kinder drückt sich nicht nur im Schlagen von Kindern aus. Sucht weitere mögliche Formen der Gewalt gegen Kinder und diskutiert sie.

**Wolfdietrich Schnurre:
Jenö war mein Freund**

Wolfdietrich Schnurre wurde 1920 in Frankfurt/Main geboren und lebte bis zu seinem Tod 1989 in Berlin. Seine Jugendzeit war durch den Nationalsozialismus und den 2. Weltkrieg geprägt. Daraus nimmt er auch viele seiner Themen: Kindheitserinnerungen, Krieg, Trümmerwelten der Nachkriegszeit. Sein Ziel ist es, so klar, so menschlich, so wahrhaftig wie möglich zu schreiben.

1. Der Ich-Erzähler und der Zigeunerjunge unterscheiden sich in vielen Punkten.
   Sucht die Stellen im Text, die euch über die Jungen Auskunft geben und stellt sie in einer Tabelle gegenüber.
2. Der Vater erklärt Jenös ungewöhnliches Verhalten mit den Worten: „Sie haben andere Sitten als wir, es hat ihm eben gefallen." (S. 64, Zeile 31/32)
   Sucht die Stellen im Text, die etwas über die Sitten der Zigeuner erzählen.
3. „Vater hatte Bedenken, als ich ihm von Jenö erzählte." (S. 64, Zeile 19)
   Vermutet, welche Befürchtungen der Vater gehabt haben könnte.
4. „…es verging kein Tag, dass sich die Hausbewohner nicht beim Blockwart über Jenös Besuche beschwerten; sogar zur Kreisleitung ist mal einer gelaufen. Weiß der Himmel, wie Vater das jedesmal abbog …"
   (S. 66, Zeile 89–91)
   Versucht zu erklären, warum der Vater die Freundschaft schützte. Bildet euch eine Meinung über das Verhalten des Vaters und begründet sie.
5. Heute sprechen wir nicht mehr von Zigeunern sondern von Sinti und Roma. Sucht Gründe, warum das so ist und informiert euch in Lexika und Fachbüchern über die Herkunft und Geschichte dieser Völker.
6. Auf Seite 66 seht ihr ein Foto aus dieser Zeit.
   Suche dir eine Szene aus dem Text aus, die dich besonders beeindruckt hat und male sie.

**Federica de Cesco:
Spaghetti für zwei**

Federica de Cesco wurde in Pordenone bei Venedig geboren. In Ostafrika aufgewachsen, gelangte sie bei Kriegsende nach Deutschland, wohnte anschließend in Belgien und lebt heute in der Schweiz. Ihre Bücher wurden in zahlreiche Sprachen übersetzt. Für ihr schriftstellerisches Schaffen wurde Federica de Cesco mehrfach ausgezeichnet. Bekannt wurde sie u. a. durch folgende Bücher: *Aischa*, *Das Mondpferd*, *Frei wie die Sonne*, *Das Lied der Delphine*.

1 Wir erfahren in der Erzählung viel von Heinz und seinen Gedanken und Gefühlen seinem schwarzen Tischnachbarn gegenüber.
Lest hierzu nochmals ab S. 67, Zeile 22: „Plötzlich fasst er einen Entschluss …" bis „… ich habe noch Hunger!".
a) Schreibt aus diesem Absatz heraus, was Heinz durch den Kopf geht. Was fällt euch auf?
b) Vielleicht könnt ihr dabei auch klären, wie es zu diesen Vorstellungen kommt.
2 Interessant wäre es auch zu wissen, was sich der Schwarze dachte, während Heinz seine Suppe auslöffelte. Versetzt euch in die Lage des Afrikaners und schreibt dessen Gedanken während dieser Situation als inneren Monolog auf.
3 Stellt euch ein Deutschland nur mit „Deutschen" vor. Auf was alles müsstet ihr verzichten?
Erstellt eine Collage mit Produkten aus aller Welt, die wir in Deutschland genießen.

Renate Welsh:
Vorbei ist fast nichts

Die Österreicherin Renate Welsh lebt als freie Schriftstellerin in Wien. Sie hat viele Kinder- und Jugendbücher geschrieben, die mit zahlreichen Preisen ausgezeichnet wurden. Einige Buchtitel sind euch vielleicht schon bekannt, wie „Einfach dazugehören", „Wie in fremden Schuhen" oder „Eine Hand zum Anfassen".

1 Diese Erzählung spielt in einem Klub, in dem sich abends einige Jugendliche treffen.
Stellt die Anfangsszene mit den verschiedenen Jugendlichen in der Klasse nach.
2 Der Text sagt einiges über Bert und Manfred.
Versucht euch ein Bild von beiden zu machen und belegt es durch die geeigneten Textstellen.
3 Zwischen Manfred und Bert kommt es zu einem Streit und anschließender Schlägerei.
Schildert mit eigenen Worten den Grund dafür. Nehmt den Text zu Hilfe.
4 Ändert den Verlauf der Erzählung ab der Stelle: „Aber wer sich heute für so was hergibt …" (S. 71, Zeile 45) und lasst Bert und Manfred diskutieren.
Sammelt Argumente gegen rassistische Ansichten und spielt die Szene in der Klasse nach.

Peter Grosz:
Die Mutprobe

Peter Grosz wurde 1947 in Rumänien geboren. Heute lebt er in Nieder-Olm. Neben seinem Beruf als Lehrer arbeitet er als Autor und Herausgeber.

1. In dieser Geschichte erfahrt ihr viel über Pille. Versucht euch ein Bild von ihm zu machen und ihn zu charakterisieren.
2. Ralph und sein Bruder schlagen den türkischen Jungen Özer brutal zusammen. Sucht die Textstelle und lest sie nach. Wie beurteilt ihr das Verhalten dieser Neonazies? Begründet eure Meinung!
3. Pille kann man als „Mitläufer" bezeichnen. Wie bahnte sich die Freundschaft zu Ralph an? Sucht die Textstellen, die euch darüber Auskunft geben.
4. In Gedanken führt Pille ein Gespräch mit Anne Frank, einem jüdischen Mädchen, das ihr Leben im Konzentrationslager verlor. Erkundigt euch über das Leben von Anne und lest ihr berühmtes Tagebuch. Ihr könnt auch in einem Kurzreferat das Buch der Anne Frank vorstellen.
5. Lest die von Anne gesprochenen Stellen nochmals nach. Was bewirken sie bei Pille? Beurteilt seine Entscheidung. Welche Stelle spricht dich am meisten an? Diskutiert darüber in der Klasse.

John Lennon: Imagine

Am 9. Oktober 1940 wurde John Lennon in Liverpool geboren. Da seine Mutter sich nicht in der Lage fühlte für ihn zu sorgen, wuchs er bei seiner Tante Mimi auf. John litt darunter von seinen Eltern getrennt aufzuwachsen und rebellierte oft gegen das strenge Regiment seiner Tante. In der Schule interessierte er sich nur für Kunsterziehung und verbrachte seine Zeit damit, Cartoons zu zeichnen. Mit 17 Jahren wechselte er schließlich auf das Liverpool Art College, wo er seine spätere Frau Cynthia Powell sowie Paul McCartney kennen lernte, mit dem er 1960 die „Beatles" gründete. Die „Beatles" erschufen einen neuen Sound, den Beat, und wurden dadurch zu der berühmtesten Popband der Welt.

Nach Auflösung der Band 1970 startete John seine Solokarriere mit dem Album „Imagine". 1969 heiratete er seine zweite Frau Yoko Ono. Mit ihr zusammen produzierte John mehrere Platten. „Double Fantasy" war ihr letztes gemeinsames Werk. Kurz vor dessen Veröffentlichung wurde John im Dezember 1980 vor seiner Wohnung in New York von einem psychisch kranken Fan erschossen.

1. Hört euch das Lied von John Lennon im Unterricht an und übersetzt es.
2. Erstellt eine Collage dazu, die die im Lied genannten Gefühle und Situationen ausdrückt.

Von dir und mir

Liebste Abby
Hadley Irwin

Als ich vierzehn war, gab ich die Mädchen auf. Vielleicht haben die mich auch aufgegeben. Wie auch immer, es war egal, es kam aufs Gleiche heraus.

Damals gründeten wir einen Club. Nicht so einen von der Art, wie sie die sogenannten Schulberater immer gern ins Leben rufen – Foto-Club, Forschungs-Club oder Fremdsprachen-Club – mit Vorsitzenden und Protokollen und all so 'nem Zeug. Es sollte auch keine Bande sein. Einfach ein Haufen Kumpels, die zusammen sein wollten. Es gab nur eine Regel: keine Mädchen! Das war die Idee von Chub Prentiss.

Es fing im Herbst an, als wir die Klassenvertreter unserer achten Klasse wählen mussten. Die Mädchen wollten alle Karen als Präsidentin. Aber das wiederum hatten wir Jungen nicht so gern. Wir versammelten uns im Ankleideraum und besprachen die Sache.

„Wir schlagen noch drei oder vier Mädchen außer Karen vor", sagte Chub. Er kniete auf dem Boden, als plante er die Strategie fürs nächste Football-Spiel. „Dann, Chip, kommst du und nominierst hier unseren alten Marv. Nur Marv, sonst keinen mehr. Dann stelle ich den Antrag, keine Nominierung mehr anzunehmen. Damit splitten wir die Stimmen der Mädchen auf."

Ich weiß eigentlich nicht, warum ich damals mitgemacht habe, aber es schien ja zunächst ganz lustig. Wir peitschten so unsere ganze Liste durch, nicht nur den Präsidenten, auch den Vize, den Sekretär und den Kassenwart. Ich wurde Vize. Zum ersten Mal kostete ich Macht, und sie schmeckte gut.

„In diesem Laden bestimmen wir dieses Jahr", sagte Chub mit Nachdruck, „wir müssen nur zusammenhalten." So wurde der MP-Club gegründet, MP gleich „Man Power". Es gab keine Club-Zusammenkünfte oder so was. Aber wir hatten ein geheimes Erkennungszeichen: eine geballte Faust und ein Scheinausfall am Kinn vorbei. Die Mitgliederzahl beschränkte sich auf fünf: Chub, Marv, Shikes, Mike und ich. Unsere Uniform bestand aus Trikothemd, Jeans, dreckigen Turnschuhen und langen Haaren. In der Mittagspause blieben wir beim Essen unter uns, und nach der Schule schnappten wir uns die Räder und drehten vor der Heimfahrt eine Runde durch das Schulareal, rissen dabei die Räder vor den Randsteinen hoch und balancierten so lange wie möglich auf den Hinterrädern. Lernen war was für Doofköppe. Bücher nur für Beschränkte. Bäder für Babys. Und Mädchen gehörten in Komitees.

Es kam die Zeit, in der Mom so gut wie nicht mehr mit mir sprach. Abby hatte sowieso damit aufgehört – total.

„Chip Martin! Willst du dir gütigerweise mal die Haare kämmen? Nur ein Mal. Und ich schneide sie dir ein bisschen über der Stirn", schlug sie vor, als ich breitbeinig auf dem Sofa lag. „Du machst dir die Augen kaputt, wenn du dauernd durch den Mopp da schielen musst."

„Du gehst mir auf den Nerv. Mein Haar ist okay. Ich lass es einfach ganz natürlich wachsen."

„Natürlich!" Jetzt wurde sie laut. „Du siehst aus wie ein ungarischer Schäferhund. Nimm die Füße vom Sofa und schmeiß die dreckigen Turnschuhe weg! Die stinken!"

45 „Sonst noch was?", fragte ich und ließ mich auf den Teppich rollen.

„Ja, du bist ein schmutziger Schlamper. Was ist denn in dich gefahren? Ich kann dich nicht zwingen zu duschen, dafür bist du zu groß. Was soll das, dieses Getue ‚Zurück-zur-Natur'?"

„Was willst du denn von mir? Soll ich Hemd und Krawatte tragen? Bürsten-
50 schnitt auf dem Kopf?"

Sie stand über mir. „Hast du dir mal deine Noten angesehen?" Das musste ja kommen. Die Noten waren insofern sehenswert, als sie alle so schön gleichartig waren, mal mit, mal ohne Minuszeichen. „Fünfer hast du früher nie gehabt."

„Na und? Die meisten Leute auf der Welt haben Fünfer gehabt. Da bin ich gu-
55 ter Durchschnitt."

„Vielen Dank für die Erklärung. Wusste gar nicht, dass du so logisch denken kannst." Ich konnte das nicht leiden, wenn sie ironisch wurde. „Also jetzt mal im Ernst, Chip." Sie ließ sich im Sessel zurückfallen. „Stimmt was nicht, oder hast du nur gerade diese Phase ‚Mensch-sein-ist-alles'?"

60 „Was weiß ich. War doch noch nie so alt wie jetzt. Überhaupt, das ist dein Problem. Du bist die Mutter."

„Ich glaub, den Job geb ich auf. Allmählich verstehe ich auch, was ein ungewolltes Kind ist."

Wir hatten uns immer gegenseitig aufgezogen, aber diesmal war das anders. Ir-
65 gendwas drängte mich, ihr Sachen zu sagen, die ihr weh taten. Aber ich konnte

ihr das nicht erklären, weil ich ja selbst nicht wusste, warum mir so zumute war. Ich hatte schon ziemlich viel darüber nachgedacht. Ganz tief innen hatte ich so eine böse, gemeine Wut, und ich fühlte mich erst wieder wohl, wenn ich einen richtig fix und fertig gemacht hatte. Nein, nicht wohl, eher befriedigt. Und da war noch etwas. So wie ich aussah, konnte ich mich nicht leiden. Meine Arme waren zu lang, die Beine zu kurz, die Schultern zu breit, und der Kopf war zu klein. Ich sah doch aus wie ein halber Affe.

„Hör mal", fing Mom von neuem an, „hängt's mit Rob zusammen? Ihr wart so dicke Freunde. Ich weiß, er fehlt dir sehr."

Ich stand auf und machte den Fernseher an. „Ich hab jetzt andere Freunde."

„Ja, ich weiß. Und die stinken alle so wie du."

Ich weiß nicht mehr genau, wann das war. Vielleicht im Frühling. Muss wohl so sein, denn ich ging zu Fuß von der Schule nach Hause. Beim Randsteinspringen hatte sich der Rahmen vom Fahrrad verbogen, und Mom hatte mir klargemacht, dass es nun meine Sache sei, wie ich zu einem neuen Rad käme. Ich sah Pete aus ihrer Schule kommen, und zur Abwechslung hatte sie mal keinen Rattenschwanz von Kindern im Gefolge.

Es gab viele Unterschiede zwischen Pete und Abby, und einer war, dass Abby natürlich auch Freundinnen hatte, aber immer nur eine oder zwei, während alle Kinder der Nachbarschaft mit Pete befreundet waren und ihr alle auf einmal nachliefen. Von Abby hatte ich in dem Jahr nicht viel gesehen. Schließlich war sie nun schon ein erwachsenes Mädchen. Aber ich hatte sie nicht vergessen. Hier und da tauchte sie in der Schule flüchtig am anderen Ende des Korridors auf, aber das war wie eine Szene aus einem Sciencefiction-Film. Es war immer so eine Art Licht um sie herum, so ein Schimmer, und so ein Strahlen ging von ihr aus. Ich kann nicht erklären, aber ich sah es ganz deutlich.

Also jedenfalls folgte ich Pete. Sie hörte mich nicht kommen. Ich schlich hinter ihr her und hielt ihr die Augen zu. Sie zuckte nicht mal zusammen. Sie sagte einfach: „Hallo, Chip."

Ich ließ sie los. „Wie hast du's gewusst?"

Sie blieb stehen und schaute zu mir hoch, die Hände in den Hüften. „Ich brauch dich nicht zu sehen. Ich kann dich riechen."

Wäre sie Mom gewesen, hätte ich sie stehen gelassen und wäre die Straße hinunter gestürmt. Wäre sie ein Junge gewesen und nicht zu groß, hätte ich sie verhauen. „Hör zu, Mistbiene, so redest du nicht mit mir. Vor Älteren hat man Respekt. Außerdem schwitzt du so, dass du überhaupt nichts riechen kannst."

Das stimmte auch. Sie war tropfnass von irgendeinem Ballspiel auf dem Spielplatz. Aber komisch, trotzdem roch sie wie gemähtes Gras. Ich dachte, wenn das bei allen Mädchen so ist, dann haben die aber verdammt Glück. „Kommst du morgen zum Spiel? Ich werd die Bälle so schlagen, dass wir lauter Punkte machen. Die anderen haben einen saumäßigen Werfer."

Also Pete hatte sich jedenfalls nicht verändert. Sie liebte Baseball nach wie vor, und sie sprach noch mit mir. „Klar komm ich. Mit der ganzen Bande."

Ich machte damals kaum noch etwas allein. War einfacher, mit den anderen zusammen zu sein, da gehörte ich irgendwie dazu.

„Deine Kumpel mag ich nicht. Die stinken auch. Bin froh, dass ich nicht deine Mutter bin."

„Ist menschenunmöglich. Dafür bist du zu jung."

„Und du bist nicht mehr nett." Sie hüpfte neben mir über die Risse im Trottoir. Dann drehte sie mir das Gesicht zu und sagte: „Abby hält dich für einen Schauerbrocken. Jetzt weißt du's. Und jetzt wissen wir auch, was MP heißt. Miese Penner."

„Was Abby meint, ist mir egal", sagte ich, und das war eine Lüge. „Sieh mal", fuhr ich fort, „ich bin gerade dabei, erwachsen zu werden. Und wenn du glaubst, das ist leicht, dann wart mal ein paar Jährchen ab. Manchmal kann ich mich selber nicht leiden." Ihr konnte ich sagen, was ich meiner Mutter nicht sagen konnte.

„Wenn du dich so nicht leiden kannst, dann werd doch wieder wie früher."

„Rückwärtslaufen ist da nicht drin. Erwachsen werden, das heißt, du musst lernen, vorwärts zu gehen." Wir standen jetzt vor unserem Haus.

„Dann beeil dich mal ein bisschen, dass du bald damit fertig bist", rief sie mir noch zu, als sie schon die Straße hinunter nach Hause rannte.

An diesem Abend ging ich unter die Dusche, ohne dass Mom ein Wort davon gesagt hätte.

Hinweise zum Text: Seite 102/103.

Eifersucht
Tanja Zimmermann

Diese Tussi! Denkt wohl, sie wäre die Schönste. Juhu, die Dauerwelle wächst schon raus. Und diese Stiefelchen von ihr sind auch zu albern. Außerdem hat sie sowieso keine Ahnung. Von nix und wieder nix hat die 'ne Ahnung.

Immer wenn sie ihn sieht, schmeißt sie die Haare zurück wie 'ne Filmdiva. Das sieht doch ein Blinder, was die für 'ne Show abzieht. Ja, o.k., sie kann ganz gut tanzen. Besser als ich. Zugegeben. Hat auch 'ne ganz gute Stimme, schöne Augen, aber dieses ständige Getue. Die geht einem ja schon nach fünf Minuten auf die Nerven.

Und der redet mit der ... stundenlang. Extra nicht hingucken. Nee, jetzt legt der auch noch den Arm um die. Ich will hier weg! Aber aufstehen und gehen, das könnte der so passen. Damit die ihren Triumph hat.

Auf dem Klo sehe ich in den Spiegel, finde meine Augen widerlich, und auch sonst, ich könnte kotzen. Genau, ich müsste jetzt in Ohnmacht fallen, dann wird ihm das schon Leid tun, sich stundenlang mit der zu unterhalten.

Als ich aus dem Klo komme, steht er da: „Sollen wir gehen?"

Ich versuche es betont gleichgültig mit einem „Wenn du willst", kann gar nicht sagen, wie froh ich bin. An der Tür frage ich, was denn mit Kirsten ist. „O Gott, eine Nervtante, nee, vielen Dank!"

„Och, ich find die ganz nett, eigentlich", murmel ich.

Hinweise zum Text: Seite 103.

Sandro Botticelli, Venus und der schlafende Mars, 1483

Down by the river
Olaf Büttner

Als wir uns entschieden haben für einen Platz, breitet sie ihre Decke aus. Ich halte meine Hand in das dumpfbraune Wasser. Ziemlich kalt. Also: Ich bade erst mal nicht. Andrea auch nicht. Wir setzen uns ans Ufer. Sie wieder auf ihre Decke. Ich sorgfältig daneben. Wir drehen Zigaretten, rauchen und beginnen
5 das Abtasten mit Worten und Blicken. Mir gefällt es, hier zu sein. Weit weg hört man Leute singen, sonst ist alles ganz ruhig. Wir erzählen von unseren ersten Lieben.
Bei mir war's mein Cousin, sagt sie. Ich war höchstens sechs oder sieben. Ich wollte ihn heiraten, er mich nicht. Kitzelt jetzt noch jedesmal, wenn ich ihn seh.
10 Obwohl er total nicht mein Typ ist. Komisch, nicht?
Ich lächle, nick und verkneif mir die Frage, wer denn total ihr Typ sei. Obwohl's mich ehrlich interessiert. Später erzählt sie irgendwas von einem Holländer, mit dem sie mal zusammen war. Ich hör es unheimlich gerne, sagt sie, wenn Holländer deutsch sprechen. Klingt faszinierend, findest du nicht? Jaja,
15 finde ich auch, nicke ich lächelnd, während ein Gefühl der Machtlosigkeit mich ins Rippenfell zwickt, weil ich kein Holländer bin. Wie zum Teufel soll ich mithalten, wenn sie auf fremde Akzente steht?
Viel mehr würde mich interessieren, ob sie zur Zeit fest liiert ist, aber ich frag lieber nicht, um nichts kaputtzumachen. Eigentlich kann's mir auch egal sein.
20 Wir rauchen beide eine Zigarette nach der anderen und reden und reden. Ich mag ihre Stimme. Und wenn sie nicht gerade von verflossenen Niederländern erzählt, hör ich ihr richtig gerne zu. Sie mir scheinbar auch. Ich hab ein gutes Gefühl. Stück für Stück rück ich näher an sie ran.
Der Fluss vor uns wälzt sich träge dahin. Es ist heiß, wir sitzen im Schatten. Ab
25 und zu tuckern Motorboote vorbei, oder Segelboote gleiten still durchs Wasser. Mücken schwirren um unsere Köpfe. Sie sind zu faul zum Stechen.

Obwohl wir inzwischen zwei Stunden hier sitzen und die Stimmung eigentlich genau danach ist, bring ich es immer noch nicht, einfach die Hand nach ihr auszustrecken und sie mal anzufassen. Immerhin sitz ich aber jetzt schon mit einer Backe auf ihrer Decke. Sie erzählt gerade von den Amis, die massenhaft in S. stationiert sind. Die reinste Landplage, sagt sie. Dauernd Schlägereien. In die Disco kommen sie inzwischen auch nicht mehr rein. War auch wirklich schlimm früher. Die lungerten immer in Gruppen vorm Klo rum, jede Frau antatschen, die vorbeikam. Und wenn du was gesagt hast, gab's handfeste Drohungen. Idioten.

Gerade hab ich mit dem Gedanken gespielt, ihre Haare anzufassen. Jetzt lass ich es lieber bleiben. Natürlich, sagt sie, kommt es darauf an, wer es macht. Und lächelt. Dummerweise verunsichert mich das noch mehr. Eigentlich bräuchte ich nichts anderes zu tun, als mich einfach loszulassen. Statt dessen streng ich mich immer mehr an, mich noch ein bisschen festzuhalten. Langsam krieg ich richtig Kopfschmerzen davon. Du hast sehr schönes Haar, sag ich gewählt, aber schüchtern.

Inzwischen hat es mich schon ganz auf ihre Decke gezogen. Ich sitz jetzt direkt neben ihr. Ihre Haut riecht nach Blumen. Als sie mir erzählt, dass sie ihre Haare abschneiden will, bin ich ehrlich schockiert. Lange blonde Haare, erklärt sie, sind so was wie ein Markenzeichen … für typisch weibliche Doofheit. Und guckt mich so an mit ihren hellblauen Augen. Ich finde, dass sie spinnt, und sag ihr das. Du bist alles andere als „doof". Und dein Haar … ist wirklich unheimlich schön.

Zum Horizont darf ich nicht gucken. Die Sonne hängt inzwischen so gefährlich nah darüber, dass mir ganz anders davon wird. Die Luft ist schon ziemlich abgekühlt, und sie nur in diesem Sommerkleid. Was, wenn sie gleich los will? Eines ist klar: Wenn ich es hier nicht schaffe, dann schaff ich es nirgends. Wo denn bitte, wenn nicht an diesem lauschigen, einsamen Platz am Fluss! Und welche Stimmung soll besser sein als die, die schon da ist? Ist doch fast wie im Film. Was will ich mehr?

Hast du Lust, gleich essen zu gehen?, frage ich und erschlag eine Mücke, die sich auf meinem Arm niedergelassen hat. Ich krieg langsam Hunger. Stimmt natürlich nicht. Viel zu viel geraucht und auch sonst zu nervös. Will nur sichergehen, dass hinterher noch was zusammen läuft, egal, wie das hier ausgeht.

Sie würde gern zum Italiener, sagt sie. Kennt auch einen ganz guten. Und schon wieder dieses Lächeln. Einverstanden, sag ich, Italiener. Und seh praktisch selbst, wie meine Hand zu ihr rüberrutscht. Ganz automatisch. Zwei Fingerkuppen streicheln vorsichtig die nackte Haut ihres Oberarms. Sie hat ein klein bisschen Gänsehaut. Ich lieg neben ihr, und so leicht werd ich den Blick nicht vergessen, der mich jetzt anguckt aus ihren Augen. Dann lacht sie laut.

Erschrocken zuckt meine Hand zurück. Lieber nicht? Es ist nur, sagt sie, ich lach immer, wenn ich mich freu.

Hinweise zum Text: Seite 103.

Bitterschokolade

Mirjam Pressler

… Michel hatte sie erstaunt angesehen. „Siehst gut aus." Dann saßen sie in einem Café und tranken Cola. Eva mochte Cola eigentlich nicht so besonders.
5 Michel hatte bestellt, ohne zu fragen. „Normalerweise bin ich samstags immer im Freizeitheim", sagte er. Er trug ein weißes Hemd, fast bis zum Nabel offen, und eine dunkelblaue Kordjacke. Rich-
10 tig ordentlich sah er aus.
„Was macht ihr da, im Freizeitheim?"
„Alles Mögliche. Samstags tanzen wir meistens. Ein paar von den Jungen machen eine irre Musik." Michel sah ganz
15 stolz aus. „Einer von ihnen ist mein Freund. Er spielt Elektrogitarre."
„Grüß dich, Eva", sagte jemand. Eva sah auf. Vor ihr stand Tine.
„Grüß dich", sagte Eva.
20 Tine sah Michel neugierig an. Sie blieb einfach stehen und schaute Michel an. Der Junge neben ihr, ein schlaksiger, dünner mit langen blonden Haaren, legte den Arm um sie und wollte sie wei-
25 terziehen. „Komm endlich. Ich habe Durst." Tine fragte: „Ist das dein Freund?" Aber sie schaute Eva nicht an dabei.
„Wenn du nichts dagegen hast", antwor-
30 tete Michel.
„Tschüs", rief Tine und verschwand, von dem Langhaarigen gezogen, im hinteren Teil des Cafés.
„Wie die dich angesehen hat."
35 „Wer war das?"
„Ein Mädchen aus meiner Klasse."
„Genierst du dich nicht mit mir?"
Eva war verblüfft. „Wieso denn?"
„Na ja, weil ich ja nur in die Haupt-
40 schule geh, ich bin ja nichts Besonderes." Nichts Besonderes, dachte Eva. Die

Hauptschule sieht man nicht, aber meinen dicken Hintern sieht jeder. Laut sagte sie: „Du solltest das nicht so wichtig nehmen. Es ist doch eigentlich egal, in welche Schule jemand geht. Es sagt noch nicht einmal was darüber aus, wie intelligent er ist."

„Das sagst du so", antwortete Michel. „Ich bin noch nie mit einem Mädchen gegangen, das im Gymnasium ist. Ein bisschen komisch ist das schon."

„Ist denn an mir was anders?"

„Viel."

„Was denn?" „Ich weiß nicht. Viel halt."

Eva hätte gern gefragt: „Bin ich besser?" Sie hätte gern gewusst, genau gewusst, was Michel mit den anderen gemacht hatte. War er auch mit ihnen „am Fluss" gewesen? Aber die Fragen blieben in ihrem Bauch, die Angst davor, was er antworten könnte, schob die gedachten und vorgeformten Worte in ihren Bauch zurück, bevor sie noch den Mund aufmachen konnte. Wieder war es still zwischen ihnen. Und wieder dachte Eva: Ist es das, was ich mir vorgestellt hatte, das woran ich schon so oft gedacht habe? Und sie dachte: So ist das also zwischen den Jungen und Mädchen, dass man nicht weiß, was man sagen soll, wenn man eigentlich so viel sagen möchte.

Sie bestellten sich noch eine Cola.

Später, im Kino, nahm Michel Evas Hand. Seine Hand war ein bisschen mager, ganz anders als Karolas. Der Cowboy ritt durch die Prärie, ritt mitten hinein in einen roten Cinemascope-Technicolor-Sonnenuntergang, und Michel streichelte ihre Hand. Eva hielt ganz still. Sie hielt so still, dass sie fast nicht atmen konnte.

Michel hatte sie nach Hause gebracht, genau um zehn Uhr hatte sie die Wohnungstür aufgeschlossen. „Bist du das, Eva?", hatte die Mutter aus dem Wohnzimmer gerufen.

„Ja, ich."

Im Wohnzimmer sagte der Nachrichtensprecher: „Beim heutigen Nebeleinbruch haben auf Bayerns Straßen mindestens acht Menschen den Tod gefunden." Stimmt, heute Morgen war es neblig gewesen.

Eva ging ins Badezimmer und riegelte hinter sich ab. Sie stützte sich mit den Händen auf das kalte Porzellan des Waschbeckens und schaute in den Spiegel. Sie betrachtete ihren Mund. Von der Schminke war nicht viel übrig, ein kleiner, verwischter Rest im Mundwinkel. Sie sah aus wie sonst. Sie wunderte sich darüber, dass er keine Spuren in ihrem Gesicht hinterlassen hatte. Er. Michel. Sie nahm die Zahnbürste in die Hand, drückte Zahnpasta darauf, zögerte und spülte die Zahnpasta wieder ab. Heute nicht. Sie wollte die Erinnerungen nicht wegwaschen. Dann band sie sich die Haare wieder zusammen und ging ins Bett. Die Mutter, neugierig, verschwörerisch, öffnete die Tür und fragte: „Na?"

„Schön war's", antwortete Eva. „Aber ich bin jetzt müde. Ich will schlafen."

Hinweise zum Text: Seite 104.

Dû bist mîn ...
Unbekannter Verfasser

Dû bist mîn, ich bin dîn:
des solt dû gewis sîn.
dû bist beslozzen
in mînem herzen:
verlorn ist das slüzzelîn:
dû muost immer drinne
sîn.

Schwäbische Schule, Ein Brautpaar, um 1470

Gedicht
Jürgen Theobaldy

Ich möchte gern ein kurzes Gedicht schreiben
eins mit vier fünf Zeilen
nicht länger
ein ganz einfaches
eins das alles sagt über uns beide
und doch nichts verrät
von dir und mir

sieben bemerkungen am 5. 12. 76
Ernst Jandl

du

ich sage
du

langsam
sage ich
du

ganz langsam
sage ich
du

ein ganzes
langes
ausatmen
lang
sage ich
du

Hinweise zu den Texten: Seite 104–106.

In der Frieh auf un dervoo (nooch Goethe)
Helmut Haberkamm

Mei Herz hadd bumberd, wi der Blitz
Binni aufs Mobbed un fodd mid Karacho.
In di Wälder woor nu die Nachd gleeng
Obber es hadd scho dämmerd drundn im Grund;
In Neebl woor is Dransfermooderhaisla gstanna
Un in Nachbern sei Miesdbraader derneem;
Katzn sinn gloffn, die Zeidung hemms ausdroong
Un an Himml hemm hunnerd Sternle gleichd.

Der Mond hadd gschaud wia rahmier Schepfer
Hinder di Wolgn, di zoong sinn wi di Heiballn;
A gscheider daamischer Wind is der ganga
Dass pfiffn un kaald hadd under meim Helm;
Di Nachd hadd dausnd Strasserpfosdn brachd
Gruusli glänzd hemms dass mi kuscherd hadd;
Im meim Kopf woor nu a gscheida Hitzn
Mei Herz hadd bumberd un brennd wi laaferds Waggs.

Iech hobb di widder vor mer steh sehng
Wia Achhernla hobbermi gfreid un zerlusdierd;
Ganzergoor binni an deiner Seidn gweesn
Jeeder Schnaufer, jeeder Zugger woor ganz fier diech;
Wie Reesla, wia Heesla, so linni, so greemi
Grood so woor heid nachd dei ganz Gsichd;
Zammgleeng woormer, warm un zabblerd
Koffd hemmer, driggd un gschnaufd un drungn.

Un nacherd in der Frieh Addee gsochd un ganga
Di Leid sinn grood fodd auf di Doochschichd zum Bus;
Schee gschmeggd hadd dei Kuss, waach wi der Glee;
Gschaud hammer, grinsd un vo weid wech nu gwungn;
Is Mobbed hobbi foddgschoom und na oogschmissn
In Helm drieber geechern Wind un geecher di Nässn.
Es is scho schee, wemmer mid an Maadla geh dudd
Bloß is Mobbed hadd sei Muggn, wenns a Nachd lang stehd.

Willkommen und Abschied

Johann Wolfgang von Goethe

Es schlug mein Herz, geschwind zu Pferde!
Es war getan fast eh gedacht.
Der Abend wiegte schon die Erde,
Und an den Bergen hing die Nacht:
Schon stand im Nebelkleid die Eiche,
Ein aufgetürmter Riese, da,
Wo Finsternis aus dem Gesträuche
Mit hundert schwarzen Augen sah.

Der Mond von einem Wolkenhügel
Sah kläglich aus dem Duft hervor,
Die Winde schwangen leise Flügel,
Umsausten schauerlich mein Ohr;
Die Nacht schuf tausend Ungeheuer;
Doch frisch und fröhlich war mein Mut:
In meinen Adern welches Feuer!
In meinem Herzen welche Glut!

Dich sah ich, und die milde Freude
Floss von dem süßen Blick auf mich;
Ganz war mein Herz an deiner Seite
Und jeder Atemzug für dich
Ein rosenfarbnes Frühlingswetter
Umgab das liebliche Gesicht,
Und Zärtlichkeit für mich – ihr Götter!
Ich hofft es, ich verdient es nicht!

Doch ach, schon mit der Morgensonne
Verengt der Abschied mir das Herz:
In deinen Küssen welche Wonne!
In deinem Auge welcher Schmerz!
Ich ging, du standst und sahst zur Erden,
Und sahst mir nach mit nassem Blick:
Und doch, welch Glück, geliebt zu werden!
Und lieben, Götter, welch ein Glück!

Hinweise zu den Texten: Seite 106/107.

Das Ende von Etwas
Ernest Hemingway

Früher einmal war Hortons Bay eine Bauholz-Stadt gewesen. Niemand, der dort wohnte, war außerhalb des Hörbereichs der großen Sägemühle am See. Dann, eines Tages, gab es keine Baumstämme mehr, um Bauholz zu machen. Die Holzschoner kamen in die Bucht und wurden mit dem Schnittholz des Sägewerks, das auf dem Hof aufgestapelt stand, beladen. Alle Stapel Bauholz wurden weggebracht. Aus der großen Mühle nahm man alle transportablen Maschinen fort und ließ sie von den Leuten, die bisher in der Mühle gearbeitet hatten, auf einen der Schoner laden. Der Schoner entfernte sich aus der Bucht hinaus dem offenen See zu, an Bord die beiden großen Sägen, den Transportwagen, der die Baumstämme gegen die rotierenden Kreissägen schleuderte, und all die Walzen, Räder, Treibriemen und Eisen, aufgetürmt auf einer schiffrumpftiefen Ladung Bauholz. Nachdem der offene Raum mit Planen zugedeckt und diese festgebunden waren, füllten sich die Segel des Schoners, und er bewegte sich hinaus in den offenen See, all das mit sich führend, was die Mühle zur Mühle und Hortons Bay zur Stadt gemacht hatte.

Die einstöckigen Schlafquartiere, das Speisehaus, das Warenhaus, die Mühlenbüros und die große Mühle selbst standen verlassen inmitten von ungeheuren Mengen Sägemehls da, das die sumpfige Wiese am Ufer der Bucht bedeckte. Zehn Jahre später war nur noch der zerfallene, weiße Kalkstein der Grundmauern von dem Sägewerk übrig, den Nick und Marjorie, als sie am Ufer entlang ruderten, durch die sumpfige, in zweiter Blüte stehende Wiese schimmern sahen. Sie angelten am Rande der Fahrrinne, wo der Grund plötzlich von flachem Sand bis zu zwölf Fuß tiefem, dunklem Wasser abfiel. Sie angelten auf ihrem Weg zu der Stelle, wo sie für die Regenbogenforellen nachts Leinen auslegen wollten.

„Da ist unsere alte Ruine, Nick", sagte Marjorie.

Nick blickte beim Rudern auf die weißen Steine zwischen den grünen Bäumen.

„Ja, das ist sie", sagte er.

„Kannst du dich daran erinnern, als es ein Sägewerk war?", fragte Marjorie.

„Ja, gerade", sagt Nick.

„Es sieht eher wie ein Schloss aus", sagte Marjorie.

Nick sagte nichts. Sie ruderten weiter, verloren das Sägewerk aus den Augen und folgten der Uferlinie. Dann kreuzte Nick die Bucht. „Sie beißen nicht an", sagte er.

„Nein", sagte Marjorie. Auch während sie sprach, passte sie die ganze Zeit über scharf auf die Angel auf. Sie fischte gern. Sie fischte gern mit Nick.

Ganz dicht am Boot durchbrach eine große Forelle den Wasserspiegel. Nick zog kräftig an einem Ruder, um das Boot zu wenden, damit der Köder, der weit hinter ihnen trieb, dort vorbeikam, wo die Forelle fraß. Als der Rücken der Forelle aus dem Wasser auftauchte, sprangen die Elritzen wie wild. Sie sprenkelten die Oberfläche, als hätte man eine Handvoll Schrot ins Wasser geworfen.

Eine zweite Forelle durchbrach fressend das Wasser auf der anderen Seite des Bootes.

„Sie fressen", sagte Marjorie.

45 „Aber sie beißen nicht an", sagte Nick. Er ruderte das Boot herum, um zwischen den beiden fressenden Fischen hindurchzuködern; dann nahm er den Kurs auf die Landspitze. Marjorie haspelte die Angelschnur erst auf, als das Boot das Ufer berührte. Sie zogen das Boot auf den Strand, und Nick hob einen Eimer mit lebenden Barschen heraus. Die Barsche schwammen im Wasser im
50 Eimer umher. Nick fing drei von ihnen mit der Hand, schnitt ihnen die Köpfe ab und enthäutete sie, während Marjorie mit ihren Händen im Eimer herumjagte, schließlich einen Barsch fing, seinen Kopf abschnitt und ihn enthäutete. Nick besah sich ihren Fisch.

„Nimm lieber die Mittelgräte nicht heraus", sagte er. „Es geht zwar als Köder,
55 aber es ist besser, wenn die Mittelgräte drin bleibt." Er hakte jeden der enthäuteten Barsche durch den Schwanz. An dem Vorfach jeder Angel waren zwei Haken befestigt. Dann ruderte Marjorie das Boot über die Fahrrinne hinaus, sie hielt die Leine zwischen den Zähnen und hatte das Gesicht Nick zugewandt, der am Ufer stand, die Angelrute hielt und die Schnur von der Rolle laufen ließ.

60 „So ungefähr da", rief er.

„Soll ich sie loslassen?", rief Marjorie zurück, die Leine in der Hand.

„Ja, lass sie los."

Marjorie ließ die Leine über Bord und sah zu, wie die Köder unter Wasser sanken. Sie kam mit dem Boot zurück und legte die zweite Leine auf die gleiche
65 Art aus. Beide Male legte Nick ein schweres Stück Treibholz über das dickere Ende der Angelrute, um sie in Position zu halten, und stützte sie mit einem kleinen Stück Holz ab. Er haspelte die schlaffe Leine auf, sodass die Leine straff bis zu der Stelle lief, wo der Köder auf dem sandigen Grund der Fahrrinne lag, und setzte den Sperrhaken auf die Rolle. Sobald eine Forelle auf dem Grund fraß
70 und den Köder nahm, würde sie damit wegziehen, die Leine mit Ungestüm von der Rolle abwickeln und so die Rolle mit dem Sperrhaken zum Schnurren bringen.

Marjorie ruderte ein Stückchen an der Landspitze entlang, um nicht der Leine in die Quere zu kommen. Sie zog kräftig an den Rudern, und das Boot lief ein
75 ganzes Stück den Strand hinauf. Kleine Wellen kamen mit ihm herauf. Marjorie stieg aus dem Boot, und Nick zog das Boot weit den Strand herauf.

„Was ist denn los, Nick?", fragte Marjorie.

„Ich weiß nicht", sagte Nick und holte Holz, um Feuer zu machen.

Sie machten ein Feuer mit Treibholz. Marjorie ging zum Boot und holte eine
80 Decke. Die Abendbrise blies den Rauch nach der Landspitze zu, darum breitete Marjorie die Decke zwischen dem Feuer und dem See aus. Marjorie saß auf der Decke mit dem Rücken zum Feuer und wartete auf Nick. Er kam herüber und setzte sich neben sie auf die Decke. Hinter ihnen war der dichte, junge Baumwuchs der Landspitze, und vor ihnen war die Bucht mit der Mündung von Hor-
85 tons Creek. Es war nicht ganz dunkel. Der Feuerschein reichte bis zum Wasser.

Sie konnten beide die zwei Stahlruten schräg über dem dunklen Wasser sehen. Das Feuer blinkte auf den Rollen. Marjorie packte den Abendbrotkorb aus.

„Mir ist gar nicht nach Essen", sagte Nick.

„Los, komm und iss, Nick."

„Schön."

Sie aßen, ohne zu sprechen, und beobachteten die beiden Angelruten und den Feuerschein auf dem Wasser.

„Heute Abend gibt's Mondschein", sagte Nick. Er sah über die Bucht hinweg nach den Bergen, die sich scharf gegen den Himmel abzuzeichnen begannen. Er wusste, hinter den Bergen kam der Mond heraus.

„Ich weiß", sagte Marjorie vergnügt.

„Du weißt alles", sagte Nick.

„Ach bitte, Nick. Lass das. Bitte, sei nicht so."

„Ich kann nichts dazu", sagte Nick. „Es ist doch so. Du weißt alles. Das ist das Unglück. Du weißt, dass es so ist."

Marjorie sagte gar nichts.

„Ich habe dir alles beigebracht. Du weißt, dass es so ist. Überhaupt, was weißt du eigentlich nicht?"

„Ach, hör auf", sagte Marjorie. „Da kommt der Mond."

Sie saßen auf der Decke, ohne sich zu berühren und sahen zu, wie der Mond aufging.

„Du brauchst doch nicht so dumm zu reden", sagte Marjorie. „Was ist denn eigentlich los?"

„Ich weiß nicht."

„Natürlich weißt du's."

„Nein, wirklich nicht."

„Los, sag's."

Nick sah weiter auf den Mond, der über die Berge heraufkam. „Es ist gar nicht mehr schön." Er hatte Angst, Marjorie anzusehen. Dann sah er sie an. Sie saß da und wandte ihm den Rücken zu. Er sah ihren Rücken an. „Es ist nicht mehr schön. Überhaupt nichts mehr."

Sie sagte nichts. Er fuhr fort: „Weißt du, mir ist, als ob alles in mir zum Teufel gegangen ist. Ich weiß nicht, Marge. Ich weiß nicht, was ich sagen soll." Er blickte weiter auf ihren Rücken.

„Ist denn Liebe nicht schön?", sagte Marjorie.

„Nein", sagte Nick. Marjorie stand auf. Nick saß da, den Kopf in die Hände gestützt.

„Ich nehme das Boot", rief ihm Marjorie zu. „Du kannst um die Landspitze rum zu Fuß zurückgehen."

„Schön", sagte Nick. „Ich stoß das Boot für dich ab."

„Ist nicht nötig", sagte sie. Sie trieb mit dem Boot auf dem mondbeschienenen Wasser. Nick ging zurück und legte sich neben das Feuer, mit dem Gesicht auf der Decke. Er konnte Marjorie auf dem Wasser rudern hören. Er lag dort eine lange Zeit. Er lag da, während er hörte, wie Bill, der durch den Wald strich, in

130 die Lichtung kam. Er spürte, wie Bill sich dem Feuer näherte. Auch Bill berührte ihn nicht.

„Ist sie glücklich weg?", sagte Bill.

„Ja", sagte Nick, der mit dem Gesicht auf der Decke dalag.

„'ne Szene gehabt?"

135 „Nein, wir hatten keine Szene."

„Wie fühlst du dich?"

„Bitte, geh weg. Bill. Geh, lass mich allein."

Bill suchte sich ein Sandwich aus dem Esskorb aus und ging hinüber, sich die Angelruten ansehen.

Hinweise zum Text: Seite 107/108.

Das Brot

Wolfgang Borchert

Plötzlich wachte sie auf. Es war halb drei. Sie überlegte, warum sie aufgewacht war. Ach so! In der Küche hatte jemand gegen einen Stuhl gestoßen. Sie horchte nach der Küche. Es war still. Es war zu still, und als sie mit der Hand über das Bett neben sich fuhr, fand sie es leer. Das war es, was es so besonders still gemacht hatte: sein Atem fehlte. Sie stand auf und tappte durch die dunkle Wohnung zur Küche. In der Küche trafen sie sich. Die Uhr war halb drei. Sie sah etwas Weißes am Küchenschrank stehen. Sie machte Licht. Sie standen sich im Hemd gegenüber. Nachts. Um halb drei. In der Küche.

Auf dem Küchentisch stand der Brotteller. Sie sah, dass er sich Brot abgeschnitten hatte. Das Messer lag noch neben dem Teller. Und auf der Decke lagen Brotkrümel. Wenn sie abends zu Bett gingen, machte sie immer das Tischtuch sauber. Jeden Abend. Aber nun lagen Krümel auf dem Tuch. Und das Messer lag da. Sie fühlte, wie die Kälte der Fliesen langsam an ihr hochkroch. Und sie sah von dem Teller weg.

„Ich dachte, hier wäre was", sagte er und sah in der Küche umher.

„Ich habe auch was gehört", antwortete sie, und dabei fand sie, dass er nachts im Hemd doch schon recht alt aussah. So alt wie er war. Dreiundsechzig. Tagsüber sah er manchmal jünger aus. Sie sieht doch schon alt aus, dachte er, im Hemd sieht sie doch ziemlich alt aus. Aber das liegt vielleicht an den Haaren. Bei den Frauen liegt das nachts immer an den Haaren. Die machen dann auf einmal so alt.

„Du hättest Schuhe anziehen sollen. So barfuß auf den kalten Fliesen. Du erkältest dich noch." Sie sah ihn nicht an, weil sie nicht ertragen konnte, dass er log. Dass er log, nachdem sie neununddreißig Jahre verheiratet waren.

„Ich dachte, hier wäre was", sagte er noch einmal und sah wieder so sinnlos von einer Ecke in die andere, „ich hörte hier was. Da dachte ich, hier wäre was."

„Ich hab auch was gehört. Aber es war wohl nichts." Sie stellte den Teller vom Tisch und schnippte die Krümel von der Decke.

„Nein, es war wohl nichts", echote er unsicher.

Sie kam ihm zu Hilfe: „Komm man. Das war wohl draußen. Komm man zu Bett. Du erkältest dich noch. Auf den kalten Fliesen."

Er sah zum Fenster hin. „Ja, das muss wohl draußen gewesen sein. Ich dachte, es wäre hier."

Sie hob die Hand zum Lichtschalter. Ich muss das Licht jetzt ausmachen, sonst muss ich nach dem Teller sehen, dachte sie. Ich darf doch nicht nach dem Teller sehen. „Komm man", sagte sie und machte das Licht aus, „das war wohl draußen. Die Dachrinne schlägt immer bei Wind gegen die Wand: Es war sicher die Dachrinne. Bei Wind klappert sie immer."

Sie tappten sich beide über den dunklen Korridor zum Schlafzimmer. Ihre nackten Füße platschten auf den Fußboden.

„Wind ist ja", meinte er. „Wind war schon die ganze Nacht."

Als sie im Bett lagen, sagte sie. „Ja, Wind war schon die ganze Nacht. Es war wohl die Dachrinne."

45 „Ja, ich dachte, es wäre in der Küche. Es war wohl die Dachrinne." Er sagte das, als ob er schon halb im Schlaf wäre.

Aber sie merkte, wie unecht seine Stimme klang, wenn er log. „Es ist kalt", sagte sie und gähnte leise, „ich krieche unter die Decke. Gute Nacht."

„Nacht", antwortete er und noch, „ja, kalt ist es schon ganz schön."

50 Dann war es still. Nach vielen Minuten hörte sie, dass er leise und vorsichtig kaute. Sie atmete absichtlich tief und gleichmäßig, damit er nicht merken sollte, dass sie noch wach war. Aber sein Kauen war so regelmäßig, dass sie davon langsam einschlief.

Als er am nächsten Abend nach Hause kam, schob sie ihm vier Scheiben Brot
55 hin. Sonst hatte er immer nur drei essen können. „Du kannst ruhig vier essen", sagte sie und ging von der Lampe weg. „Ich kann dieses Brot nicht so recht vertragen. Iss du man eine mehr. Ich vertrage es nicht so gut." Sie sah, wie er sich tief über den Teller beugte. Er sah nicht auf. In diesem Augenblick tat er ihr Leid. „Du kannst doch nicht nur zwei Scheiben essen", sagte er auf seinen Tel-
60 ler. „Doch. Abends vertrag ich das Brot nicht gut. Iss man. Iss man." Erst nach einer Weile setzt sie sich unter die Lampe an den Tisch.

Hinweise zum Text: Seite 108/109.

*Christopher Wood,
Amerikanische Gotik, 1930*

Von dir und mir

„Marmor, Stein und Eisen bricht, aber unsere Liebe nicht"– dabei ist sie nur ein Gefühl. Aber es gibt wohl kein anderes, nach dem wir uns mehr sehnen und das uns glücklicher – oder auch unglücklicher – macht als die Liebe. Da wir Gefühle nicht sehen und nicht greifen können, tun wir uns oft schwer, sie zu verstehen und zu beschreiben. Zu allen Zeiten haben Maler, Musiker und Schriftsteller versucht, Liebe darzustellen und auszudrücken.
Im folgenden Kapitel findet ihr Bilder, Gedichte und Texte, die von Liebe in vielen verschiedenen Formen handeln. Sie können euch anregen darüber nachzudenken, was ihr unter Liebe versteht.

Hadley Irwin:
Liebste Abby

Lee Hadley und Ann Irwin sind beide Dozentinnen für Englisch an der Iowa State University, USA. Sie schrieben ihre Bücher zusammen in den Sommerferien. Von sich sagen sie, Hadley Irwin ist eine Autorin, obwohl sie aus zwei Personen besteht.

1 „Als ich vierzehn war, gab ich die Mädchen auf. Vielleicht haben die mich auch aufgegeben. Wie auch immer, es war egal, es kam aufs Gleiche heraus."
(S. 83, Zeile 1–2)
Welche Stimmung schwingt in diesen Sätzen mit? Versucht sie zu beschreiben. Ihr könnt auch eines der unten aufgeführten Wörter aussuchen:
cool, trotzig, traurig, überheblich, sehnsuchtsvoll, resigniert, neidisch, unsicher, zufrieden …

2 „Sieh mal, (…) ich bin gerade dabei, erwachsen zu werden. Und wenn du glaubst, das ist leicht, dann wart mal ein paar Jährchen ab. Manchmal kann ich mich selber nicht leiden."(S. 86, Zeile 118–121)
a) In diesem Romanausschnitt findet ihr viele Stellen, in denen spürbar wird, dass Chip sich nicht mag. Schreibt sie stichpunktartig heraus und vergleicht anschliessend eure Aufzeichnungen.
b) Viele Menschen haben Schwierigkeiten, sich so anzunehmen wie sie eben sind. Mache dir Gedanken darüber, was du an dir magst und was nicht. Schreibe deine Überlegungen auf. Vielleicht habt ihr Lust, über eure Selbsteinschätzungen in einem Kreisgespräch zu reden.

3 Chips Mutter ist mit vielem, was ihr Sohn tut und wie er sich gibt, nicht einverstanden. Sucht diese Textstellen heraus und haltet sie in Stichpunkten fest.
Sicher haben auch eure Eltern ähnliche Vorwürfe euch gegenüber. Ergänzt eure Aufzeichnungen mit den eigenen Erfahrungen und sprecht darüber in der Klasse.

4 „Rückwärtslaufen ist da nicht drin. Erwachsen werden, das heißt, du musst lernen, vorwärts zu gehen."
(S. 88, Zeile 124/125)
Jugendlichen fällt es oft schwer, sich mit Erwachsenen über die Probleme des Erwachsenwerdens zu unterhalten. Schreibt einen Brief an eine Freundin oder einen Freund, in dem ihr über euere Schwierigkeiten mit dem Erwachsenwerden sprecht und euch Gedanken macht, was Erwachsensein für euch bedeutet.

**Tanja Zimmermann:
Eifersucht**

1 Beim Lesen der Geschichte entsteht ein Bild der Konkurrentin vor unseren Augen.
a) Legt nach den Hinweisen des Textes eine Tabelle an, wo ihr der negativen Beschreibung der Ich-Erzählerin jeweils eine positive gegenüber stellt.
b) Wie sieht sich die Erzählerin selbst?
Begründet eure Meinung anhand des Textes.

2 „Eifersucht ist eine Leidenschaft, die mit Eifer sucht, was Leiden schafft."
Viele von euch kennen sicher dieses Sprichwort.
Was meint ihr dazu?

3 Unter Eifersucht leidet niemand gern. Wenn man weiß, woher ein Gefühl kommt und warum es einen bestürmt, kann man besser damit umgehen.
Macht euch Gedanken, wie die nachfolgenden Begriffe mit Eifersucht zusammenhängen und diskutiert darüber in der Klasse:
Besitzdenken, Macht, Verlustangst, Selbstwertgefühl, Eitelkeit, Liebe, Vertrauen, Ehrlichkeit...

**Olaf Büttner:
Down by the river**

1 In dieser Geschichte wird der Anfang einer Liebesbeziehung beschrieben.

2 Lest die Geschichte nochmals leise für euch durch und versetzt euch in die Lage des Erzählers.
Welche Gefühle beflügeln oder quälen den Erzähler in den jeweiligen Situationen?

3 Viele Mädchen schreiben Tagebücher, um besonders wichtige Ereignisse festzuhalten und zu verarbeiten.
Schreibt einen Tagebucheintrag über dieses Erlebnis am See aus der Sicht des Mädchens.

4 Noch immer ist es weit verbreitet, dass der Mann den „ersten Schritt" in einer Liebesbeziehung macht. Männliche und weibliche Rollen sind heute oft noch streng getrennt. Wie denkt ihr darüber?
Diskutiert das Thema in der Klasse.

**Mirjam Pressler:
Bitterschokolade**

Mirjam Pressler wurde 1940 in Darmstadt geboren. Sie studierte in Frankfurt an der Hochschule für Bildende Kunst. Heute lebt sie München und arbeitet als Übersetzerin und freischaffende Autorin. Es sind bisher u.a. folgende Jugendbücher von ihr erschienen: *Nun red doch endlich, Kratzer im Lack, Novemberkatzen, Zeit am Stiel, Katharina und so weiter, Stolperschritte, Ich sehne mich so. Die Lebensgeschichte der Anne Frank* und *Wenn das Glück kommt, muss man ihm einen Stuhl hinstellen.*

1 Michel hat Bedenken, dass Eva sich für ihn genieren könnte. Suche die Stelle im Text.
Glaubst du, dass es für eine Beziehung wichtig ist, in die gleiche Schule zu gehen oder den gleichen Abschluss zu haben?
Was ist euch wichtig bei der Wahl von Freunden?

2 Eva ist mit ihrer Figur nicht zufrieden. Wie sich beim Lesen des Romans herausstellt, leidet Eva an Bulimie. Es gibt verschiedene Formen von Essstörungen, an denen besonders häufig Mädchen und Frauen leiden. Erkundigt euch über diese Krankheiten bei einer Beratungsstelle. Diskutiert auch in der Klasse darüber, wie wichtig euch das äußere Erscheinungsbild eines Menschen ist.

3 „Eva hätte gern gefragt …"(S. 91, Zeile 51)
Lest diese Textstelle nochmals nach und versucht euch in Eva einzufühlen. Am Abend setzt sich Eva hin und schreibt die Fragen auf, die sie sich Michel nicht zu stellen traute.

**Unbekannter Verfasser:
Dû bist mîn**

Bei diesem Gedicht handelt es sich um ein Lied der Minnelyrik. *Minne* ist das mittelhochdeutsche Wort für Liebe. Ihren Anfang nahm diese Liebesdichtung im 12. Jahrhundert in Frankreich und breitete sich von da über Europa aus. Minnesänger erzählten in Liedern von ihrer Liebe zu einer *frouwe*. Bei diesen besungenen Frauen handelte es sich meistens um adelige Damen, die für sie unerreichbar blieben. Ein besonderes Kennzeichen der Minnelyrik ist, dass die Liebe zwischen dem Ritter und der Frau ein Geheimnis bleiben musste.
Minnesang kam im Mittelalter hoch in Mode und wurde bis ins 13. Jahrhundert hinein gepflegt. Dabei zogen die singenden Ritter von Burghof zu Burghof, blieben jeweils mehrere Monate und unterhielten die Abendgesellschaften mit ihrem Gesang, den sie mit einer Art Gitarre begleiteten. Bekannte Minnesänger waren neben vielen anderen Hartmann von Aue, Wolfram von Eschenbach und Walther von der Vogelweide.

1 Ihr habt oben erfahren, zu welcher Zeit Minnelieder gedichtet wurden. Rechnet euch nun das Alter dieses Liedes aus.
Lest euch das Gedicht nochmals durch, lasst es auf euch wirken. Versucht zu erspüren, worin der Zauber dieses Liebesliedes bis heute liegt.

2 Übersetzt das Lied in unsere Sprache.
Tragt beide Fassungen vor. Welche gefällt euch besser? Begründet eure Meinung.

3 Sucht in eurer Bücherei nach weiteren Minneliedern und versucht sie zu übersetzen.

4 Früher zog man von Burghof zu Burghof, heute eher von Diskothek zu Diskothek.
Hat sich durch den veränderten Lebensstil
auch die Art und Weise, Gefühle zu zeigen, verändert? Diskutiert darüber in der Klasse.

Jürgen Theobaldy: Gedicht

Jürgen Theobaldy wurde am 7.3.1944 in Straßburg geboren. Nach seiner Ausbildung als Kaufmann studierte er Pädagogik und Germanistik. Heute lebt er als freier Schriftsteller in der Schweiz. Seinen ersten Gedichtband *Sperrsitz*, in dem er sich mit gesellschaftskritischen Themen auseinander setzt, gab er 1973 heraus. Sein erster Roman *Sonntagskino* erschien 1978. Hier erzählt er die autobiografische Geschichte von Jugendlichen in Mannheim.

1 Der Text trägt den schlichten Titel „Gedicht".
Um was für eine Art von Gedicht handelt es sich hier? Könnt ihr euch eine andere Überschrift vorstellen?

2 Warum wohl will der Autor, dass das Gedicht „alles sagt über uns beide und doch nichts verrät von dir und mir"?

Ernst Jandl: sieben bemerkungen am 5.12.76

Ernst Jandl wurde am 1.8.1925 in Wien geboren. Nach seinem Studium arbeitete er als Lehrer für Deutsch und Englisch an einem Gymnasium in Wien, bis er sich vom Schuldienst beurlauben ließ, um sich ganz dem Schreiben widmen zu können. Charakteristisch für Jandl ist das Spielen mit der Sprache. Jandl schreibt Gedichte und Hörspiele und wurde für sein Schaffen mit vielen Preisen ausgezeichnet.

1 Auf den ersten Blick sind die „sieben Bemerkungen" nicht gleich erkennbar. Manche „Strophen" kann man so lesen, dass darin eine oder zwei Aussagen enthalten sind – je nachdem, wo man den Satz enden lässt. Sucht die sieben Bemerkungen in diesem Gedicht.

2 Von Strophe zu Strophe steigert sich dieses Gedicht.
a) Was ändert sich an der äußeren Form?
b) Was ändert sich inhaltlich?
c) Lest nun das Gedicht so, dass man die Steigerung auch hören kann. Achtet dabei besonders auf die sich verändernde Betonung des „du".

3 Die Anrede „du"gebrauchen wir täglich viele Male, ohne besonders darauf zu achten.
a) Was alles kann dieses „du"in Jandls Gedicht für den Sprecher bedeuten?
b) Wodurch wird spürbar, dass es sich hier um Liebe handelt?

Helmut Haberkamm:
In der Frieh auf un dervoo
(nooch Goethe)

Helmut Haberkamm wurde 1961 als Sohn eines Landwirts im fränkischen Dorf Dachsbach im Aischgrund geboren. Heute arbeitet er als Lehrer an einem Gymnasium in Erlangen. Neben seinen Erzählungen hat Haberkamm mehrere Gedichtbände in fränkischer Mundart veröffentlicht. 1993 erhielt er den Bayerischen Kulturförderpreis.

Johann Wolfgang
von Goethe:
Willkommen
und Abschied

Johann Wolfgang von Goethe wurde 1749 in Frankfurt am Main geboren und starb 1832 in Weimar. Goethe gilt als der größte deutsche Dichter. Er arbeitete auch als Leiter eines Theaters, als Philosoph, Naturwissenschaftler und Staatsmann. Goethe verfasste viele Gedichte, Romane, Reiseberichte, Briefe und Bühnenstücke. Sein Gesamtwerk umfasst 133 Bände.

Mit dem Schauspiel *Götz von Berlichingen* wurde er als Dichter bekannt, berühmt durch den Roman *Die Leiden des jungen Werther*. Seine bedeutendste Dichtung jedoch ist das Drama *Faust*. Goethe war in seinem Schaffen und Denken seiner Zeit stets voraus. Seine Werke beeinflussten nicht nur seine Zeitgenossen, sondern haben ihre Aussagekraft bis heute nicht verloren.

Das Gedicht „Willkommen und Abschied" schrieb Goethe bevor er berühmt wurde. Als junger Mann studierte er auf Wunsch seines Vaters Rechtswissenschaften. Um seine Studien fortzusetzen, kam er für zwei Jahre nach Straßburg und verliebte sich hier in Friederike Brion, mit der er eine kurze, aber leidenschaftliche Liebesbeziehung hatte.

1 Selbst fränkische Schülerinnen und Schüler werden Schwierigkeiten haben, beim ersten Lesen das Gedicht von Haberkamm zu verstehen. Verständlicher wird der Text, wenn man ihn hört.
a) Versucht das Gedicht in fränkischer Mundart zu lesen und tragt es euch gegenseitig vor.

b) Sicherlich gibt es auch jetzt noch Verstehensschwierigkeiten. Übersetzt nun das Gedicht in euren Dialekt oder ins Schriftdeutsche. Mehr Spaß macht es gewiss, wenn ihr dabei zusammenarbeitet.
2 Lest das Gedicht von Goethe. Lasst es auf euch wirken.
a) Gebt dann mit eigenen Worten wieder,
was in den einzelnen Strophen ausgesagt wird.
b) Woran erkennt ihr, dass es sich um ein Liebesgedicht handelt?
c) Welche Bilder aus der Natur hat Goethe dafür verwendet?
3 Helmut Haberkamm hat sein Gedicht nach Goethes „Willkommen und Abschied" geschrieben.
Vergleicht die einzelnen Strophen.
Welche Gegenstände und welche Tätigkeiten weisen bei Haberkamms Fassung auf unsere heutige Zeit hin?
Was stand dafür jeweils in Goethes Gedicht?
4 Trotz aller Angleichung an das Original von Goethe wirkt Haberkamms Fassung frech und witzig. Wodurch gelingt ihm dies? Vergleicht dazu auch die letzte Verszeile Haberkamms mit der von Goethe.

Ernest Hemingway: Das Ende von Etwas

Ernest Hemingway wurde 1899 als Sohn eines amerikanischen Landarztes geboren. Von Jugend an begeisterte er sich für Kampf, Gefahr und Abenteuer. Großwildjagd, Fischfang und Stierkampf schlugen ihn sein Leben lang in Bann. Als Reporter berichtete er von beiden Weltkriegen und vom spanischen Bürgerkrieg. Er schrieb Romane und vor allen Dingen Kurzgeschichten. Seine bekanntesten Werke sind u. a. *Wem die Stunde schlägt, Der alte Mann und das Meer, Paris – ein Fest fürs Leben* und die *Nick Adams Stories*. 1954 erhielt er den Nobelpreis für Literatur. Er starb 1961.

„Das Ende von Etwas" ist eine Kurzgeschichte. Diese moderne Literaturform wurde besonders durch ihn nach 1945 auch in Deutschland bekannt und von vielen anderen Schriftstellern verwendet.

Die Kurzgeschichte weist besondere Merkmale auf, an denen man sie erkennt. So berichtet die Kurzgeschichte immer von einem schicksalhaften Ereignis im Alltagsleben eines Menschen. Diese erzählte Begebenheit wird wie ein Mosaikstein aus einem Bild herausgenommen, während das Leben vor und nach diesem Ereignis im Dunklen bleibt. Daher hat die Kurzgeschichte auch keine Einleitung und einen offenen Schluss. Die Sprache dieser Erzählform wirkt häufig unpersönlich, die Gefühle bleiben in den Personen verborgen. Oft werden symbolhafte Anspielungen verwendet, um das Geschehen zu verdeutlichen.

1 Was ist wohl mit dem „Etwas" im Titel dieser Kurzgeschichte gemeint?
2 Im ersten Teil der Erzählung wird der Verfall der Stadt Hortons Bay beschrieben.
a) Welches Gefühl ruft diese Schilderung in euch hervor?
b) Hemingway hat diesen Zerfall nicht zufällig an den Anfang der Erzählung gerückt.
Setzt das Sterben der Stadt mit dem Verlauf der Liebesbeziehung in Verbindung.
3 Auch mit dem Fischen haben die beiden an diesem Abend kein Glück.
Versucht mit eigenen Worten zu erklären, was dieses Anglerpech mit der Beziehung zu tun haben könnte.
4 Die Frau fährt nach dem Abschiedsgespräch alleine mit dem Boot zurück.
Versetzt euch in die Situation dieser Frau und verfasst einen inneren Monolog, der ihr bei der Rückkehr durch den Kopf gegangen sein könnte.
5 Durch welche Textstellen werden die zuvor genannten Merkmale der Kurzgeschichte besonders deutlich?
Auch die nachfolgende Erzählung „Das Brot" gehört zu dieser Literaturgattung.

Wolfgang Borchert: Das Brot

Wolfgang Borchert wurde 1921 in Hamburg geboren und starb 1947 in Basel. Eine schwere Verwundung und Kerker wegen „Staatsgefährdung" hatte Wolfgang Borchert bei Kriegsende 1945 hinter sich. Fieber und Hunger setzten seinem Leben zwei Jahre später ein Ende.
„Er schrieb in diesen beiden Jahren", sagte der Dichter Heinrich Böll, „wie jemand, der im Wettlauf mit dem Tod schreibt."

1 Im Geschichtsunterricht hast du sicher schon von Lebensmittelrationen und Brotmarken während des Zweiten Weltkrieges – und danach – gehört. Hunger trieb diesen Mann nachts in die Küche, um sich heimlich Brot zu nehmen, als seine Frau plötzlich vor ihm stand.
„Sie fühlte wie die Kälte der Fliesen langsam an ihr hochkroch. Und sie sah von dem Teller weg."
(S. 100, Zeile 13/14)
a) Was mochte die Frau in diesem Moment gegenüber ihrem Mann gefühlt haben?
Schreibt Gedanken auf, die der Frau dabei wohl durch den Kopf gegangen sind.
b) Wie hättet ihr reagiert?
c) Schreibt ab hier einen neuen Verlauf der Erzählung.

2 Am nächsten Abend setzt die Frau ihrem Mann vier anstatt drei Scheiben Brot vor.
Wie mag der Mann sich dabei gefühlt haben? Schreibt die Gedanken auf, die dem Mann wohl in dieser Situation durch den Kopf gegangen sind.

3 Es ist nicht offensichtlich, dass es sich bei dieser Kurzgeschichte um eine Liebesgeschichte handelt. Zeigt auf, ob Liebe in dieser Kurzgeschichte sichtbar wird. Belegt eure Meinung mit dem Text und euren Ergebnissen.

Traum-Bilder

Die gefrorenen Träume
Willi Fährmann

Hoch oben in den Bergen, weit über den Wüsten und Wäldern und Städten der Welt lebten ein alter Mann und ein Junge. Sie wohnten im Tal der goldenen Sommer und silbernen Gebirgsbäche. Im Winter hüllte eine dicke Decke von Schnee das ganze Tal ein. Stiegen die beiden aus dem Tal höher hinauf, dann gelangten sie in eine Welt von ewigem Schnee und Eis, das niemals schmolz.

Dann und wann brauste ein Sturm über die Berge dahin. Der wehte Töne und Geräusche von tief unten aus den Tälern herauf. Menschenstimmen und Klänge von Musik waren dann zu hören. Auch blies der Wind gelegentlich etwas von Menschenträumen bis zu ihnen empor, von ihren Hoffnungen. Aber es waren immer nur Stücke von Traumbildern und zerbrochenen Hoffnungen. Bei dem scharfen Frost dort oben erstarrten die Hoffnungsfetzen und die Träume. Der alte Mann und der Junge konnten sie dann alle erkennen, so wie der Atem in der kalten Luft sichtbar wird. Die halben Träume und die verlorenen Hoffnungen wurden jedoch bald in Schneewolken gehüllt und versanken.

Aber alle gerieten sie nicht in Vergessenheit. Der alte Mann und der Junge machten sich auf und sammelten sie ein. Sie zogen und zerrten die Stücke in ihr Tal hinab. Das Tal sah bald aus wie ein Trödelmarkt der Hoffnungen, wie ein Müllplatz der Träume. In kalten Nächten gelang es ihnen, einzelne Traumteile zusammenzusetzen, aber am Tage, wenn die Kälte nachließ, wurde alles wieder unsichtbar.

Der alte Mann und der Junge arbeiteten gern zusammen. Sie schafften es wie bei einem Puzzlespiel, die Bruchstücke zu fertigen Bildern zusammenzufügen. Jedesmal, wenn sie ein Traumbild fertig hatten, schoben sie es über die glatte Eisfläche den Berg hinab. Es glitt in wärmere Luftschichten, und niemand vermochte es mehr zu sehen. So gelangten die Hoffnungen und Träume wieder zu den Menschen zurück. Sie wurden dann fröhlich, begannen zu lächeln und wussten nicht, warum. „Das ist eine schöne Arbeit für uns", sagte der Junge, und der alte Mann nickte dazu.

Eines Tages kam ein Riese in das Tal. Er war ein trauriger Riese. „Ich bin schon über 1000 Jahre alt", sprach er zu dem alten Mann und dem Jungen. „Früher war es herrlich, beinahe jeder Mensch träumte von mir. Aber heute ...", seufzte er, „wer denkt heute noch an Riesen. Den Menschen fällt ein Erdbeben ein oder eine Überschwemmung oder ein Flugzeugabsturz. Von Riesen träumt niemand mehr. Der Traum vom Riesen ist ausgeträumt, der ist für immer verloren."

„Können wir dir vielleicht helfen?", fragte der Junge.

„Einem Riesen, der seinen Traum verloren hat, dem kann niemand auf der ganzen Welt helfen", antwortete der Riese. Er schaute voll Trauer auf die Traumstücke und die zerbrochenen Hoffnungen am Ende des Tals.

„Aber du, du kannst uns eine große Hilfe sein", rief der alte Mann. „Bleib eine Weile bei uns und sei unser Gast." Der Riese baute sich ein Haus aus den Stücken, die herumlagen. Er staunte darüber, dass an warmen Tagen das ganze

Haus verschwand. Aber in den Nächten war alles wieder deutlich zu sehen, und er konnte in der Kälte Unterschlupf finden.

45 Nach einiger Zeit begann der Riese, seinen neuen Freunden zu helfen. Er suchte große Traumstücke zusammen und schleppte sie ins Tal. Mit seiner Riesenkraft gelang es, wirklich gewaltige Scherben von Hoffnungen und Träumen herabzubringen. Die setzten sie gemeinsam zu-
50 sammen und ließen sie in die Tiefe gleiten, hinab zu den Menschen.

Eines Tages machten sie eine erstaunliche Entdeckung. Sie fanden heraus, dass die Spitze des allerhöchsten Berges in Wirklichkeit gar kein Felsgipfel war, sondern ein
55 ungeheuer großes Stück von einem Riesentraum. Für solch einen großen Traum war das Tal zu klein. Da begannen sie, diesen Traum hoch oben in dem Eiswind und in der bitteren Kälte zusammenzusetzen. Dieses Bild war so mächtig und groß, dass sie es niemals ganz sehen
60 konnten. Nach langer, schwerer Arbeit war es schließlich geschafft. Der alte Mann und der Junge und der Riese versuchten gemeinsam, den Riesentraum hinabzuschieben. Langsam, ganz langsam bewegte sich der Traum, aber dann glitt er schneller und schneller in die Tiefe.

65 Plötzlich hob sich der Riesentraum in die Luft. Der Riese lief hinterher. Er sprang auf den Traum und hielt sich daran fest. Der Traum schoss mit dem Riesen aus Eis und Schnee hinaus. Für einen Augenblick konnte ihn alle Welt deutlich sehen. Dann verschwand er in einer Wolke.

70 Noch einmal hörten der alte Mann und der Junge die Stimme des Riesen. Er schrie: „Das war ja mein eigener Taum! Jetzt werden die Menschen sich bestimmt wieder an mich erinnern." Das klang sehr fröhlich.

So hatte der Riese seinen Traum gefunden. Der alte
75 Mann und der Junge kehrten wieder in ihr Tal zurück. „Eines Tages vielleicht", sagte der alte Mann, „eines Tages findest du auch den Traum, der zu dir gehört. Dann wirst du ihn träumen und voller Freude sein."

„Aber ich habe meinen Traum doch schon gefunden",
80 murmelte der Junge, als die Traumbilder in seinem warmen Bett zerflossen. Er drehte sich auf die andere Seite. Er begann zu lächeln und wusste nicht, warum.

Hinweise zum Text: Seite 130.

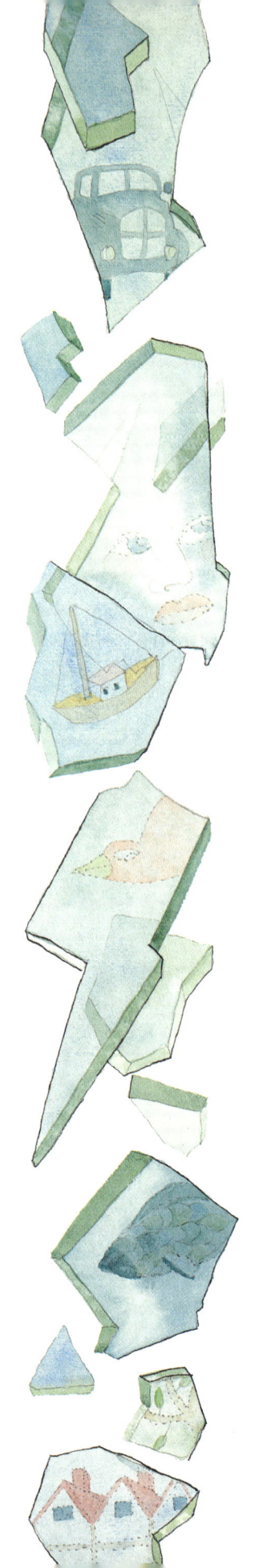

Nachmittag

Peter Maiwald

Paul liegt im tiefen Gras
und sieht den hohen Himmel.
Miels Anna bräunt ihr Blass.
Fred reitet einen Schimmel.

Pesch Erwin gräbt nach Gold.
Max liegt in Erdbeerfeldern.
Pits Seifenkiste rollt.
Heinz schleicht in Urwaldwäldern.

Ed geht per Schiff davon.
Ernst sitzt auf Bergen Kandis.
Fritz macht die Expedition
zur fernen Stadt Atlantis.

Das ist doch gar nicht wahr.
Halt's Maul! Nicht unterbrechen!
Gut tut im Februar
vom Sommer warm zu sprechen.

Hinweise zum Text: Seite 131.

Willst du nicht mit mir fort?

Jerome D. Salinger

Holden Caulfield, der Ich-Erzähler in dem Roman „Der Fänger im Roggen", ist ein sechzehnjähriger Amerikaner. Holden ist zum dritten Mal von einer Internatsschule verwiesen worden und treibt sich nun einige Tage in New York herum. Dort trifft er eine Freundin. Sie gehen zusammen Eislaufen und sitzen anschließend in der Bar der Eishalle.

Ich hörte plötzlich mit den Streichhölzern auf und beugte mich näher zu ihr über den Tisch. Ich hatte ein paar wichtige Themen vor. „Du, Sally", sagte ich.
„Was?", fragte sie. Dabei schaute sie zu einem Mädchen hinüber, das an einem anderen Tisch saß.
5 „Hast du schon einmal alles satt gehabt?", fragte ich. „Ich meine, hast du schon einmal Angst gehabt, dass alles schlimmer wird, wenn du nicht etwas unternimmst? Hast du die Schule gern, meine ich?"
„Nein, sie langweilt mich grässlich."
„Aber ist sie dir wirklich verhasst? Ich weiß natürlich, dass sie grässlich lang-
10 weilig ist, aber ich möchte wissen, ob sie dir richtig verhasst ist." „Ach, eigentlich nicht verhasst. Man muss schließlich doch immer …"
„Schön, aber mir ist sie wirklich verhasst. Herr im Himmel, mir ist sie verhasst", sagte ich. „Aber nicht nur die Schule. Einfach alles. New York und das alles hasse ich auch – die Taxis und die Autobusse, wo der Fahrer einen immer an-
15 brüllt, dass man hinten aussteigen soll. Und dann hasse ich es, wenn man affektierten Eseln vorgestellt wird, die die Lunts göttlich finden, und dass man im Lift fahren muss, wenn man nur mal 'rausgehen will, und bei Brooks immer diese Kerle, bei denen man Hosen anprobieren muss, und dass die Leute immer …"
20 „Bitte, schrei nicht so", sagte Sally. Das war unsinnig, denn ich hatte überhaupt nicht geschrien.
„Zum Beispiel Autos", sagte ich mit gedämpfter Stimme. „Die meisten Leute sind mit Autos nicht bei Trost. Sie nehmen es furchtbar tragisch, wenn der kleinste Kratzer dran ist, und reden die ganze Zeit davon, wie viele Liter Ben-
25 zin es braucht, und wenn sie einen ganz neuen Wagen haben, denken sie schon wieder daran, ihn gegen einen noch neueren umzutauschen. Ich kann nicht einmal alte Autos ausstehen. Sie interessieren mich einfach nicht. Ich hätte lieber ein verdammtes Pferd. Ein Pferd ist doch wenigstens menschlich. Herr im Himmel! Mit einem Pferd kann man wenigstens …"
30 „Ich weiß nicht, wovon du eigentlich reden willst", sagte Sally. „Du springst von einem …"
„Soll ich dir etwas sagen? Du bist vielleicht der einzige Grund, warum ich jetzt in New York oder überhaupt irgendwo bin. Wenn du nicht da wärst, wäre ich wahrscheinlich irgendwo beim Kuckuck. Im Urwald oder was weiß ich. Du bist
35 praktisch der einzige Grund, warum ich noch hier bin."

„Das ist lieb von dir", sagte sie. Aber man merkte deutlich, dass sie mich von dem verdammten Thema abbringen wollte.

„Du solltest einmal in eine Jungenschule gehen", sagte ich. „Versuch's nur einmal. Dort sind lauter verlogene Heuchler, und man soll nur immer lernen, damit man sich später einen verdammten Cadillac kaufen kann, und man muss immer so tun, als ob es einem wichtig wäre, dass die Fußballmannschaft gewinnt, und man schwätzt den ganzen Tag nur über Mädchen und Alkohol und sexuellen Mist, und alle kleben in dreckigen Cliquen zusammen. Die von der Basketballmannschaft halten zusammen, die Katholischen halten zusammen, die gottverdammten Intellektuellen halten zusammen, die Bridgespieler halten zusammen. Sogar die vom Buch-des-Monats-Klub halten zusammen. Wenn man versucht, eine halbwegs intelligente …"

„Jetzt hör aber auf", sagte Sally. „Viele haben von der Schule wirklich mehr als *das*."

„Stimmt! Allerdings haben manche mehr davon! Aber das ist eben alles, was ich selber davon habe. Verstehst du? Davon rede ich. Von diesem verfluchten Punkt rede ich. Ich habe überhaupt von fast nichts etwas. Ich bin schon vollkommen 'runter."

„Offenbar."

Plötzlich kam mir eine Idee. „Hör mal, hättest du nicht Lust, von hier wegzukommen? Ich habe schon einen Plan. Ich kenne einen in Greenwich Village, der uns ein paar Wochen sein Auto leihen würde. Er war früher in der gleichen Schule wie ich und ist mir noch zehn Dollar schuldig. Wir könnten morgen früh nach Massachusetts und Vermont und so weiter fahren. Dort ist es fantastisch schön, wirklich." Ich wurde immer aufgeregter, je länger ich daran dachte, und schließlich griff ich über den Tisch und nahm ihre verdammte Hand. Ein solcher gottverfluchter Idiot war ich. „Wirklich im Ernst", sagte ich. „Ich habe ungefähr hundertachtzig Dollar auf der Bank. Die kann ich haben, sobald die Bank am Morgen offen ist, und dann könnte ich mir das Auto leihen. Im Ernst. Wir bleiben einfach auf den Campingplätzen und so, bis uns das Geld ausgeht. Wenn wir dann keins mehr haben, kann ich irgendwo eine Arbeit finden, und wir könnten irgendwo an einem Fluss und so weiter leben, und später könnten wir heiraten oder so.

Im Winter würde ich für uns Holz fällen. Großer Gott, wir hätten es fabelhaft schön! Was meinst du? Komm, sag etwas! Was meinst du? Willst du das mit mir tun? Bitte!"

„Man kann doch so etwas nicht einfach tun", sagte Sally. Sie schien tief gekränkt zu sein.

„Warum nicht? Warum zum Teufel denn nicht?"

„Schrei mich nicht so an", sagte sie.

Reiner Mist, denn ich hatte sie überhaupt nicht angeschrien. „Warum soll man das nicht können? Warum nicht?"

„Weil man es einfach nicht kann. Erstens sind wir beide eigentlich noch Kinder. Und hast du dir vielleicht überlegt, was du tun willst, falls du keine Arbeit findest, wenn du kein Geld mehr hast? Wir würden einfach verhungern. Das Ganze ist so fantastisch, es ist überhaupt nicht …"

„Gar nicht fantastisch. Ich bekäme schon Arbeit. Deswegen brauchst du dir keine Sorgen zu machen. Was hast du denn dagegen? Willst du nicht mit mir fort? Sag's ehrlich, wenn du nicht willst."

„Es ist nicht *deswegen*. Gar nicht deswegen", sagte Sally. Ich hatte schon eine Art Hass gegen sie. „Wir haben später noch lange Zeit für das alles. Ich meine, wenn du im College warst und so, und wenn wir geheiratet hätten. Wir können dann noch tausend fabelhafte Reisen machen. Du bist nur …"

„Nein, dann geht das alles nicht mehr. Dann wäre alles ganz anders", sagte ich. Ich wurde wieder wahnsinnig deprimiert.

„Was?", sagte sie. „Ich kann nicht verstehen, was du sagst. Zuerst schreist du mich an, und im nächsten Augenblick murmelst …"

„Ich habe gesagt, es wird keine fabelhaften Reisen mehr geben, nachdem ich im College war und so. Mach doch die Ohren auf. Es wäre nicht mehr das gleiche. Wir müssten dann mit unsern Koffern im Lift hinunterfahren. Wir müssten uns von allen Leuten telefonisch verabschieden und ihnen von jedem Hotel Postkarten schicken. Und ich würde in einem Büro arbeiten und einen Haufen Geld verdienen und im Taxi oder mit dem Autobus ins Büro fahren und Zeitungen lesen und die ganze Zeit Bridge spielen und ins Kino gehen und blöde Kurzfilme und neueste Moden und die Wochenschau sehen. Die Wochenschau, heiliger Bimbam! Man sieht immer irgendein blödes Pferderennen und so ein Weib, das über einem Schiff eine Flasche zerschlägt, und einen Schimpansen, der in Hosen Rad fährt. Es wäre gar nicht mehr das Gleiche wie jetzt. Du weißt überhaupt nicht, was ich meine."

„Vielleicht nicht! Aber vielleicht weißt du es selber auch nicht", sagte Sally.

Wir konnten uns gegenseitig schon nicht mehr ausstehen. Es war hoffnungslos, ein vernünftiges Gespräch führen zu wollen. Ich bereute wahnsinnig, dass ich damit angefangen hatte. „Komm, wir wollen von hier weg", sagte ich. „Von dir bekomme ich Bauchkrämpfe, falls du die Wahrheit hören willst." Junge, sie stieg fast zur Decke, als ich das sagte. Natürlich hätte ich es nicht sagen sollen, und wahrscheinlich würde ich sonst auch nichts Derartiges sagen, aber sie deprimierte mich fürchterlich. Im Allgemeinen bin ich mit Mädchen nie so grob. Junge, sie stieg bis an die Decke. Ich entschuldigte mich wie besessen, aber sie wollte keine Entschuldigung hören. Sie heulte sogar. Ich bekam ein bisschen Angst, weil ich dachte, sie könnte nach Hause laufen und ihrem Vater sagen, dass ich gesagt hätte, von ihr bekäme man Bauchkrämpfe. Ihr Vater war so ein großer schweigsamer Mensch und schwärmte ohnedies nicht für mich. Er hatte einmal zu Sally gesagt, ich sei verdammt geräuschvoll. „Ganz im Ernst, es tut mir Leid", sagte ich fortwährend.

„Es tut dir Leid. Es tut dir Leid. Wirklich sonderbar", antwortete sie.

Sie weinte immer noch halb, und plötzlich tat es mir tatsächlich Leid, dass ich das gesagt hatte. „Komm, ich bring dich heim. Im Ernst."

„Ich kann allein heimfahren, danke. Wenn du meinst, ich ließe mich von dir heimbringen, bist du verrückt. So etwas hat in meinem ganzen Leben noch keiner zu mir gesagt."

Die ganze Geschichte war eigentlich komisch, wenn man es sich näher überlegte, und plötzlich tat ich wieder etwas, was ich nicht hätte tun sollen. Ich lachte. Und ich habe immer ein sehr lautes, blödes Lachen. Wenn ich im Kino hinter mir selbst säße und mich lachen hörte, würde ich mir wahrscheinlich auf die Schulter klopfen und mich bitten, ruhig zu sein. Sally wurde daraufhin noch viel wütender. Ich entschuldigte mich noch eine Weile und versuchte, sie milder zu stimmen, aber sie wollte mir nicht verzeihen. Sie wiederholte nur, ich solle fortgehen und sie in Ruhe lassen. Schließlich gab ich es auf. Ich holte mir meine Schuhe und das übrige Zeug und ging ohne sie fort. Das war nicht richtig, aber ich hatte es da schon gründlich satt.

Ehrlich gesagt, weiß ich nicht einmal, warum ich diesen ganzen Unsinn mit ihr anfing. Das Gerede über die Fahrt nach Massachusetts und Vermont und so. Vermutlich hätte ich sie gar nicht mitgenommen, falls sie dazu bereit gewesen wäre. Sie war nicht so, dass man mit ihr hätte fortgehen können. Aber das Schreckliche an der Sache ist, dass ich es wirklich meinte, als ich ihr den Vorschlag machte. Das ist das Schreckliche daran. Ich bin wahnsinnig.

Hinweise zum Text: Seite 131.

Zukunftsperspektiven und Träume

In einer groß angelegten Untersuchung wurden Jugendliche befragt. Hier sind einige Antworten:

> Wenn ich an die Gesellschaft denke, dann ist mir wichtig, dass man so akzeptiert wird, wie man ist. Dass die Leute nett und gerecht sind, und einem nicht hochnäsig kommen, sondern einen ganz normal behandeln.

> Für mich ist das Wichtigste: Konfliktlösung mit friedlichen Mitteln, darüber reden, Ehrlichkeit und Aufrichtigkeit. Bei uns zu Hause wurde auf den vernünftigen Umgang miteinander geachtet. Ich würde mir wünschen, dass alle Menschen gleich sind vom Entwicklungsstand und Lebensstandard her.

> Alle müssten freundlich sein und schön miteinander umgehen, und man müsste spontan sein können. Eine Gesellschaft, in der jeder jeden akzeptiert, wie er ist. In der das Geld nicht im Mittelpunkt steht. Jeder müsste materiell gleich gestellt sein, zumindest so, dass jeder so viel hat, wie er braucht. Es darf nicht so sein, dass manche im Geld schwimmen und andere sich nicht mal ein Brötchen leisten können. Keiner dürfte zu viel Geld haben und keiner zu wenig.

> Ich hatte bisher nichts mit Politik zu tun. Man ist noch so zu Hause, die Eltern regeln das schon. Man geht zur Schule, mehr nicht. Mein Interesse an Politik muss erst geweckt werden. Wenn mich jemand darauf bringt, bin ich sehr interessiert, aber von alleine komme ich nicht darauf.

> Alle Leute sollten eine Arbeit haben, und besser miteinander umgehen, dass sie sich respektieren und sich nicht gegenseitig eine runterhauen und sagen: ‚Mit dir will ich nichts zu tun haben, weil du ein Idiot bist‘, obwohl sie einen gar nicht kennen.

Ich träume
Mehmet Arat

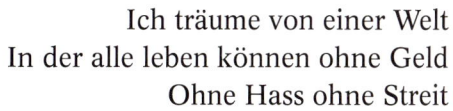

Ich träume von einer Welt
In der alle leben können ohne Geld
Ohne Hass ohne Streit

Ich möchte leben irgendwo
Ohne Sorgen ohne Not
In einer sauberen Umwelt
Ohne Schmutz ohne Dreck

Ich möchte es erleben
Irgendwann so glücklich zu sein
Dass ich nicht mehr weinen muss

Ich möchte leben in einer Gesellschaft
Wo die Leute zärtlich zueinander sind
Und die Liebe großgeschrieben wird

Ich träume von einer Welt
In der keiner herrscht
Frei von Unterdrückung
Und ohne Klassen

Ich träume davon die Freiheit
Zu genießen
So was sie bedeutet
Und so wie sie ist

Ich träume davon
Dass meine Träume einmal Wirklichkeit
Werden

Deshalb habe ich aufgehört zu träumen
Und habe die Ärmel aufgekrempelt
Für die Verwirklichung dieser Träume
Selbst etwas zu tun

Hinweise zu den Texten: Seite 131/132.

Mit dreizehn hat man noch Träume …
Was Jugendliche werden wollen

Gabriele Heymann

Schülerinnen und Schüler der „Laborschule" in Bielefeld beschäftigen sich ausführlich mit dem Problem der Berufswahl.

Begonnen haben wir das Thema mit der Frage: Was ist/wäre dein Traumberuf? Für einige der zehn Jungen und zwölf Mädchen war diese Frage zunächst nicht so leicht zu beantworten, weil sie sich noch nie Gedanken darüber gemacht hatten, weil das Thema Beruf für sie eben noch kein Thema war; andere hinge-
5 gen konnten gleich mehrere Traumberufe nennen: Fußballprofi (wurde mehrfach genannt), Tennisprofi, Profihandballspielerin, Hacker, Testspieler für Computerspiele, Designer für Computerspiele, Schauspielerin (wurde mehrfach genannt), Zauberin, Tierpflegerin, Hundeführerin bei der Polizei/beim Bundesgrenzschutz (wurde mehrfach genannt), Hundeausbilderin, Physiotherapeutin
10 für Tiere, Altenpflegerin, Lehrerin, Erzieherin, Dachdecker, Kfz-Mechaniker.
Einige der aufgeführten Berufe entsprechen gewiss den allgemein üblichen Vorstellungen von Traumberufen; andere hingegen, wie z. B. Erzieherin, Dachdecker oder Automechaniker, zeigen bereits eine eher realistische Annäherung an das Thema. Und was genau macht die genannten Berufe zu Traumberufen?
15 Die Antworten waren wie folgt:

> Macht Spaß!
>
> Ist sowieso mein Hobby.
>
> Ich möchte gerne was mit Tieren/Kindern machen.
>
> Stelle ich mir spannend vor.
>
> Möchte meine Angst überwinden.

Das wichtigste Argument war der Spaß. Dass sie in bestimmten Sparten auch viel Geld verdienen und berühmt werden können, entpuppte sich eher als nettes Beiwerk für die Befragten, gab aber nicht den Ausschlag für die Wahl als Traumberuf. Die Schülerinnen und Schüler entschieden sich, welche der Berufe
20 sie sich genauer angucken und in einer Ton-Dia-Show präsentieren wollten. Es entstanden vier Kleingruppen: Fußballprofi, Schauspielerin, Hacker und Hundeführerin bei der Polizei; zwei Schüler arbeiteten jeweils alleine, und zwar am Berufsbild des Dachdeckers und an dem des Automechanikers. Erwähnenswert ist, dass es nur reine Jungen- bzw. Mädchengruppen gab, alle aber sehr interes-

siert an den Ergebnissen der anderen waren und immer wieder voller Neugier auf die Dias warteten.

Alle Gruppen sollten sich überlegen, wie sie die verschiedenen Tätigkeiten, die sie ihrem Beruf zuordneten, darstellen, auf Dias festhalten und schließlich kommentieren könnten. Dazu konnten sie sich auch professionelle Unterstützung holen, wovon fast alle Gruppen Gebrauch machten. Hier seien zwei Gruppen vorgestellt – (…)

Für die Fußballprofis besteht ihr Traumberuf hauptsächlich aus Trainieren (Lauf- und Konditionstraining) und Fußballspielen zur Perfektionierung ihrer Fähigkeiten. Die Jungen dieser Kleingruppe haben es genossen, Freistöße, Grätschen und Kopfbälle einzuüben, sich im Stadion von Arminia Bielefeld vorzustellen, wie die Fans sie bejubeln und anschließend im Interview mit Stefan Kuntz, einem derzeit berühmten Fußballspieler (Profi) bestätigt zu bekommen, dass ihm der Beruf „wahnsinnig" Spaß macht und es „keinen schöneren" gibt als den eines Fußballprofis. Für Jungen, die am liebsten jede freie Minute mit dem Fußball verbringen, die auch die Schulpausen intensiv nutzen, für sie mag sich die Beschreibung des Tagesablaufs mit ein- oder zweimal Training pro Tag wie der Himmel auf Erden anhören. So nannte auch einer der Jungen selbst als Grund für seinen Berufswunsch, „weil ich dann den ganzen Tag Fußball spielen muss". Die Vorstellung von einem „Talentsichter", der einen entdeckt und „zum Probetraining einlädt", passt sicherlich gut zum Traumberuf. Die körperlichen Beeinträchtigungen dagegen, „drei Operationen, ein Muskelabriss … mit jeweils einer Verletzungspause zwischen sechs und zwölf Wochen", die wurden nicht so wahrgenommen, sie schienen jedenfalls der Faszination keinen Abbruch zu tun, wozu der Profi selbst noch beigetragen hat, indem er die Fortschritte der medizinischen Betreuung hervorhob.

Traumberuf (…): Die fünf Mädchen, die die Kleingruppe Hundeführerin bei der Polizei bildeten, verbindet ihr Interesse an Tieren und der Wunsch, möglichst viel Zeit mit Tieren zu verbringen, was sich ebenfalls in ihrem Einsatz für den Schulzoo niederschlägt. Sie waren diejenigen, die am schnellsten Außenkontakte herstellten, die die abenteuerlichsten Ideen entwickelten (Fahrt zum Flughafen nach Münster oder Hannover, um einen Hundeführer in Aktion zu sehen) und die schließlich viele Informationen – mündlich wie schriftlich – von Mitarbeitern der Polizeischule bekamen. Aber ihr sehnlichster Wunsch, die Ausbildung als Hundeführer/-in einen Tag hautnah mitzuerleben und dort die entsprechenden Fotos zu schießen, scheiterte an organisatorischen Zwängen. Nach einer kurzen Frustrationsverschnaufpause hat sich die Gruppe einen anderen Traumberuf gesucht.

Natürlich hatte auch dieser Beruf etwas mit Tieren zu tun, diesmal ging es um eine Hundezüchterin. Nachdem sie überlegt und notiert hatten, was sie alles in Erfahrung bringen wollten, verabredeten sie einen Termin mit einer Züchterin, die sehr erfolgreich Australian Silky Terrier züchtet. Für die Gruppe war dieser Vormittag genauso bedeutsam wie für die Jungengruppe der Besuch beim Armi-

nia-Training und das Interview. Die Mädchen haben fast einen kompletten Film
70 mit den Tieren verknipst; sowohl ihre Aufnahmen als auch das Interview mit
der Züchterin sowie die fertige Ton-Dia-Show zeigen, mit wie viel Elan sie sich
in die Aufgabe gestürzt haben und wie viel Spaß sie hatten. Dabei sind ihre
Vorstellungen vom Traumberuf durch die Realität ins rechte Bild gesetzt worden: „Züchten ist ein Hobby, kein Beruf und wirft fast nie Gewinn ab, da die
85 Kosten sehr hoch sind."

In einer Zeit, in der die Ausbildungs- bzw. Arbeitsplatzsituation für Jugendliche alles andere als rosig ist, mag eine solche Annäherung etwas „traumhaft", vielleicht „träumerisch" oder gar „traumtänzerisch" erscheinen. Sie bietet den Jugendlichen trotzdem (oder gerade deshalb?!) die Möglichkeit, ihre eigenen Vor-
90 stellungen von Berufstätigkeit zu entwickeln und zu verfolgen.

Hinweise zum Text: Seite 132.

„Eigentlich habe ich keine Lust"

Achim Bröger

Beim Sonntagsfrühstück fragt Mutter: „Habt ihr Lust, nachher zum Baden zu fahren?" Dabei sieht sie aus, als erwarte sie Beifall für ihren Vorschlag. Und Vater freut sich auch: „Auja, das machen wir." Aber Daniel knurrt:
5 „Hm ... meinetwegen, wenn's unbedingt sein muss."
Anne sagt: „Eigentlich habe ich keine Lust, wenn Daniel mitfährt." Sie hatte sich mit ihrem großen Bruder nämlich schon beim Frühstück gestritten, als Morgengymnastik. Nur Markus, der Kleinste, ist außer den Eltern von der Idee begeistert. Beim Baden bekommt er nämlich ein Eis.
10 „Wollt ihr zum See oder ins Freischwimmbad?", fragt Vater. Daniel möchte unbedingt im See baden. Deswegen möchte Anne genauso unbedingt ins beheizte Freischwimmbad. „Da ist es wärmer", fällt ihr ein. „Dafür stinkt's nach Chlor", fällt Daniel ein. Markus will nur wissen: „Gibt's da wirklich überall Eis?"
Aber auf ihn hört jetzt niemand. „Die spinnt", sagt Daniel sehr laut und meint
15 Anne. „Wir können ja auch ins Waldschwimmbad fahren", schlägt Vater als dritte Möglichkeit vor.
„Das ist mir zu weit", sagt Mutter, und Anne ist es zu kalt. „Echt eiskalt. Dort frierste dir den Fuß ab! Da geh ich nicht rein, keinen Zentimeter." Deswegen sagt Daniel: „Waldschwimmbad finde ich gut."
20 Einig sind sie sich auch nach dem Frühstück noch nicht, wohin sie wollen. „Egal, wohin wir fahren, Badesachen brauchen wir", fällt Mutter ein. Deswegen holen die Eltern alles aus dem Keller, was man so zum Baden mitnimmt. „Ihr könntet dabei eigentlich mal helfen", sagt Vater zu den Kindern. Aber als er das sagt, ist schon gepackt. Sie hätten zwar helfen können, können es aber nicht
25 mehr.
Als letzter kommt Markus zum Wagen, weil er seine Schwimmflossen nicht findet. „Dann fährst du eben ohne", entscheidet Mutter. „Los, beeil dich." Vier Leute sitzen schon im Wagen. Die Kinder hinten, Mutter vorne. Markus will sich zwischen Anne und Daniel in die Mitte quetschen. „Da sitz ich immer",
30 faucht Anne. „Dann bin ich heute mal dran", fällt Markus ein. Vater nickt dazu. Das macht Markus so stark, dass er seine große Schwester zur Seite schiebt. „Immer helft ihr diesem Giftzwerg", schimpft Anne.
„Wohin fahren wir denn jetzt?", fragt Vater-Chauffeur. „Zum Freischwimmbad", ver-
35 langt Anne. „Zum See", verlangt Daniel, „oder meinetwegen können wir auch ins Waldschwimmbad." „Also zu den Mücken", sagt Anne. Mutter presst ein wenig gereizt die Lippen aufeinander. Als dann Anne über Markus langt und Da-
40 niel stößt, schimpft Mutter: „Ihr könnt gleich aussteigen."
„Auja", flüstert Daniel ...

Der Traum
Ursula Harthausen

... Dann ist es still. Er ist eingeschlafen. Gewiegt von dem sanften Tuckern des Motors. Daniel gleitet in einen Traum hinüber.

Noch einmal fahren die Eltern mit ihm und seinen Geschwistern die Straße entlang. Auch hier zanken sie sich, und die Mutter sagt: „Ihr könnt gleich aussteigen." Doch jetzt ändert es sich: „Auja, ich bin der Erste!", ruft Daniel. Tatsächlich hält der Vater an, und der Junge steigt aus. Die anderen Familienmitglieder verschwinden in der Ferne, und Daniel bleibt allein am Straßenrand stehen. Er hat einen traurigen Ausdruck in den Augen. Doch dann geht er langsam, den Kopf hängen lassend, in einen Seitenweg. Er will allein sein, weg von der Straße, weg von all den Streitereien, nur allein – ganz allein!

Plötzlich sieht er Anne. Der Vater muss sie wohl auch noch abgesetzt haben. Aber was war mit Anne? Sie scheint in äußerster Gefahr zu sein, denn ein groß aussehender Mann läuft hinter ihr her. Da hat Daniel nur einen Gedanken: Anne retten! Ihr muss er helfen, koste es, was es wolle. Sie ist seine Schwester! Aber er kann sich nicht bewegen. Wie gelähmt verfolgt er das „Schauspiel", bis beide, Jäger und Gejagte, im Dickicht des Waldes verschwinden. Gibt es denn keine Rettung mehr für die Schwester? Daniel weint bitterlich. – Da wacht er auf.

Er denkt über seinen Traum nach, und es wird ihm klar, dass es ohne Eltern und Geschwister nicht geht. Plötzlich merkt er, dass er Anne braucht, auch wenn er manchmal mit ihr Streit hat.

Nun fahren sie zum See, nicht, weil Daniel es so will, sondern weil Mutter endlich ein Machtwort gesprochen hat. Jetzt mault zwar Markus, weil es dort nun kein Eis gibt, aber Vater nimmt jetzt endgültig Kurs auf den See. Dort angekommen, legt sich Anne verärgert auf ihr Handtuch in die Sonne und schlummert ein.

Da schleicht sich Daniel leise an die Schwester heran und gibt ihr einen Kuss. Erschreckt fährt Anne hoch und tobt: „Mensch, wer war das?" Sie starrt mit funkelnden Augen auf die Familie und mustert sie erbost. Da kommt eine schüchterne Stimme aus dem Hintergrund: „Ich war es!" Anne sieht den Bruder an, und ihre Stimme wird plötzlich sanft, und sie flüstert: „Ach so ..." Daniel aber begreift: Die Schwester hat ihn verstanden!

Und so erzählt Achim Bröger weiter:

... In dem Augenblick fährt Vater los. Sein Gesicht sieht dabei gar nicht mehr nach schönem Wetter aus. Mutters auch nicht. Und sie entscheidet jetzt: „Wir gehen ins Freischwimmbad." Vom Rücksitz kommen ein Stöhnen und ein lautes „Prima". Markus sagt: „Da gibt's Eis. Das weiß ich."

Sie fahren auf der Bundesstraße. Autos vor ihnen, Autos hinter ihnen. „Warum habt ihr eigentlich so'n schmalen Wagen gekauft?", möchte Daniel wissen.

„Waas?", fragt Vater von vorne. „Warum ihr so'n schmalen Wagen gekauft habt?", brüllt Daniel. „In dem kann man einfach nicht zu dritt nebeneinander sitzen. Der Markus drückt mich zu Brei, wenn du 'ne Kurve fährst." „Ist doch nicht meine Schuld. Anne schmeißt sich in der Kurve immer gegen mich", verteidigt sich Markus. „Und ich fall dann auf dich." „Spinnst ja", sagt Anne.

Markus zeigt links und rechts von sich auf eine Stelle des Sitzes und erklärt: „Bis hierher darf ich sitzen. Das ist die Grenze." Im nächsten Augenblick brüllt er los: „Jetzt ist Daniel über meine Grenze gekommen, mindestens so'n Stück. Ich hab ja überhaupt keinen Platz mehr."

„Kläff nicht so", sagt Daniel. Dann sieht er den anderen Autos nach, und ihm fällt ein: „Die fahren bestimmt alle ins Freischwimmbad." „Seid mal leise", kommt es von vorne. „Vater muss sich konzentrieren."

„Der hat mich getreten", schreit Markus los und meint Daniel. „Ich bin gegen dein Zuckerbeinchen gekommen. Irgendwo muss ich meine Beine ja unterbringen." „Ruhe!", mahnt Mutter, denn Vater wird immer roter im Gesicht. Er kann sich wohl gerade noch beherrschen.

„Hier riecht's komisch", stellt Anne fest. „Das kommt von draußen", sagt Daniel. Aber Markus guckt Daniel an und sagt: „Glaub ich nicht." Dafür tritt ihm Daniel nochmal auf den Fuß, und Markus schreit empört. Am liebsten würde Vater jetzt die Augen und Ohren schließen. Das geht aber nicht. Da ist zu viel Verkehr um ihn herum. „Mach das Fenster auf", fordert Markus. „Dann zieht's", sagt Daniel und lässt es geschlossen.

„Quatsch", sagt Anne und öffnet das Fenster auf ihrer Seite. Deswegen schiebt Daniel Markus beiseite und schließt das Fenster wieder. Dafür zwickt Markus Daniel in den Arm. „Aua", schreit der, während Anne das Fenster zum zweiten Mal öffnet und sagt: „Ha, frische Luft."

Vaters Gesichtsfarbe sieht jetzt noch ein bisschen roter aus. „So ein Ausflug ist 'ne echte Erholung", stöhnt er. „Es sind nur noch zwanzig Kilometer", tröstet ihn Mutter. Anne und Markus verstehen sich im Augenblick prima. Sie wollen beide frische Luft. Außerdem sind sie sich darüber einig, dass Daniel doof ist. Daniel überlegt in seiner Ecke, wie er die Geschwister ärgern kann. Aber nach einem Blick auf seine Eltern verschiebt er das Ärgern lieber. Er weiß, dass es Krach gibt, wenn es nochmal laut wird. Markus lehnt sich müde an Anne, und sie hat nichts dagegen. Daniel fällt gerade ein, dass er die beiden nachher untertauchen will. Die Idee mag er, und er ist zufrieden.

Außer dem Fahrgeräusch hört man nichts im Wagen. So ruhig ist es, dass sich Mutter nach kurzer Zeit erstaunt umsieht. Friedlich lehnen die drei im Rücksitz: Anne, Markus und Daniel. „In einer Viertelstunde sind wir da", sagt Vater. „Hm", brummt Daniel. „Prima", sagt Anne. Nur Markus fällt dazu nichts ein. Er schläft. Das tut er meistens im Auto. Jedenfalls dann, wenn er nicht gerade mit jemandem zankt.

Hinweise zum Text: Seite 132/133.

Masken

Max von der Grün

Sie fielen sich unsanft auf dem Bahnsteig 3 a des Kölner Hauptbahnhofs in die Arme und riefen gleichzeitig: „Du?!" Es war ein heißer Julivormittag, und Renate wollte in den D-Zug nach Amsterdam über Aachen, Erich verließ diesen Zug, der von Hamburg kam. Menschen drängten aus den Wagen auf den Bahnsteig,
5 Menschen vom Bahnsteig in die Wagen, die beiden aber standen in dem Gewühl, spürten weder Püffe noch Rempeleien und hörten auch nicht, dass Vorübergehende sich beschwerten, weil sie ausgerechnet vor den Treppen standen und viele dadurch gezwungen wurden, um sie herumzugehen. Sie hörten auch nicht, dass der Zug nach Aachen abfahrbereit war, und es störte Renate nicht,
10 dass er wenige Sekunden später aus der Halle fuhr.

Die beiden standen stumm, jeder forschte im Gesicht des anderen. Endlich nahm der Mann die Frau am Arm und führte sie die Treppen hinunter, durch die Sperre, und in einem Café in der Nähe des Doms tranken sie Tee.

15 „Nun erzähle, Renate. Wie geht es dir? Mein Gott, als ich dich so plötzlich sah … du … ich war richtig erschrocken. Es ist so lange her, aber als du auf dem Bahnsteig fast auf mich gefallen bist …"

„Nein", lachte sie, „du auf mich."

„Da war es mir, als hätte ich dich gestern zum letzten Male gesehen, so nah
20 warst du mir. Und dabei ist es so lange her …"

„Ja", sagte sie. „Fünfzehn Jahre."

„Fünfzehn Jahre? Wie du das so genau weißt. Fünfzehn Jahre, das ist ja eine Ewigkeit. Erzähle, was machst du jetzt? Bist du verheiratet? Hast du Kinder? Wo fährst du hin?" …

25 „Langsam Erich, langsam, du bist noch genau so ungeduldig wie vor fünfzehn Jahren. Nein, verheiratet bin ich nicht, die Arbeit, weißt du. Wenn man es zu etwas bringen will, weißt du, da hat man eben keine Zeit für Männer."

„Und was ist das für Arbeit, die dich von den Männern fernhält?" Er lachte sie an, sie aber sah aus dem Fenster auf die Tauben.

30 „Ich bin jetzt Leiterin eines Textilversandhauses hier in Köln, du kannst dir denken, dass man von morgens bis abends zu tun hat und …"

„Donnerwetter!", rief er und klopfte mehrmals mit der flachen Hand auf den Tisch. „Donnerwetter! Ich gratuliere."

„Ach", sagte sie und sah ihn an. Sie war rot geworden.

35 „Du hast es ja weit gebracht, Donnerwetter, alle Achtung. Und jetzt? Fährst du in Urlaub?"

„Ja, vier Wochen nach Holland. Ich habe es nötig, bin ganz durchgedreht. Und du, Erich, was machst du? Erzähle. Du siehst gesund aus."

Schade, dachte er, wenn sie nicht so eine Bombenstellung hätte, ich würde sie
40 jetzt fragen, ob sie mich noch haben will. Aber so? Nein, das geht nicht, sie würde mich auslachen, wie damals.

„Ich?", sagte er gedehnt und brannte sich eine neue Zigarette an. „Ich ... ich ... Ach weißt du, ich habe ein bisschen Glück gehabt. Habe hier in Köln zu tun. Habe umgesattelt, bin seit vier Jahren Einkaufsleiter einer Hamburger Werft, na ja, so was Besonderes ist das nun wieder auch nicht."

„Oh", sagte sie und sah ihn starr an und ihr Blick streifte seine großen Hände, aber sie fand keinen Ring. Sie erinnerte sich, dass sie vor fünfzehn Jahren nach einem kleinen Streit auseinander gelaufen waren, ohne sich bis heute wiederzusehen. Er hatte ihr damals nicht genügt, der schmal verdienende und immer ölverschmierte Schlosser. Er sollte es erst zu etwas bringen, hatte sie ihm damals nachgerufen, vielleicht könne man später wieder darüber sprechen. So gedankenlos jung waren sie damals. Ach ja, die Worte waren im Streit gefallen und trotzdem nicht böse gemeint. Beide aber fanden danach keine Brücke mehr zueinander. Sie wollten und wollten doch nicht. Und nun? Nun hatte er es zu etwas gebracht.

„Dann haben wir ja beide Glück gehabt", sagte sie und dachte, dass er immer noch gut aussieht. Gewiss, er war älter geworden, aber das steht ihm gut. Schade, wenn er nicht so eine Bombenstellung hätte. Ich würde ihn fragen, ja, ich ihn, ob er noch an den dummen Streit von damals denkt und ob er mich noch haben will. Ja, ich würde ihn fragen. Aber jetzt?

„Jetzt habe ich dir einen halben Tag deines Urlaubs gestohlen", sagte er und wagte nicht, sie anzusehen.

„Aber Erich, das ist doch nicht so wichtig, ich fahre mit dem Zug um fünfzehn Uhr. Aber ich, ich halte dich bestimmt auf, du hast gewiss einen Termin hier."

„Mach dir keine Sorgen, ich werde vom Hotel abgeholt. Weißt du, meinen Wagen lasse ich immer zu Hause, wenn ich längere Strecken fahren muss. Bei dem Verkehr heute, da kommt man nur durchgedreht an."

„Ja", sagte sie. „Ganz recht, das mache ich auch immer so." Sie sah ihm nun direkt ins Gesicht und fragte: „Du bist nicht verheiratet? Oder lässt du Frau und Ring zu Hause?" Sie lachte etwas zu laut für dieses vornehme Lokal.

„Weißt du", antwortete er, „das hat seine Schwierigkeiten. Die ich haben will, sind nicht zu haben oder nicht mehr, und die mich haben wollen, sind nicht der Rede wert. Zeit müsste man eben haben. Zum Suchen, meine ich. Zeit müsste man haben." Jetzt müsste ich ihr sagen, dass ich sie noch immer liebe, dass es nie eine andere Frau für mich gegeben hat, dass ich sie all die Jahre nicht vergessen konnte. Wie viel? Fünfzehn Jahre? Eine lange Zeit. Mein Gott, welch eine lange Zeit. Und jetzt? Ich kann sie doch nicht mehr fragen, vorbei, jetzt wo sie eine Stellung hat. Nun ist es zu spät, sie würde mich auslachen, ich kenne ihr Lachen, ich habe es im Ohr gehabt, all die Jahre. Fünfzehn? Kaum zu glauben.

„Wem sagst du das?" Sie lächelte. „Entweder die Arbeit oder das andere", echote er.

Jetzt müsste ich ihm eigentlich sagen, dass er der einzige Mann ist, dem ich blind folgen würde, wenn er mich darum bäte, dass ich jeden Mann, der mir begegnete, sofort mit ihm verglich. Ich sollte ihm das sagen. Aber jetzt? Jetzt hat er eine Bombenstellung, und er würde mich nur auslachen, nicht laut, er würde sagen, dass … ach … es ist alles so sinnlos geworden.

Sie aßen in demselben Lokal zu Mittag und tranken anschließend jeder zwei Kognaks. Sie erzählten sich Geschichten aus ihren Kindertagen und später aus ihren Schultagen. Dann sprachen sie über ihr Berufsleben, und sie bekamen Respekt voreinander, als sie erfuhren, wie schwer es der andere gehabt hatte bei seinem Aufstieg.

„Jaja", sagte sie. „Genau wie bei mir", sagte er.

„Aber jetzt haben wir es geschafft", sagte er laut und rauchte hastig.

„Ja", nickte sie. „Jetzt haben wir es geschafft." Hastig trank sie ihr Glas leer.

Sie hat schon ein paar Krähenfüßchen, dachte er. Aber die stehen ihr nicht einmal schlecht.

Noch einmal bestellte er zwei Schalen Kognak, und sie lachten viel und laut.

Er kann immer noch so herrlich lachen, genau wie früher, als er alle Menschen einfing mit seiner ansteckenden Heiterkeit. Um seinen Mund sind zwei steile Falten, trotzdem sieht er wie ein Junge aus, er wird immer wie ein Junge aussehen, und die zwei steilen Falten stehen ihm nicht einmal schlecht. Vielleicht ist er jetzt ein richtiger Mann, aber nein, er wird immer ein Junge bleiben.

Kurz vor drei brachte er sie zum Bahnhof.

„Ich brauche den Amsterdamer Zug nicht zu nehmen", sagte sie. „Ich fahre bis Aachen und steige dort um. Ich wollte sowieso schon lange einmal das Rathaus besichtigen."

Wieder standen sie auf dem Bahnsteig und sahen aneinander vorbei.

Mit leeren Worten versuchten sie die Augen des andern einzufangen, und wenn sich dann doch ihre Blicke trafen, erschraken sie und musterten die Bögen der Halle.

Wenn ich jetzt ein Wort sagen würde, dachte er, dann …

„Ich muss jetzt einsteigen", sagte sie. „Es war schön, dich wieder einmal zu sehen. Und dann so unverhofft …"

Ja, das war es. Er half ihr beim Einsteigen und fragte nach ihrem Gepäck.

„Als Reisegepäck aufgegeben."

„Natürlich, das ist bequemer", sagte er.

Wenn er jetzt ein Wort sagen würde, dachte sie, ich stiege sofort wieder aus, sofort. Sie reichte ihm aus einem Abteil erster Klasse die Hand.

„Auf Wiedersehen, Erich … und weiterhin … viel Glück."

Wie schön sie immer noch ist. Warum nur sagt sie kein Wort.

„Danke, Renate. Hoffentlich hast du schönes Wetter."

„Ach, das ist nicht so wichtig. Hauptsache ist das Faulenzen, das kann man auch bei Regen."

Der Zug ruckte an. Sie winkten nicht, sie sahen sich nur in die Augen, so lange dies möglich war.

Als der Zug aus der Halle gefahren war, ging Renate in einen Wagen zweiter Klasse und setzte sich dort an ein Fenster. Sie weinte hinter einer ausgebreiteten Illustrierten.

Wie dumm von mir, ich hätte ihm sagen sollen, dass ich immer noch die kleine Verkäuferin bin. Ja, in einem anderen Laden, mit zweihundert Mark mehr als früher, aber ich verkaufe immer noch Herrenoberhemden, wie früher, und Socken und Unterwäsche. Alles für den Herrn. Ich hätte ihm das sagen sollen. Aber dann hätte er mich ausgelacht, jetzt wo er ein Herr geworden ist. Nein, das ging doch nicht. Aber ich hätte wenigstens nach seiner Adresse fragen sollen. Wie dumm von mir, ich war aufgeregt wie ein kleines Mädchen, und ich habe gelogen, wie ein kleines Mädchen, das imponieren will. Wie dumm von mir.

Erich verließ den Bahnhof und fuhr mit der Straßenbahn nach Ostheim auf eine Großbaustelle. Dort meldete er sich beim Bauführer.

„Ich bin der neue Kranführer."

„Na, sind Sie endlich da? Mensch, wir haben schon gestern auf Sie gewartet. Also dann, der Polier zeigt Ihnen Ihre Bude, dort drüben in den Baracken. Komfortabel ist es nicht, aber warmes Wasser haben wir trotzdem. Also dann, morgen früh, pünktlich sieben Uhr."

Ein Schnellzug fuhr Richtung Deutz. Ob der auch nach Aachen fährt? Ich hätte ihr sagen sollen, dass ich jetzt Kranführer bin. Ach, Blödsinn, sie hätte mich nur ausgelacht, sie kann so verletzend lachen. Nein, das ging nicht, jetzt, wo sie eine Dame geworden ist und eine Bombenstellung hat.

Hinweise zum Text: Seite 133.

Traum-Bilder

Träume werden gerne als Gegensatz zur Wirklichkeit verstanden. Dies stimmt jedoch nur in ganz eingeschränktem Maße. Träume gehören vielmehr zu jedem Menschen, gleichsam als unsichtbare Begleiter. Gerade junge Menschen träumen von ihrer Zukunft und von einer Welt, in der sie sich wohlfühlen.

Träume und Wünsche sind eng miteinander verwoben. Wir erleben sie nicht nur nachts während des Schlafes sondern auch am Tag. Fast alle Träume spielen in die Zukunft hinein; vieles erscheint uns dabei märchenhaft, manches utopisch. Wir sprechen deshalb auch von Visionen. Oft sind geträumte Bilder etwas unscharf, ja nebulös.

Wir wissen, dass nur wenige unserer Träume in Erfüllung gehen. Trotzdem wären wir arm dran, wenn wir darauf verzichten müssten. Ein Leben ohne Träume wäre ernüchternd und armselig.

In dieser Sequenz sind Texte mit recht unterschiedlichen Formen von Träumen gesammelt. Sie wollen euch letztendlich anregen, über eure eigenen Träume nachzudenken und einfach weiterzuträumen, so als ob vieles davon Wirklichkeit sein könnte.

Und: Lasst euch von niemanden eure Träume nehmen!

Willi Fährmann:
Die gefrorenen Träume

Willi Fährmann, 1929 in Duisburg geboren, erlernte zunächst das Maurerhandwerk, bevor er als Lehrer, Schulleiter und Schulrat seine berufliche Laufbahn veränderte. Fährmann schreibt seit vielen Jahren sowohl Bücher für Erwachsene, als auch insbesondere für Kinder und Jugendliche. Besonders bekannt sind bei letzteren *Es geschah im Nachbarhaus, Der König und sein Zauberer, Jakob und seine Freunde* sowie die Bienmann-Saga mit den vier Bänden *Der lange Weg des Lukas B., Zeit zu hassen, Zeit zu lieben, Das Jahr der Wölfe* und *Kristina, vergiss nicht …* . Der Autor erhielt bereits mehrere Auszeichnungen und Preise, so z. B. den deutschen und den französischen Jugendliteraturpreis. Manche seiner Bücher wurden auch verfilmt.

„Die gefrorenen Träume" sind dem Erzählband *Der weise Rabe* entnommen.

1 In der Geschichte arbeiten der alte Mann und der Junge mit Traumbildern.
Lest die entsprechenden Textstellen und versucht dann die Überschrift zu deuten.

2 In den Träumen der Menschen verbergen sich Wünsche und Sehnsüchte. Könnt ihr dies erklären?

3 Wie erklärt der Riese, dass ihn die Träume der Menschen eher traurig stimmen?

4 Fährmann erzählt ein modernes Märchen.
Belegt dies mit Beispielen.

5 Welche der genannten Träume haben auch euch schon einmal beschäftigt?
Was ist daraus geworden?

**Peter Maiwald:
Nachmittag**

1. Die Personen in diesem Text befinden sich in besonderen Umgebungen oder Situationen. Woran merkt ihr, dass es sich hierbei um Traumbilder handelt?
2. Erfindet weitere Träume, die gut zu euren Freunden bzw. Freundinnen passen. Vielleicht können einige von euch dies auch in Reimform festhalten.
3. Sprecht über die letzte Strophe des Gedichts.
   Die beiden letzten Verszeilen könnten auch so lauten:
   *Gut tut im August
   vom Winter kalt zu sprechen.*
   Welche Träume fallen euch hierzu ein?
   Schreibt dazu ein Gedicht.

**Jerome D. Salinger:
Willst du nicht
mit mir fort?**

Salinger wurde 1919 in New York als Sohn jüdisch-irischer Eltern geboren. Nach Studium und Wehrdienst im Zweiten Weltkrieg widmete er sich ganz der Schriftstellerei. Er schrieb zahlreiche Kurzgeschichten und mehrere Romane. Aus einem seiner berühmtesten, nämlich *Der Fänger im Roggen*, ist der Text entnommen. Dieser Roman erschien bereits 1951 und wurde sowohl in den USA als auch in Deutschland ein Bestseller.

1. Teilt die Erzählung in mehrere Abschnitte und wählt passende Teilüberschriften.
   Hebt insbesondere das träumerische Anliegen des jungen Mannes hervor.
2. Erzählt die Handlung auch mit eigenen Worten.
   Welche Szene würdet ihr als den Höhepunkt betrachten?
3. Lest das Gespräch zwischen Holden und Sally mit verteilten Rollen.
   Wie würdet ihr die beiden charakterisieren?
4. a) Welchen Traum will Holden verwirklichen?
   Sicher findet ihr eine Reihe von Erklärungen hierfür.
   b) Warum ist Sally dennoch nicht dafür zu gewinnen?
   Sucht auch hier nach Begründungen.
5. Die Geschichte zeigt, dass nicht jeder Traum in Erfüllung geht, auch wenn er mit Nachdruck verfolgt wird.
   Nennt vergleichbare Träume, die ihr selbst einmal hattet, aber nicht verwirklichen konntet.

**Aus der SHELL-Studie 97:
Zukunftsperspektiven
und Träume**

Aus einer weltweit angelegten Untersuchung der Wünsche und Sorgen von Jugendlichen sind einige Antworten ausgewählt.

1. Vergleicht die fünf Antworten miteinander. Welche entspricht euch am besten? Könnt ihr dies begründen?

2 Haltet auch eure eigenen Wünsche in einem kurzen Text fest. Unterscheidet dabei, wovor ihr besonders Angst habt und was ihr euch für euer späteres Leben wünscht.

Mehmet Arat:
Ich träume

1 Welche Träume beschäftigen den türkischen Jugendlichen besonders nachhaltig?
Denkt ihr, dass diese Träume in Erfüllung gehen? Begründet eure Meinung.
2 Specht über die letzte Strophe des Gedichts.
Was kann Mehmet dazu beitragen, dass seine Wünsche – wenigstens im kleinen Rahmen – Wirklichkeit werden?
3 Specht über eure eigenen Zukunftswünsche und auch darüber, was ihr selbst zu deren Verwirklichung beitragen könnt.
4 Versucht selbst ein kleines Gedicht mit der Überschrift *Ich träume* zu schreiben.

Gabriele Heymann:
Mit dreizehn hat man noch Träume

Schülerinnen und Schüler der Laborschule Bielefeld in Nordrhein-Westfalen – das ist eine kombinierte Haupt- und Berufsschule – wurden gezielt nach ihren Berufswünschen befragt.

1 Welche Berufswünsche stehen bei den männlichen und weiblichen Jugendlichen im Vordergrund?
Haltet ihr diese Wünsche für typisch?
Wenn nicht, wo würdet ihr große Unterschiede zu euren eigenen Berufswünschen machen?
2 Stellt in einer Tabelle die genannten Berufswünsche zusammen und ergänzt sie mit euren.
3 Sprecht mit eurer Lehrkraft und/oder mit einem Vertreter des Arbeitsamtes über die derzeitige Situation am Arbeitsmarkt. Besorgt euch auch aus Zeitungen bzw. Sachbüchern – evtl. im Rahmen der Arbeitslehre – aktuelle Informationen.
4 Warum ist wohl für jeden Jugendlichen die Erfüllung eines bestimmten Berufswunsches besonders wichtig? Nennt „Träume", die ihr hiermit gern verbindet.

Achim Bröger:
„Eigentlich habe ich keine Lust"

Achim Bröger, 1944 in Erlangen geboren, arbeitete in mehreren Berufen, bevor er als freier Schriftsteller tätig wurde. Er schrieb zahlreiche Kinder- und Jugendromane, z. B. *Kurzschluss, Ich mag dich* oder *Hand in Hand* für die er bedeutsame Auszeichnungen erhielt, so den Deutschen Jugendliteraturpreis. Neben seinen Romanen wurde er auch als Verfasser zahlreicher Erzählungen bekannt; für den Rundfunk hat er schon manches Hörspiel verfasst.

1 Das Besondere an diesem Text ist seine Form: Der Autor erzählt eine Geschichte, eine Schülerin schreibt, wie sie weitergehen könnte, bevor sich der Autor selbst dazu äußert. Lest zunächst die ganze Geschichte, bevor ihr beide „Fortsetzungen" vergleicht.
Welche gefällt euch besser? Könnt ihr dies begründen?
2 Bröger erzählt eine alltägliche Situation, nämlich die familieninterne Gestaltung des Sonntages.
Spielt die Ausgangssituation nach und charakterisiert die einzelnen Familienmitglieder.
3 Versucht eine Erklärung zu finden, warum die Schülerin Ursula Harthausen ihren Beitrag mit „Traum" übertitelt.
4 Welchen Traum würdet ihr damit verbinden?
Schreibt – ähnlich wie die Schülerin – einen anderen Text über den Fortgang des sonntäglichen Ausflugs.

Max von der Grün: Masken

Max von der Grün wurde 1926 in Bayreuth geboren. Nach dem Zweiten Weltkrieg arbeitete er in mehreren Berufen im Ruhrgebiet, u. a. als Bergmann „unter Tage". Erst seit 1963 ist Max von der Grün ausschließlich als Schriftsteller tätig und gehört der bekannten „Gruppe 47" an.
Er schrieb zahlreiche Theaterstücke, Romane und Erzählungen, wobei er sich vor allem mit Problemen der Arbeitswelt auseinander setzt. Für seine Werke erhielt er bereits zahlreiche Auszeichnungen und Buchpreise.
Die Kurzgeschichte *Masken* ist dem Erzählband *Fahrtunterbrechung* entnommen.

1 Gliedert das Geschehen in drei Abschnitte und wählt dazu passende Teilüberschriften.
2 Was erfahrt ihr über die besondere Beziehung zwischen Erich und Renate? Stellt Vermutungen darüber an, was in früheren Jahren bereits passiert sein könnte.
3 Wie würdet ihr die Gefühle beschreiben, die Erich und Renate zueinander haben? Sucht hierfür auch geeignete Textstellen.
4 Die beiden spielen sich etwas vor, sie übernehmen dadurch die Rolle anderer Menschen.
Welche Gründe lassen sich hierfür benennen?
5 Durch dieses „Theater" geben beide ihre Träume preis.
Spielt die entscheidenen Szenen nach.
Wie hätten sich die beiden – eurer Meinung nach – beim Wiedersehen verhalten sollen?
Spielt auch eure Vorschläge in szenischer Abfolge.
6 Sprecht über den Titel „Masken" und den Schluss der Erzählgeschichte. Welcher Ausgang wäre bei einem erneuten Treffen der beiden denkbar und – als Happyend – wünschenswert?

Bei Tag und bei Nacht

Adolph von Menzel, Das Balkonzimmer, 1845

„Es läuft der Frühlingswind ..."

Vorfrühling

Hugo von Hofmannsthal

Es läuft der Frühlingswind
Durch kahle Alleen,
Seltsame Dinge sind
In seinem Wehn.

Er hat sich gewiegt,
Wo Weinen war,
Und hat sich geschmiegt
In zerrüttetes Haar.

Er schüttelte nieder
Akazienblüten
Und kühlte die Glieder,
Die atmend glühten.

Lippen im Lachen
Hat er berührt,
die weichen und wachen
Fluren durchspürt.

Er glitt durch die Flöte
Als schluchzender Schrei,
An dämmernder Röte
Flog er vorbei.

Er flog mit Schweigen
Durch flüsternde Zimmer
Und löschte im Neigen
Der Ampel Schimmer.

Es läuft der Frühlingswind
Durch kahle Alleen,
Seltsame Dinge sind
In seinem Wehn.

Durch die glatten
Kahlen Alleen
Treibt sein Wehn
Blasse Schatten.

Und den Duft,
Den er gebracht,
Von wo er gekommen
Seit gestern Nacht.

Hinweise zum Text: Seite 147.

Sommergesang
Paul Gerhardt

Geh aus, mein Herz, und suche Freud
In dieser lieben Sommerzeit
An deines Gottes Gaben:
Schau an der schönen Gärten Zier
Und siehe, wie sie mir und dir
Sich ausgeschmücket haben.

Die Bäume stehen voller Laub,
Das Erdreich decket seinen Staub
Mit einem grünen Kleide.
Narzissus und die Tulipan,
Die ziehen sich viel schöner an
Als Salomonis Seide.

Die Lerche schwingt sich in die Luft,
Das Täublein fleugt aus seiner Kluft
Und macht sich in die Wälder;
Die hochbegabte Nachtigall
Ergötzt und füllt mit ihrem Schall
Berg, Hügel, Tal und Felder.

Ich selbsten kann und mag nicht ruhn;
Des großen Gottes großes Tun
Erweckt mir alle Sinnen:
Ich singe mit, wenn alles singt,
Und lasse, was dem Höchsten klingt,
Aus meinem Herzen rinnen.

Novembertag

Christian Morgenstern

Nebel hängt wie Rauch ums Haus,
drängt die Welt nach innen;
ohne Not geht niemand aus,
alles fällt in Sinnen.

Leiser wird die Hand, der Mund,
stiller die Gebärde.
Heimlich, wie auf Meeresgrund,
träumen Mensch und Erde.

Im Nebel

Hermann Hesse

Seltsam, im Nebel zu wandern!
Einsam ist jeder Busch und Stein,
Kein Baum sieht den andern,
Jeder ist allein.

Voll von Freunden war mir die Welt,
Als noch mein Leben licht war;
Nun, da der Nebel fällt,
Ist keiner mehr sichtbar.

Wahrlich, keiner ist weise,
Der nicht das Dunkel kennt,
Das unentrinnbar und leise
Von allen ihn trennt

Seltsam, im Nebel zu wandern!
Leben ist Einsamsein.
Kein Mensch kennt den andern,
jeder ist allein.

Hinweise zu den Texten: Seite 147–149.

So kam die Nacht
Wolfgang Bächler

So kam die Nacht: Sie stieg vom Tal herauf
und hing das Dunkel in die lichten Wipfel.
Die spielten's höher, warfen's über Gipfel
und droben fing's der weite Himmel auf.

Die Schatten krochen aus Gebüsch und Tann,
aus Tobeln, Schluchten, die die Hänge queren,
und löschten sanft das Rot der Vogelbeeren,
den Schein des Wassers, der vom Felsen rann.

Sie traten aus das feuergelbe Laub,
die matte Glut, die in den Gründen träumte.
Nur drüben, wo der Wasserfall sich bäumte,
da schimmerte noch hell der Silberstaub.

Die Kühle wehte hoch und wischte sacht
des Tages Wärme von den müden Halmen,
und tiefer, tiefer sanken rings die Almen
und schmiegten sich in Arm und Schoß der Nacht.

Mondnacht
Joseph von Eichendorff

Es war, als hätt der Himmel
Die Erde still geküsst,
Dass sie im Blütenschimmer
Von ihm nun träumen müsst.

Die Luft ging durch die Felder,
Die Ähren wogten sacht.
Es rauschten leis die Wälder,
So sternklar war die Nacht.

Und meine Seele spannte
Weit ihre Flügel aus,
Flog durch die stillen Lande,
Als flöge sie nach Haus.

Caspar David Friedrich, Mondaufgang am Meer, 1822

Abendständchen

Clemens Brentano

Hör, es klagt die Flöte wieder,
Und die kühlen Brunnen rauschen,
Golden wehn die Töne nieder –
Stille, stille, lass uns lauschen!
Holdes Bitten, mild Verlangen,
Wie es süß zum Herzen spricht!
Durch die Nacht, die mich umfangen,
Blickt zu mir der Töne Licht.

Hinweise zu den Texten: Seite 150–152.

In der Stadt

Augen in der Großstadt*

Kurt Tucholsky

Wenn du zur Arbeit gehst
am frühen Morgen,
wenn du am Bahnhof stehst
mit deinen Sorgen:
        da zeigt die Stadt
        dir asphaltglatt
    im Menschentrichter
    Millionen Gesichter:
Zwei fremde Augen, ein kurzer Blick,
die Braue, Pupillen, die Lider –
Was war das? vielleicht dein Lebensglück ...
vorbei, verweht, nie wieder.

Du gehst dein Leben lang
auf tausend Straßen;
du siehst auf deinem Gang,
die dich vergaßen.
      Ein Auge winkt,
      die Seele klingt;
   du hasts gefunden,
   nur für Sekunden …
Zwei fremde Augen, ein kurzer Blick,
die Braue, Pupillen, die Lider.
Was war das? kein Mensch dreht die Zeit zurück …
vorbei, verweht, nie wieder.

Du mußt auf deinem Gang
durch Städte wandern;
siehst einen Pulsschlag lang
den fremden andern.
Es kann ein Feind sein,
      es kann ein Freund sein,
      es kann im Kampfe dein
      Genosse sein.
      Es sieht hinüber
      und zieht vorüber …
Zwei fremde Augen, ein kurzer Blick,
die Braue, Pupillen, die Lider.
Was war das?
      Von der großen Menschheit ein Stück!
Vorbei, verweht, nie wieder.

* aus urheberrechtlichen Gründen in alter Rechtschreibung

Hinweise zum Text: Seite 152.

Max Liebermann, Papageienallee, 1902

Sommersonntag in der Stadt
Georg Britting

Leer sind die Straßen im Sonntagswind,
Die Menschen hat es ins Freie getrieben,
Nur die weißen Wolken sind
Treu über der Stadt geblieben.

Die Häuser stehen wie unbewohnt,
Alles sucht draußen das Glück:
Einen Weg durch den Wald, einen Fußpfad durchs Korn,
Eine Stunde im Dorf, einen Rittersporn,
In der kühlschwarzen Schlucht einen silbernen Born,
Von der Welt ein glänzendes Stück!

Und kommen die Schatzsucher abends zurück,
Bestaubt und vom Sehen satt,
Hängt zwischen den Dächern der goldene Mond
Unbeachtet über der Stadt.

Großstadt
Egon Rieble

Die alte Blumenfrau
an der Ecke
hockt zwischen
vermummtem Gelb.

In den Händen hält
mit ihrem Hauch sie
die Hoffnung
gemuldet.

Doch sie gehen
vorüber.

Die Schluchten sind
lang, und kalt
ist der schmutzige Schnee
der Bürgersteige.

Fast gläsern
schiebt sich der Wind
zwischen die Gesichter.

Dort hat einer seinen
Mantelkragen hochgeschlagen
und friert
mit den dekolletierten
Schaufensterpuppen.

Bitter
schmecken Neon
und Himmel.

Nur am Eingang
des großen Kaufhauses
bläst immer der Föhn.

Oskar Schlemmer, Treppenszene, 1925

Hinweise zu den Texten: Seite 152/153.

Das Karussell
Jardin du Luxembourg

Rainer Maria Rilke

Mit einem Dach und seinem Schatten dreht
sich eine kleine Weile der Bestand
von bunten Pferden, alle aus dem Land,
das lange zögert, eh es untergeht.
Zwar manche sind an Wagen angespannt,
doch alle haben Mut in ihren Mienen;
ein böser roter Löwe geht mit ihnen
und dann und wann ein weißer Elefant.

Sogar ein Hirsch ist da, ganz wie im Wald,
nur dass er einen Sattel trägt und drüber
ein kleines blaues Mädchen aufgeschnallt.

Und auf dem Löwen reitet weiß ein Junge
und hält sich mit der kleinen heißen Hand,
dieweil der Löwe Zähne zeigt und Zunge.

Und dann und wann ein weißer Elefant.

Und auf den Pferden kommen sie vorüber,
auch Mädchen, helle, diesem Pferdesprunge
fast schon entwachsen; mitten in dem Schwunge
schauen sie auf, irgendwohin, herüber –

Und dann und wann ein weißer Elefant.

Und das geht hin und eilt sich, dass es endet,
und kreist und dreht sich nur und hat kein Ziel.
Ein Rot, ein Grün, ein Grau vorbeigesendet,
ein kleines kaum begonnenes Profil –.
Und manchmal ein Lächeln, hergewendet,
ein seliges, das blendet und verschwendet
an dieses atemlose blinde Spiel ...

„Ein Wiesel saß auf einem Kiesel ..."

Das ästhetische Wiesel
Christian Morgenstern

Ein Wiesel
saß auf einem Kiesel
inmitten Bachgeriesel.

Wisst ihr,
weshalb?

Das Mondkalb
verriet es mir
im Stillen:

Das raffinier-
te Tier
tats um des Reimes willen.

Moin, moin, Morgenstern
Robert Gernhardt

Die Riesenamsel
sitzt im Nest
und hält sich an
den Eiern fest.

Wißt ihr,
weshalb?

Der Vogel
verriet es mir
im stillen:

„Ich raffinier-
tes Tier
tu's um des Reimes wegen."

Hinweise zu den Texten: Seite 153–155.

So – so

Kurt Schwitters

Vier Maurer saßen auf einem Dach.
Da sprach der Erste: „Ach!"
Der Zweite: „Wie ist's möglich dann?"
Der Dritte: „Dass das Dach halten kann?"
Der Vierte: „Ist doch kein Träger dran!!!"
Und
Mit einem Krach
Brach das Dach.

Es sitzt ein Vogel

Wilhelm Busch

Es sitzt ein Vogel auf dem Leim,
Er flattert sehr und kann nicht heim.
Ein schwarzer Kater schleicht herzu,
Die Krallen scharf, die Augen gluh.
Am Baum hinauf und immer höher
Kommt er dem armen Vogel näher.

Der Vogel denkt: Weil das so ist
Und weil mich doch der Kater frisst,
So will ich keine Zeit verlieren,
Will noch ein wenig quinquilieren
Und lustig pfeifen wie zuvor.
Der Vogel, scheint mir, hat Humor.

Hinweise zu den Texten: Seite 155.

Bei Tag und bei Nacht

Hugo von Hofmannsthal: Vorfrühling

Der österreichische Schriftsteller stammt aus Wien, wo er 1874 geboren wurde. Seine ersten Gedichte schrieb er mit sechzehn Jahren, mit achtzehn verfasste er das Gedicht „Vorfrühling". Nach der Jahrhundertwende schrieb Hofmannsthal vor allem Dramen. Am bekanntesten ist wohl sein *Jedermann*, das Schauspiel vom Sterben des reichen Mannes, das jedes Jahr bei den Salzburger Festspielen (die Hofmannsthal mitbegründet hat) aufgeführt wird. Hofmannsthal schrieb auch zahlreiche Operntexte für den Komponisten Richard Strauss, u.a. für die berühmte Oper *Der Rosenkavalier*. Der Schriftsteller starb 1929 in Rodaun.

1 Versuche mit eigenen Worten zu sagen, worum es in dem Gedicht geht.
2 Wie versteht ihr den Ausdruck:
„Seltsame Dinge sind
In seinem Wehn"?
3 Der Vorfrühlingswind kommt von weither.
Was hat er alles schon gemacht?
Geht Strophe 2 bis 6 durch und sucht die Verben heraus, die sich auf den Wind beziehen.
4 Die verschiedenen Situationen bzw. Stationen auf dem Weg des Windes werden in den Strophen 2 bis 6 nur angedeutet, nicht ausgeführt.
a) Wie versteht ihr die Sprachbilder, die in den Strophen enthalten sind?
b) Wählt euch die Strophe aus, die euch am besten gefällt, und sucht oder malt dazu zwei Bilder.

Paul Gerhardt: Sommergesang

Paul Gerhardt lebte von 1607 bis 1676. Er war Pastor in Berlin und der Umgebung von Berlin. Nach Martin Luther ist er der bekannteste Liederdichter der evangelisch-lutherischen Kirche. Viele seiner Gedichte wurden vertont und sind wie der „Sommergesang" zum festen Bestandteil des evangelischen Gesangbuchs geworden (z.B. die Lieder *Nun ruhen alle Wälder* oder *Die güldne Sonne*).
Der Sommergesang umfasst insgesamt 15 Strophen, von denen hier die ersten vier sowie die Schlussstrophe abgedruckt sind. Das Gedicht ist mehrfach vertont worden. Am bekanntesten ist die Melodie von August Harder (1775–1813), die auf S. 136 wiedergegeben ist.

1 An einigen altertümlichen Ausdrücken merkt man, dass dieser Text vor über 300 Jahren geschrieben wurde. Sucht diese Ausdrücke heraus und überlegt, wie man heute dazu sagen würde.

2 Was meint Paul Gerhardt wohl mit der schönen Gärten Zier? Denkt dabei an den Inhalt der folgenden Strophen.
3 Lest euch die letzte Strophe durch und überlegt, was der Dichter mit diesem Gesang ausdrücken wollte.
4 Versucht, die Strophen zu singen oder hört euch eine Vertonung an.

Christian Morgenstern: Novembertag

Morgenstern wurde 1871 in München geboren. Seine Jugend verbrachte er mit seinem Vater im Voralpenland und Riesengebirge. Mit 21 Jahren erkrankte er unheilbar an Tuberkulose und musste sein Studium abbrechen. Er ging als Journalist und Schriftsteller nach Berlin.
Besonders Anklang fanden seine ernsten und zugleich hintergründigen sowie seine humorvoll-grotesken Gedichte.
Er starb mit 43 Jahren in Meran.

1 Dieses Gedicht werden die meisten von euch schon kennen. Ihr habt damit in der Gedichte-Werkstatt auf S. 16 gearbeitet. Falls ihr das noch nicht getan habt, so solltet ihr jetzt dahin zurückblättern und euch erst auf die dort gestellte Aufgabe einlassen. Danach werdet ihr das hier abgedruckte Gedicht viel aufmerksamer aufnehmen können.
2 Wie versteht ihr den Ausdruck: „Leiser wird die Hand"?
3 „...wie auf Meeresgrund": Was will der Autor mit diesem Vergleich wohl sagen?
4 Welche Stimmung wird in diesem Gedicht ausgedrückt? Welche Farbe würde zu dem Gedicht passen?
5 Versucht das Gedicht so vorzutragen, dass diese Stimmung hörbar und spürbar wird. Probiert aus, ob ihr den Text eher schnell oder langsam, eher leise oder laut, eher prägnant oder zurückhaltend betont sprechen müsst.

Hermann Hesse: Im Nebel

Hermann Hesse wurde als Pfarrerssohn 1877 in Calw, einem kleinen schwäbischen Städtchen, geboren und lebte seit 1919 im Tessin in der Schweiz. Dort starb er 1962.
Hesse wollte schon früh Schriftsteller werden. Obwohl seine Eltern nicht einverstanden waren, setzte er seinen Wunsch durch. Er liebte die Natur und zeigte ein großes Verständnis für Menschen, die es im Leben nicht leicht hatten. Darüber schrieb er in seinen Gedichten und Romanen.
1946 erhielt Hesse den Nobelpreis für Literatur.
Von Hesse selbst wissen wir, wie das Gedicht Im Nebel entstand:

Am Morgen wachte ich zeitig auf und beschloss, sogleich weiterzuwandern. Es war so kalt, und ein Nebel lag so dicht, dass man kaum über die Straße sah. Frierend trank ich Kaffee, bezahlte Zeche und Nachtlager und ging mit langen Schritten in die dämmernde Morgenstille hinein. Rasch erwärmend, ließ ich Stadt und Gärten hinter mir und drang in die schwimmende Nebelwelt. Das ist immer wunderlich ergreifend, zu sehen, wie der Nebel alles Benachbarte und scheinbar Zusammengehörige trennt, wie er jede Gestalt umhüllt und abschließt und unentrinnbar einsam macht. Es geht auf der Landstraße ein Mann an dir vorbei, er treibt eine Kuh oder Ziege oder schiebt einen Karren oder trägt ein Bündel, und hinter ihm her trabt wedelnd sein Hund. Du siehst ihn herkommen und sagst ‚Grüß Gott', und er dankt; aber kaum ist er an dir vorbei und du wendest dich und schaust ihm nach, so siehst du ihn alsbald undeutlich werden und spurlos ins Graue hinein verschwinden. Nicht anders ist es mit den Häusern, Gartenzäunen, Bäumen und Weinberghecken. Du glaubtest, die ganze Umgebung auswendig zu kennen, und bist nun eigentümlich erstaunt, wie weit jene Mauer von der Straße entfernt steht, wie hoch dieser Baum und wie niedrig jenes Häuschen ist.

Hütten, die du eng benachbart glaubtest, liegen einander nun so ferne, dass von der Türschwelle der einen die andere dem Blick nicht mehr erreichbar ist. Und du hörst in nächster Nähe Menschen und Tiere, die du nicht sehen kannst, gehen und arbeiten und Rufe ausstoßen. Alles das hat etwas Märchenhaftes, Fremdes, und für Augenblicke empfindest du das Sinnbildliche darin sehr deutlich: Wie ein Ding dem andern und ein Mensch dem andern im Grunde fremd ist und wie unsere Wege immer nur für wenige Schritte und Augenblicke sich kreuzen und den flüchtigen Anschein der Zusammengehörigkeit, der Nachbarlichkeit und Freundschaft gewinnen. Verse fielen mir ein, und ich sagte sie im Gehen leise vor mich hin: Seltsam, im Nebel zu wandern ...

1 Welche Beobachtungen und Gedanken, von denen Hesse in dem oben abgedruckten Text berichtet, hat er in dem Gedicht verarbeitet?
2 Welche Wörter würdet ihr als die wichtigsten Schlüsselwörter in dem Gedicht bezeichnen?
3 Hesse lebte sehr zurückgezogen. An welchen Stellen des Gedichts kommt das zum Ausdruck?
4 Was fällt euch beim Vergleich der ersten mit der vierten Strophe auf?
5 Jeder ist allein – was meint ihr dazu?

Wolfgang Bächler:
So kam die Nacht

Bächler wurde 1925 in Augsburg geboren. Er ging in Augsburg, Bamberg, München und Memmingen zur Schule. Als Achtzehnjähriger wurde er 1943 noch zum Kriegsdienst eingezogen. Nach dem Krieg wurde er Journalist und Schriftsteller. Bächler hat vor allem Gedichte und kürzere Prosatexte veröffentlicht.

1. Sicher haben einige von euch schon einmal das Hereinbrechen der Nacht in freier Natur erlebt – sei es in den Bergen, am Meer oder woanders. Erzählt, wo und wie das war, was ihr dabei alles gesehen, gehört, gespürt habt.
2. Hört euch das Gedicht möglichst zweimal mit geschlossenen Augen an.
   Welche Bilder entstehen in eurem Inneren?
   Was alles seht ihr? Tragt eure Eindrücke zusammen.
3. Das Hereinbrechen der Nacht geschieht nicht plötzlich, sondern allmählich. Geht das Gedicht Strophe für Strophe durch und sprecht über die Veränderungen, die in der Natur vor sich gehen.
4. Viele Ausdrücke in dem Gedicht, vor allem in Verbindung mit Verben, sind bildlich und nicht wörtlich gemeint (z. B. „... die Nacht
   ... hing das Dunkel in die lichten Wipfel.").
   Schreibt diese bildlichen Verwendungen von Verben aus dem Text heraus.
   Überlegt, wie diese Formulierungen zu verstehen sind.
5. „Die Natur in diesem Gedicht wirkt irgendwie so menschlich, das gefällt mir." Wie kommt eine 14-jährige Schülerin wohl auf diese Aussage?
   Was haltet ihr davon? Wodurch entsteht dieser Eindruck der „menschlichen" Natur?

Joseph von Eichendorff:
Mondnacht

Eichendorff stammte aus einer katholischen Adelsfamilie und wurde 1788 auf Schloss Lubowitz in Oberschlesien geboren. Er gehörte zu den Dichtern der sogenannten Romantik und verfasste viele bekannte Gedichte und Erzählungen, in denen er u. a. über Natur, Sehnsucht und Freude am Wandern schrieb. Er starb 1857 in Neisse/Schlesien.

1. Wo erlebt der Dichter die Mondnacht?
2. Was sieht er in der nächtlichen Natur?
   Was hört er? Was spürt er?
3. In der dritten Strophe spricht der Dichter über sich.
   a) Wie versteht ihr den Ausdruck:
   „Und meine Seele spannte/Weit ihre Flügel aus"?
   b) Habt ihr schon einmal ein ähnliches Gefühl erlebt, auf das dieser Ausdruck passen könnte? Erzählt.

4 Eichendorff war einer der berühmtesten Dichter der sogenannten Romantik. Vieles von dem, was wir heute romantisch nennen, stammt aus seinen Gedichten und Erzählungen. Was würdest du an diesem Gedicht als *romantisch* bezeichnen?

5 Tragt das Gedicht so vor, dass die romantische Stimmung deutlich wird. Probiert aus, welches Instrument, welche Hintergrundmusik dazu am besten passen würde.

Clemens Brentano: Abendständchen

Als Sohn wohlhabender Eltern wurde Brentano 1778 in Ehrenbreitstein geboren. Schon früh zeigte sich seine große musikalische und dichterische Begabung, und lange wusste Brentano nicht, ob er lieber Komponist oder Dichter werden wollte. Nachdem er sich für die Dichtkunst entschieden hatte, erlaubte seine finanzielle Unabhängigkeit es ihm, sich ganz diesem Dichterberuf zu widmen.

Wie Eichendorff gehörte auch Brentano zum Dichterkreis der Romantik. Seine Gedichte sind oft von schwermütiger Stimmung und voller sprunghafter Gegensätze, doch immer voller Klang und Stimmung. Brentano starb 1842.

1 Auch mit diesem Gedicht habt ihr vorne in der Gedichte-Werkstatt schon gearbeitet (S. 11). Dabei habt ihr erfahren, dass es fast unmöglich ist, dem Gedicht eine eindeutig „richtige" Zeilenanordnung zu geben. Überlegt, woran das liegen mag.

2 In diesem Gedicht ist kein durchgehender Gedankengang zu erkennen. Wie für viele romantische Dichter ist auch für Brentano in diesem Gedicht nicht so sehr der Inhalt der Worte, sondern ihr Klang wichtig. Was wollte wohl Brentano mit diesem Klang-Gedicht ausdrücken?

3 Was fällt euch auf an der Formulierung „Golden wehn die Töne nieder"?

4 Das Verfahren, verschiedene Sinneseindrücke in einem Ausdruck miteinander zu verschmelzen, war bei den Romantikern sehr beliebt. Man nennt es *Synästhesie*.
a) Wo findest du in dem Gedicht noch eine Synästhesie?
b) Auch in unserer Alltagssprache verwenden wir Synästhesien, z. B., wenn wir von knalligen Farben oder von dunklen oder hellen Stimmen sprechen.
Welche weiteren Synästhesien aus der Alltagssprache fallen euch noch ein?
c) Tragt sie zusammen und sprecht über ihre Wirkung.

5 Ursprünglich war dieses Gedicht ein Dialog zwischen einem blinden Sänger und seiner Tochter in einem Singspiel von Brentano. Die beiden sprechen jeweils zwei Zeilen. Die Tochter beginnt.

a) Wenn man das weiß, wie liest man dann den Text?
b) Später hat Brentano den Text aus dem Zusammenhang genommen und ihm den Titel „Abendständchen" gegeben. Welche Textfassung gefällt euch besser?

Kurt Tucholsky: Augen in der Großstadt

Tucholsky wurde 1890 in Berlin geboren. Er nahm als Soldat am Ersten Weltkrieg teil. Diese Kriegserfahrungen verstärkten seine antimilitaristische und demokratische Einstellung. Er wurde Journalist und Schriftsteller und kämpfte in unzähligen Artikeln, Prosastücken und Gedichten mit beißendem Humor und scharfer Zunge gegen Kriegstreiber, Nationalisten und Spießbürger.
1933 wurde Tucholsky, der die Nationalsozialisten hasste, aus Deutschland ausgebürgert und nahm sich 1935 in Schweden voller Verzweiflung das Leben.

1 Welches Thema behandelt Tucholsky in dem Gedicht? Wie wird dieses Thema in den drei Strophen variiert?
2 Tucholsky spricht von flüchtigen Blickkontakten in der Großstadt. Habt ihr ähnliche Augen-Blicke auch schon erlebt? Wie war das für euch?
3 Die Strophen sind äußerlich sehr ähnlich gebaut. Untersucht ihren Aufbau und sprecht darüber, was in jeder Strophe gleichbleibt und was sich verändert.
4 Welche Grundstimmung verspürt ihr beim Hören/Lesen des Gedichts? Sprecht darüber.
5 Dieses Gedicht eignet sich gut für den Vortrag.
a) Ihr könnt für jede Strophe einen anderen Sprecher wählen.
b) Überlegt, wie ihr den Refrain sprechen wollt (ein oder mehrere Sprecher?).
c) Versucht einmal, den Gedichtvortrag mit Schlagrhythmen so zu begleiten, dass Inhalt und Stimmung noch spürbarer werden.

Georg Britting: Sommersonntag in der Stadt

Britting wurde 1891 in Regensburg geboren. Schwer verwundet kehrte er aus dem Ersten Weltkrieg zurück und lebte ab 1921 als Schriftsteller in München, wo er 1964 starb. Er verfasste vor allem Erzählungen und Gedichte. Oft schrieb er über das (bedrohte) Leben der Natur.

1 Warum treibt es die Stadtmenschen sonntags ins Freie? Was suchen und machen sie da?
2 Wieso nennt der Dichter die am Abend Heimkehrenden „Schatzsucher"?

3 Wie habt ihr sommerliche Sonntage in der Stadt (oder auf dem Dorf) erlebt? Schreibt die Überschrift *Sommersonntag in der Stadt* auf ein leeres Blatt (falls ihr auf dem Dorf wohnt, so schreibt *Sommersonntag auf dem Dorf*). Notiert alle Eindrücke, die euch dazu einfallen. Versucht aus dieser „Materialsammlung" von Eindrücken ein Gedicht zu machen. Das Gedicht muss sich nicht reimen.

Egon Rieble: Großstadt

Egon Rieble wurde 1925 in Baden-Württemberg geboren. Nach seinem Studium der Germanistik und Kunstgeschichte arbeitete er als Kulturreferent im Landkreis Rottweil.

1 Diesem Gedicht habt ihr in der Gedichte-Werkstatt auf Seite 13 eine bestimmte Versform gegeben. Falls nicht, solltet ihr das jetzt als Erstes einmal versuchen.
a) Was fällt euch auf an der Versanordnung, die Rieble gewählt hat?
b) Vergleicht sie mit euren Fassungen und sprecht darüber.
2 Dieses Gedicht enthält einige ungewöhnliche Wörter und Wendungen, die so in der Alltagssprache nicht vorkommen. Sucht diese Wendungen heraus. Sprecht darüber, was sie ausdrücken wollen.
3 Mit welchen Bildern beschreibt der Autor die Stadt? Wie werden die Menschen gezeigt?
4 Welche Atmosphäre spürt ihr?
5 „... und zieht vorüber...":
Auf wen beziehen sich diese Zeilen?
6 Der Text ist ohne Reime. Wieso kann man trotzdem sagen, dass dies ein Gedicht ist?
7 Ihr könnt versuchen, dieses Gedicht in ähnlicher Form mit ein oder zwei Strophen weiterzuschreiben. Lest euch dann eure Fortsetzungen vor.

Rainer Maria Rilke: Das Karussell

Rilke zählt zu den bedeutendsten deutschsprachigen Lyrikern des 20. Jahrhunderts. Er wurde 1875 in Prag geboren. Statt Offizier zu werden, wie es für ihn vorgesehen war, entschied er sich nach einem kurzen Studium für den Beruf des Schriftstellers. Rilke schrieb vor allem Gedichte. Zahlreiche Reisen führten ihn u. a. nach Russland, Frankreich, Italien, nach Nordafrika und in die Schweiz. Dort starb er 1926 an Leukämie.

1 Der *Jardin du Luxembourg* ist ein großer Park in Paris. Dort hat der Autor ein Karussell beobachtet. Was hat er gesehen?

a) Welche Tiere gehören zu dem Karussell?
b) Was wird über die Kinder gesagt, die auf den Holztieren reiten?

2 Die Bewegung des Karussells spielt in dem Gedicht eine große Rolle. Sucht die Verben heraus, mit denen diese Bewegung ausgedrückt wird.

3 Der Dichter versucht nicht nur durch den Inhalt der Worte, sondern auch durch die Form, die Anordnung der Verse, die Kreisbewegung des Karussells auszudrücken.
a) Viele Sätze in dem Gedicht gehen über das Zeilenende hinaus. Das nennt man Zeilensprung. Sucht diese Stellen heraus und überlegt, inwiefern diese Zeilensprünge zu der Bewegung des Karussells passen.
b) Eine Verszeile in dem Gedicht kehrt immer wieder. Welche ist das? Wieso wohl wird diese Verszeile immer wiederholt?
Was soll damit ausgedrückt werden?

4 Wieso lässt der Dichter das Gedicht mit drei Pünktchen enden?

**Christian Morgenstern:
Das ästhetische Wiesel**

Angaben zum Autor findet ihr auf S. 148.

1 Ästhetik ist die Wissenschaft, die Lehre vom Schönen. Ein ästhetischer Mensch ist also einer, der einen (zu?) großen Sinn für das Schöne besitzt, großen Wert auf Schönheit legt. Und ein ästhetisches Wiesel ...?
2 Wie spielt Morgenstern hier mit der Sprache (in Inhalt und Form)?
3 Schreibt die Reime des Gedichts heraus. Achtung: Alle (!) Verse reimen sich! Was meint ihr zu diesen Reimen?
4 Warum wirkt dieses Gedicht komisch?
5 Schreibt einmal selbst ein Gedicht mit witzigen Reimen.

**Robert Gernhardt:
Moin, moin, Morgenstern**

Robert Gernhardt ist als Schriftsteller ebenso berühmt wie als Maler, Zeichner und Karikaturist. Er wurde 1937 in Reval/Estland geboren, studierte Malerei und Germanistik und lebt heute in Frankfurt. Typisch für Gernhardts Gedichte ist die Kombination von sehr kunstvoller Form und hintersinnigem Witz oder sprachspielerischem Unsinn.

1 Gernhardt bezieht sich im Titel wie durch die Form seines Textes direkt auf Morgensterns Gedicht „Das ästhetische Wiesel", in dem sich Morgenstern über das bloße Reimen um des Reimens willen lustig macht.
a) Was übernimmt Gernhardt von Morgenstern? Was verändert er?

b) Was ist der Witz an Gernhardt Gedicht?
Wieso wird das Gedicht nun vollends unsinnig?

Kurt Schwitters:
So – so

Schwitters war Maler und Dichter. Er wurde 1887 in Hannover geboren, wo er später auch lebte. Er gehörte zum Kreis der sogenannten Dadaisten, die mit der Sprache bis zum völligen Nicht-Sinn spielten. Schwitters schrieb Gedichte, in denen er Sprachbrocken, Redensarten, Silben und Laute wie in einer Collage zu humoristisch-unsinnigen Texten montierte.
Vor den Nationalsozialisten floh er 1937 nach Norwegen und von dort 1940 nach England, wo er 1948 starb.

1 Was ist der Witz an diesem Gedicht?
2 Sprecht euch die vierte Verszeile und die beiden letzten Verszeilen laut vor:
   Was fällt euch am Klang auf?
3 Den Gleichklang von Vokalen innerhalb einer Verszeile („Dass das Dach halten kann") nennt man Assonanz; den Gleichklang von Wörtern innerhalb einer Verszeile („Mit einem Krach / Brach das Dach") nennt man Innenreim oder Binnenreim.
   Mit beiden Reimformen lässt sich wunderbar spielen. Erfindet einmal eigene Verse mit Assonanzen oder Binnenreimen: sie können ruhig unsinnig sein.

Wilhelm Busch:
Es sitzt ein Vogel

Wilhelm Busch wurde 1832 in Wiedensahl bei Hannover geboren und starb 1908 in Mechtshausen/Harz. Bis auf fünfzehn Jahre, die er in München verbrachte, lebte er lebenslang in diesen beiden Dörfern in Niedersachsen. Weltweit berühmt wurde er als Zeichner von Bildgeschichten, zu denen er selbst die Texte schrieb (z. B. *Max und Moritz*). Busch war kein sehr fröhlicher Mensch. Mit unerbittlichem Blick beobachtete er seine Umwelt und stellte sie mit treffenden, witzigen Worten und Zeichnungen bloß.

1 Warum wohl meint der Autor, dass der Vogel Humor habe? Wie könnte man diese Art von Humor nennen?
2 Wie tragen Rhythmus und Reim zur komischen Wirkung des Gedichts bei? Achtet besonders auf die Reimwörter in der vierten Verszeile der beiden Strophen.

Balladen erzählen Geschichten

Johann Heinrich Füssli, Der Nachtmahr, 1790

Erlkönig

Johann Wolfgang von Goethe

Wer reitet so spät durch Nacht und Wind?
Es ist der Vater mit seinem Kind;
Er hat den Knaben wohl in dem Arm,
Er fasst ihn sicher, er hält ihn warm.

Mein Sohn, was birgst du so bang dein Gesicht? –
Siehst, Vater, du den Erlkönig nicht?
Den Erlenkönig mit Kron und Schweif? –
Mein Sohn, es ist ein Nebelstreif. –

„Du liebes Kind, komm, geh mit mir!
Gar schöne Spiele spiel ich mit dir;
Manch bunte Blumen sind an dem Strand,
Meine Mutter hat manch gülden Gewand."

Mein Vater, mein Vater, und hörest du nicht,
Was Erlenkönig mir leise verspricht? –
Sei ruhig, bleibe ruhig, mein Kind;
In dürren Blättern säuselt der Wind. –

„Willst, feiner Knabe, du mit mir gehn?
Meine Töchter sollen dich warten schön;
Meine Töchter führen den nächtlichen Reihn
Und wiegen und tanzen und singen dich ein."

Mein Vater, mein Vater, und siehst du nicht dort
Erlkönigs Töchter am düstern Ort? –
Mein Sohn, mein Sohn, ich seh es genau:
Es scheinen die alten Weiden so grau. –

„Ich liebe dich, mich reizt deine schöne Gestalt;
Und bist du nicht willig, so brauch ich Gewalt."
Mein Vater, mein Vater, jetzt fasst er mich an!
Erlkönig hat mir ein Leids getan! –

Dem Vater grauset's, er reitet geschwind,
Er hält in Armen das ächzende Kind,
Erreicht den Hof mit Mühe und Not;
In seinen Armen das Kind war tot.

Hinweise zum Text: Seite 173/174.

Der Knabe im Moor

Annette von Droste-Hülshoff

O schaurig ists übers Moor zu gehn,
Wenn es wimmelt vom Heiderauche,
Sich wie Phantome die Dünste drehn
Und die Ranke häkelt am Strauche,
Unter jedem Tritte ein Quellchen springt,
Wenn aus der Spalte es zischt und singt,
O schaurig ists, übers Moor zu gehn,
Wenn das Röhricht knistert im Hauche!

Fest hält die Fibel das zitternde Kind
Und rennt, als ob man es jage;
Hohl über die Fläche sauset der Wind –
Was raschelt drüben am Hage?
Das ist der gespentische Gräberknecht,
Der dem Meister die besten Torfe verzecht;
Hu, hu, es bricht wie ein irres Rind!
Hinducket das Knäblein zage.

Vom Ufer starret Gestumpf hervor,
Unheimlich nicket die Föhre,
Der Knabe rennt, gespannt das Ohr,
Durch Riesenhalme wie Speere;
Und wie es rieselt und knittert darin!
Das ist die unselige Spinnerin,
Das ist die gebannte Spinnlenor',
Die den Haspel dreht im Geröhre!

Voran, voran! nur immer im Lauf,
Voran, als woll es ihn holen!
Vor seinem Fuße brodelt es auf,
Es pfeift ihm unter den Sohlen
Wie eine gespenstige Melodei;
Das ist der Geigenmann ungetreu,
Das ist der diebische Fiedler Knauf,
Der den Hochzeitheller gestohlen!

Da birst das Moor, ein Seufzer geht
Hervor aus der klaffenden Höhle;
Weh, weh, da ruft die verdammte Margret:
„Ho, ho, meine arme Seele!"
Der Knabe springt wie ein wundes Reh;
Wär nicht Schutzengel in seiner Näh,
Seine bleichenden Knöchelchen fände spät
Ein Gräber im Moorgeschwele.

Da mählich gründet der Boden sich,
Und drüben, neben der Weide,
Die Lampe flimmert so heimatlich,
Der Knabe steht an der Scheide.
Tief atmet er auf, zum Moor zurück
Noch immer wirft er den scheuen Blick:
Ja, im Geröhre wars fürchterlich,
O schaurig wars in der Heide!

Hinweise zum Text: Seite 174/175.

Otto Modersohn, Mondnacht im Teufelsmoor, um 1900

Die Bürgschaft

Friedrich von Schiller

Zu Dionys, dem Tyrannen, schlich
Damon, den Dolch im Gewande;
ihn schlugen die Häscher in Bande.
„Was wolltest du mit dem Dolche? sprich!",
entgegnet ihm finster der Wüterich.
„Die Stadt vom Tyrannen befreien!"
„Das sollst du am Kreuze bereuen."

„Ich bin", spricht jener, „zu sterben bereit
und bitte nicht um mein Leben;
doch willst du Gnade mir geben,
ich flehe dich um drei Tage Zeit,
bis ich die Schwester dem Gatten gefreit;
ich lasse den Freund dir als Bürgen:
ihn magst du, entrinn ich, erwürgen."

Da lächelt der König mit arger List
und spricht nach kurzem Bedenken:
„Drei Tage will ich dir schenken;
doch wisse: wenn sie verstrichen, die Frist,
eh du zurück mir gegeben bist,
so muss er statt deiner erblassen,
doch dir ist die Strafe erlassen."

Und er kommt zum Freunde: „Der König gebeut,
dass ich am Kreuz mit dem Leben
bezahle das frevelnde Streben;
doch will er mir gönnen drei Tage Zeit,
bis ich die Schwester dem Gatten gefreit;
so bleib du dem König zu Pfande,
bis ich komme, zu lösen die Bande."

Und schweigend umarmt ihn der treue Freund
und liefert sich aus dem Tyrannen;
der andere ziehet von dannen.
Und ehe das dritte Morgenrot scheint,
hat er schnell mit dem Gatten die Schwester vereint,
eilt heim mit sorgender Seele,
damit er die Frist nicht verfehle.

Da gießt unendlicher Regen herab,
von den Bergen stürzen die Quellen,
und die Bäche, die Ströme schwellen.
Und er kommt ans Ufer mit wanderndem Stab –
da reißet die Brücke der Strudel hinab,
und donnernd sprengen die Wogen
des Gewölbes krachenden Bogen.

Und trostlos irrt er an Ufers Rand;
wie weit er auch spähet und blicket
und die Stimme, die rufende, schicket –
da stößet kein Nachen vom sichern Strand,
der ihn setze an das gewünschte Land,
kein Schiffer lenket die Fähre,
und der wilde Strom wird zum Meere.

Da sinkt er ans Ufer und weint und fleht,
die Hände zum Zeus erhoben:
„Oh, hemme des Stromes Toben!
Es eilen die Stunden, im Mittag steht
die Sonne, und wenn sie niedergeht
und ich kann die Stadt nicht erreichen,
so muss der Freund mir erbleichen."

Doch wachsend erneut sich des Stromes Wut,
und Welle auf Welle zerrinnet,
und Stunde an Stunde entrinnet.
Da treibt ihn die Angst, da fasst er sich Mut
und wirft sich hinein in die brausende Flut
und teilt mit gewaltigen Armen
den Strom, und ein Gott hat Erbarmen.

Und gewinnt das Ufer und eilet fort
und danket dem rettenden Gotte;
da stürzet die raubende Rotte
hervor aus des Waldes nächtlichem Ort,
den Pfad ihm sperrend, und schnaubet Mord
und hemmet des Wanderes Eile
mit drohend geschwungener Keule.

„Was wollt ihr?", ruft er, vor Schrecken bleich,
„ich habe nichts als mein Leben,
das muss ich dem Könige geben!"
Und entreißt die Keule dem Nächsten gleich:
„Um des Freundes willen erbarmet euch!"
Und drei, mit gewaltigen Streichen,
erlegt er, die andern entweichen.

Und die Sonne versendet glühenden Brand,
und von der unendlichen Mühe
ermattet sinken die Knie:
„Oh, hast du mich gnädig aus Räubershand,
aus dem Strom mich gerettet ans heilige Land,
und soll hier verschmachtend verderben,
und der Freund mir, der liebende, sterben!"

Und horch! Da sprudelt es silberhell
ganz nahe, wie rieselndes Rauschen,
und stille hält er, zu lauschen;
und sieh, aus dem Felsen, geschwätzig, schnell,
springt murmelnd hervor ein lebendiger Quell,
und freudig bückt er sich nieder
und erfrischet die brennenden Glieder.

Und die Sonne blickt durch der Zweige Grün
und malt auf den glänzenden Matten
der Bäume gigantische Schatten;
und zwei Wanderer sieht er die Straße ziehn,
will eilenden Laufes vorüberfliehn,
da hört er die Worte sie sagen:
„Jetzt wird er ans Kreuz geschlagen."

Und die Angst beflügelt den eilenden Fuß,
ihn jagen der Sorge Qualen;
da schimmern in Abendrots Strahlen
von ferne die Zinnen von Syrakus,
und entgegen kommt ihm Philostratus,
des Hauses redlicher Hüter,
der erkennt entsetzt den Gebieter:

„Zurück! Du rettest den Freund nicht mehr,
so rette das eigene Leben!
Den Tod erleidet er eben.
Von Stunde zu Stunde gewartet' er
mit hoffender Seele der Wiederkehr,
ihm konnte den mutigen Glauben
der Hohn des Tyrannen nicht rauben."

„Und ist es zu spät, und kann ich ihm nicht
ein Retter willkommen erscheinen,
so soll mich der Tod ihm vereinen.
Des rühme der blutge Tyrann sich nicht,
dass der Freund dem Freunde gebrochen die Pflicht;
er schlachte der Opfer zweie
und glaube an Liebe und Treue!"

Und die Sonne geht unter, da steht er am Tor
und sieht das Kreuz schon erhöhet,
das die Menge gaffend umstehet;
an dem Seile schon zieht man den Freund empor,
da zertrennt er gewaltig den dichten Chor:
„Mich, Henker", ruft er, „erwürget!
Da bin ich, für den er gebürget!"

Und Erstaunen ergreifet das Volk umher,
in den Armen liegen sich beide
und weinen vor Schmerzen und Freude.
Da sieht man kein Auge tränenleer,
und zum Könige bringt man die Wundermär;
der fühlt ein menschliches Rühren,
lässt schnell vor den Thron sie führen.

Und blicket sie lange verwundert an;
drauf spricht er: „Es ist euch gelungen,
ihr habt das Herz mir bezwungen;
und die Treue, sie ist doch kein leerer Wahn,
so nehmet auch mich zum Genossen an!
Ich sei, gewährt mir die Bitte,
in eurem Bunde der Dritte!"

Hinweise zum Text:
Seite 175–177.

Die Brück' am Tay

(28. Dezember 1879)

Theodor Fontane

When shall we three meet again?
Macbeth

„Wann treffen wir drei wieder zusamm?"
„Um die siebente Stund', am Brückendamm."
„Am Mittelpfeiler."
„Ich lösche die Flamm."
„Ich mit."
   „Ich komme vom Norden her."
   „Und ich vom Süden."
   „Und ich vom Meer."
„Hei, das gibt einen Ringelreihn,
Und die Brücke muss in den Grund hinein."
   „Und der Zug, der in die Brücke tritt
   Um die siebente Stund?"
   „Ei, der muss mit."
   „Muss mit."
„Tand, Tand
Ist das Gebilde von Menschenhand!"

✶

Auf der Norderseite das Brückenhaus –
Alle Fenster sehen nach Süden aus,
Und die Brücknersleut' ohne Rast und Ruh
Und in Bangen sehen nach Süden zu,
Sehen und warten, ob nicht ein Licht
Übers Wasser hin „Ich komme" spricht,
„Ich komme, trotz Nacht und Sturmesflug,
Ich der Edinburger Zug."

   Und der Brückner jetzt: „Ich seh' einen Schein
   Am anderen Ufer. Das muss er sein.
   Nun, Mutter, weg mit dem bangen Traum,
   Unser Johnie kommt und will seinen Baum,
   Und was noch am Baume von Lichtern ist,
   Zünd' alles an wie zum heiligen Christ,
   Der will heuer zweimal mit uns sein, –
   Und in elf Minuten ist er herein."

Und es war der Zug. Am Süderturm
Keucht er vorbei jetzt gegen den Sturm,
Und Johnie spricht: „Die Brücke noch!
Aber was tut es, wir zwingen es doch.
Ein fester Kessel, ein doppelter Dampf,
Die bleiben Sieger in solchem Kampf.
Und wie's auch rast und ringt und rennt,
Wir kriegen es unter, das Element.

      Und unser Stolz ist unsre Brück';
      Ich lache, denk' ich an früher zurück,
      An all den Jammer und all die Not
      Mit dem elend alten Schifferboot;
      Wie manche liebe Christfestnacht
      Hab' ich im Fährhaus zugebracht
      Und sah unsrer Fenster lichten Schein
      Und zählte und konnte nicht drüben sein."

Auf der Norderseite, das Brückenhaus –
Alle Fenster sehen nach Süden aus,
Und die Brücknersleut' ohne Rast und Ruh
Und in Bangen sehen nach Süden zu;
Denn wütender wurde der Winde Spiel,
Und jetzt, als ob Feuer vom Himmel fiel,
Erglüht es in niederschießender Pracht
Überm Wasser unten … Und wieder ist Nacht.

                ✫

„Wann treffen wir drei wieder zusamm?"
„Um Mitternacht, am Bergeskamm."
„Auf dem hohen Moor, am Erlenstamm."
        „Ich komme."
        „Ich mit."
„Ich nenn' euch die Zahl."
„Und ich die Namen."
„Und ich die Qual."
        „Hei! Wie Splitter brach das Gebälk entzwei."
„Tand, Tand
Ist das Gebilde von Menschenhand."

Hinweise zum Text: Seite 177/178.

Aus der Vossischen Zeitung vom 30. 12. 1879

Die Eisenbahnbrücke über den Firth of Tay, der breiten meerartigen Mündung des Tay, die im Mai vorigen Jahres dem Verkehr übergeben wurde, ist eines der Wunder der Brückenbaukunst gewesen; sie ist ohne Frage die längste Brücke der Welt, sofern die Breite des fließenden Wassers, welches überspannt ist, in Betracht gezogen wird (...)

Alle Hilfsmittel, welche die moderne Technik an die Hand gibt, waren aufgeboten, um dieses Werk herzustellen. (...)

Die telegraphischen Meldungen über das Unglück besagen Folgendes: Ein entsetzlicher Sturm fegte Sonntagnacht über Dundee hin und riss einen Teil der Taybrücke nieder, auf welcher sich der um 7.15 Uhr fällige Eisenbahnzug von Edinburgh befand. Man nimmt an, dass der Zug im Wasser begraben ist, allein der Sturm ist noch immer so heftig, dass kein Dampfboot im Stande war, sich der Brücke zu nähern.
Von der Fifeseite war gehörig signalisiert worden, dass der Zug 14 Minuten nach 7 Uhr die Dundeebrücke überschritten habe; man hat denselben auch auf der Brücke gesehen und kurz darauf einen plötzlichen Feuerstrahl. Man glaubt, dass der Zug die Schienen verlassen und über die Brücke gestürzt sei. (...)

Die Tay-Bridge-Katastrophe am 28. 12. 1879

Die Eisenbahnbrücke über den Firth of Tay in Schottland, mit deren Bau nach den Plänen des Eisenbahningenieurs Thomas Bouch im Jahre 1871 begonnen wurde. Mit der Gesamtlänge von 3,62 km war sie eine der längsten Brücken der Welt.

Da sich das schreckliche Unglück in der Mitte der Brücke, also ungefähr eine Meile von jedem Ufer entfernt, bei heftigem Sturm ereignete, so wurde angenommen, dass kein Einziger der auf dem Zuge Anwesenden mit dem Leben davongekommen sei, zumal man bedachte, dass auch der beste Schwimmer wenig Aussicht gehabt hätte, sich zu retten, selbst wenn ihm der beträchtliche Fall – gegen 100 Fuß – Besinnung und Kraft dazu gelassen hätte.

Die Szenen am Bahnhof von Dundee, woselbst Angehörige der auf dem Zuge befindlichen Reisenden deren Ankunft erwartet hatten, sollen über alle Maßen ergreifend gewesen sein. Gestern Abend trieben bei Broughly Ferry ein halbes Dutzend Briefsäcke an Land, und am Montagmorgen wurden dort eine Anzahl von Schleiern, Muffs, Schals und Reisesäcken aufgefischt. Mehrere Dampfer mit Tauchern an Bord fuhren heute Morgen nach der Unglücksstelle ab, um die Leichen der so gräßlich Umgekommenen zu bergen.
Auf der Londoner Börse fielen die Aktien der North-British-Eisenbahn, in deren Zuge sich die Tay-Brücke befindet (...)

Hinweise zum Text: Seite 177.

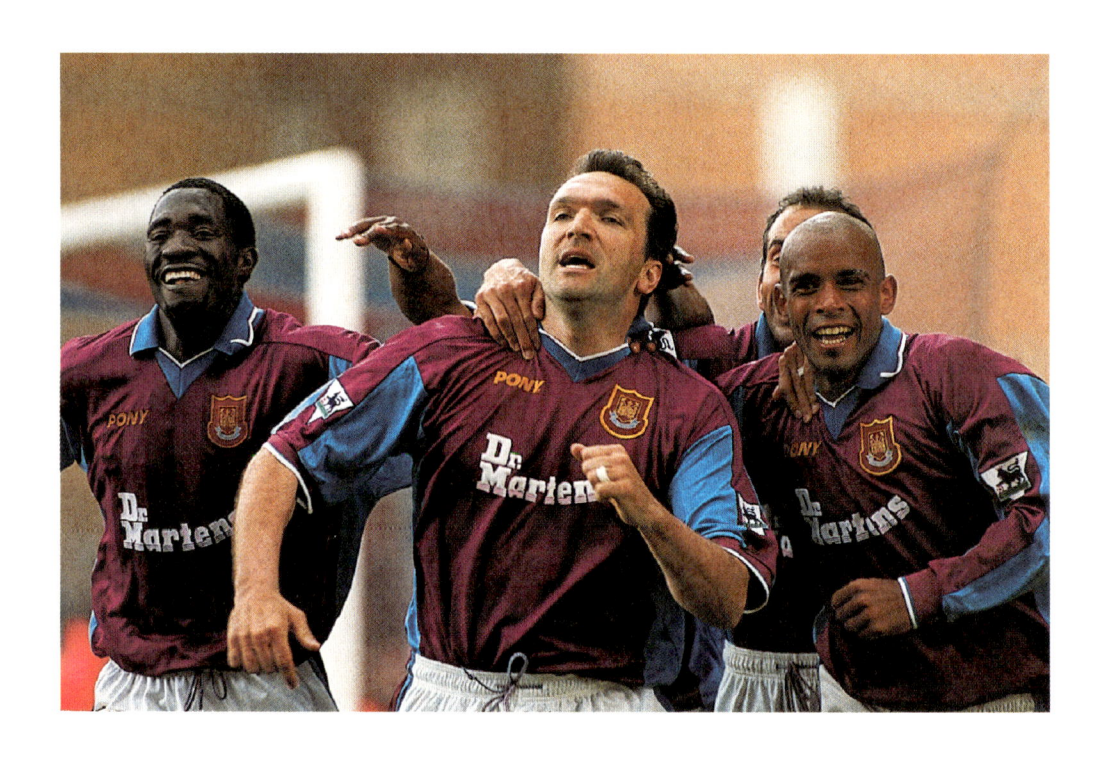

Die Ballade
von dem Briefträger William L. Moore
Wolf Biermann

SONN - TAG! Sonn-tags, da ruh - te Wil - liam L. Moore von sei - ner
Ar - beit aus. Er war ein ar - mer Brief - trä - ger nur,
in Bal - ti - more stand sein Haus. BLACK AND WHITE U-
NITE! U - NITE! stand auf sei - nem Schild. WHITE AND
BLACK – DIE SCHRAN-KEN WEG! Und er ging ganz al - lein.

1. Sonntag – Sonntag, da ruhte William L. Moore von seiner Arbeit aus.
   Er war ein armer Briefträger nur, in Baltimore stand sein Haus.
   Black and white, unite, unite! stand auf seinem Schild.
   White and black, die Schranken weg! Und er ging ganz allein.

2. Montag – Montag, ein Tag in Baltimore, sprach er zu seiner Frau:
   „Ich will nicht länger Briefträger sein, ich geh nach Süden auf Tour,
   that's sure!"
   Black and white …

3. Dienstag – Dienstag, ein Tag im Eisenbahnzug, fragte William L. Moore
   manch einer nach dem Schild, das er trug, und wünscht ihm Glück
   für die Tour.
   Black and white …

4. Mittwoch – Mittwoch, in Alabama ein Tag, ging er auf der Chaussee,
   weit war der Weg nach Birmingham, taten die Füße weh.
   Black and white …

5. Donnerstag – Donnerstag hielt der Sheriff ihn an, sagte:
   „Du bist doch weiß!", sagte: „Was gehen die Nigger dich an?
   Junge, bedenke den Preis!"
   Black and white …

6. Freitag – Freitag lief ihm ein Hund hinterher, wurde sein guter Freund.
   Abends schon trafen Steine sie schwer. Sie gingen weiter zu zweit.
   Black and white …

7. Sonna'md – Sonna'md, der Tag war furchtbar heiß,
   kam eine weiße Frau, gab ihm 'nen Drink, und leise sprach sie:
   „Ich denk' wie Sie ganz genau."
   Black and white …

8. Last day – Sonntag, ein blauer Sommertag, lag er im grünen Gras.
   Blühten drei rote Nelken blutrot auf seiner Stirne so blass.
   Black and white, unite, unite! stand auf seinem Schild.
   White and black, die Schranken weg! Und er starb ganz allein.
   Und er bleibt nicht allein!

Hinweise zum Text: Seite 178/179.

Die Ballade von den sieben Schneidern

Wilhelm Busch

Es hatten sieben Schneider gar einen grimmen Mut;
Sie wetzten ihre Scheren und dürsteten nach Blut.

Dort auf der breiten Heide loff eine Maus daher,
Und wär sie nicht geloffen, so lebte sie nicht mehr.

Und zu derselben Stunde (es war um halber neun)
Sah dieses mit Entsetzen ein altes Mütterlein.

Die Schneider mit den Scheren, die kehrten sich herum,
Sie stürzten auf die Alte mit schrecklichem Gebrumm.

„Heraus nun mit dem Gelde! Da hilft kein Ach und Weh!"
Das Mütterlein, das alte, das kreischte: „Ach herrje!"

Ein Geißbock kam geronnen, so schnell er eben kann,
Und stieß mit seinem Horne den letzten Schneidersmann.

Da fielen sieben Schneider pardauz! auf ihre Nas
Und lagen beieinander maustot im grünen Gras.

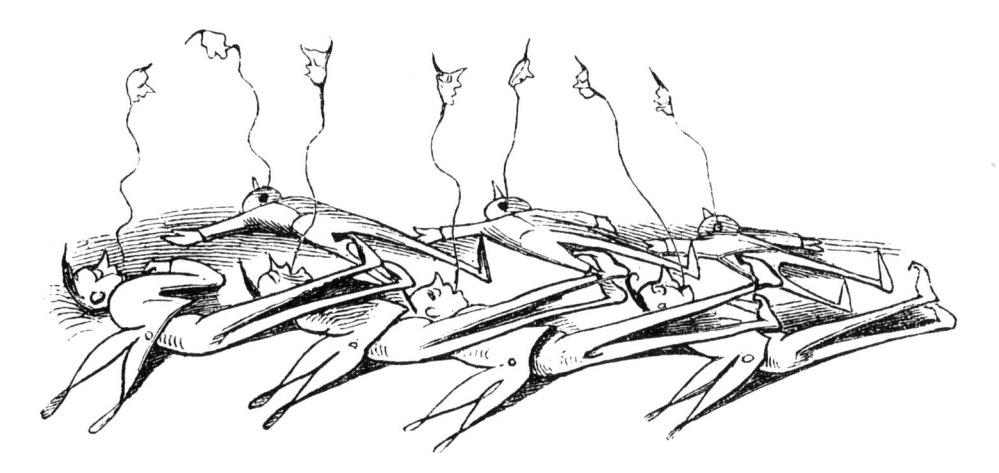

Und sieben Schneiderseelen, die sah man aufwärts schwirrn;
Sie waren anzuschauen wie sieben Fäden Zwirn.

Der Teufel kam geflogen, wie er es meistens tut,
Und fing die sieben Seelen in seinem Felbelhut.

Der Teufel, sehr verdrießlich, dem war der Fang zu klein,
Drum schlug er in die Seelen gleich einen Knoten drein.

Er hängt das leichte Bündel an eine dürre Lind',
Da pfeifen sie gar kläglich, piep, piep, im kühlen Wind.

Und zieht ein Wandrer nächtlich durch dieses Waldrevier,
So denkt er bei sich selber: „Ei, ei, wer pfeift denn hier?"

Hinweise zum Text: Seite 179.

Balladen erzählen Geschichten

Balladen sind mehr als bloße Gedichte; sie sind eine Art Mischform von Gedicht, Erzählung und Drama. Mit den Mitteln eines Gedichts (d. h. mit Vers- und Stropheneinteilung, mit Reim und Rhythmus, Lautmalerei, Wiederholung u. a.) erzählen sie eine Geschichte. Doch damit nicht genug: Balladen führen das Erzählte oft auch noch als Szene, wie ein Theaterstück im Kleinen vor (z. B. durch wörtliche Rede, Spannungsaufbau der Handlung u. a.). Diese Mischform verweist auf die Ursprünge der Ballade. Ganz früher, als es weder Zeitungen noch Fernsehen gab, waren Balladen so etwas wie „gesungene Zeitungen". Sänger zogen von Ort zu Ort und erzählten in Liedform von außergewöhnlichen, das Publikum interessierenden Begebenheiten. Um die Sache für das Publikum spannender zu machen, spielten sie das Gesungene bzw. Erzählte gleichzeitig auch noch vor.

Die Ballade war ursprünglich also eine sehr volkstümliche Form. Seit der Zeit Goethes und Schillers wurde sie zu einer „hohen", kunstvollen Form weiterentwickelt.

Balladen erzählen von ganz unterschiedlichen Begebenheiten, meistens jedoch von einem Kampf, einer gefährlichen Auseinandersetzung oder einer unheimlichen Bedrohung. *Heldenballaden* oder *Ideenballaden* erzählen von besonderen Menschen und ihren Taten, *Schicksalsballaden* von Kampf zwischen Menschen und Schicksalsmächten, *naturmagische Balladen* vom Zusammenstoß zwischen Menschen und unheimlichen, magischen Kräften der Natur.

Für einige diese Balladenformen findet ihr in der folgenden Sequenz Beispiele. Auch heute noch werden Balladen geschrieben, oft als Textgrundlage für ein Lied, einen Song. Eine solche moderne Liedballade ist in der Sequenz ebenfalls enthalten. Am Schluss findet ihr noch eine Ballade etwas anderer Art: Sie macht sich lustig über die vielen sehr ernsten Balladen mit all ihren großartigen Taten und schaurigen Geschichten.

Johann Wolfgang von Goethe: Erlkönig	Hinweise zum Autor findet ihr auf S. 106. Die Ballade entstand 1782. Angeregt wurde Goethe dazu durch Herders Übersetzung der dänischen Volksballade *Erlkönigs Tochter*. Diese beginnt mit „Herr Olaf reitet spät und weit" und endet „Da lag Herr Olaf und war tot". Dänisch *ellerkonge* = Elfenkönig hatte Herder fälschlicherweise mit dänisch *eller* = Erle in Verbindung gebracht. Diese falsche Übersetzung brachte Goethe dazu, über die rätselhaften und dämonischen Kräfte und Lebewesen, die in der Natur wirksam sind, nachzudenken und sie dichterisch zu gestalten.
	1 Erzähle mit eigenen Worten, was in dieser Ballade geschieht. a) Nur das Kind hört die Stimme des Erlkönigs, der Vater nicht. Heisst das, dass der Erlkönig nur eine Einbildung des Knaben ist, oder steckt darin ein realer Kern? b) Was macht dem Knaben wohl Angst? c) Woran stirbt der Knabe nach deiner Meinung? **2** Wie deutet der Vater das Erlebte? Schreibt auf, was er erzählt, nachdem er auf dem Hof angekommen ist.

3 Obwohl die Ballade eine Geschichte „erzählt", ist sie keine Erzählung, sondern ein Gedicht. Woran merkt ihr das?

4 Ähnlich wie auf einer Theaterbühne sprechen in dieser Ballade verschiedene Personen. Findet heraus, wer in welcher Strophe spricht. (Ein Tipp: In der ersten und letzten Strophe spricht der Erzähler.)

5 Wie viele Balladen, so wirkt auch der Erlkönig am besten durch einen lebendigen Vortrag.
a) Versucht es einmal. Ihr könnt dabei mit verschiedenen Stimmen sprechen.
b) Achtet dabei auf den Rhythmus der Sprache. Die erste Strophe z. B. lässt sich so lesen, dass man das Hufgetrappel des galoppierenden Pferdes hören kann.
c) Wie verändert sich die Stimmung und damit die Redeweise der Stimmen in den verschiedenen Strophen? Wie z. B. spricht der Erlkönig am Anfang, wie am Schluss? Probiert es aus.
d) Nehmt euren Vortrag auf Kassette auf.

6 Eine der berühmtesten Vertonungen dieser Ballade stammt von dem Komponisten Franz Schubert. Fragt euren Musiklehrer, eure Musiklehrerin nach einer Aufnahme und hört sie euch an. Wie gelingt es Schubert, die zunehmende Angst des Knaben hörbar zu machen?

Annette von Droste-Hülshoff: Der Knabe im Moor

Die Dichterin stammt aus einem alten westfälischen Adelsgeschlecht. Sie wurde 1797 auf dem Wasserschloss Hülshoff bei Münster in Westfalen geboren. Das kleine kränkliche Mädchen fiel schon früh durch seine große Klugheit und seine dichterische Begabung auf, sie schrieb schon in jungen Jahren Gedichte, Theaterstücke und einen Roman. Ihre strenge Erziehung verpflichtete sie später auf ein frommes und zurückgezogenes Leben, wie man es damals von einem unverheirateten Adelsfräulein erwartete.

Das Dichten durfte dabei höchstens eine „schickliche" Freizeitbeschäftigung sein. Dennoch dichtete die Droste zahlreiche berühmt gewordene Naturgedichte und Balladen, in denen sie vor allem ihre geliebte westfälische Heide- und Moorlandschaft, das Unheimliche und Bedrohliche dieser Natur darstellte. Als ihr erzählerisches Meisterwerk gilt ihre Novelle *Die Judenbuche*. 1848 starb die Dichterin auf Schloss Meersburg am Bodensee.

Die Ballade ist im Winter 1841/42 entstanden und wurde mit anderen Texten zusammen als Heidebilder veröffentlicht. Gespenster- und Geistererscheinungen gehörten bei den Menschen der westfälischen Landschaft zur erlebten täglichen Wirklichkeit. In ihren Bildern aus Westfalen schreibt die Dichterin dazu:

Die häufigen Gespenster in Moor, Heide und Wald sind arme Seelen aus dem Fegefeuer, deren täglich in viel tausend Rosenkränzen gedacht wird, und ohne Zweifel mit Nutzen, da man zu bemerken glaubt, dass die Sonntagsspinnerin ihre blutigen Arme immer seltener aus dem Gebüsche streckt, der diebische Torfgräber nicht halb so kläglich mehr im Moore ächzt und vollends der kopflose Geiger seinen Sitz auf dem Waldstege gänzlich verlassen zu haben scheint.

1 Welche Erfahrungen habt ihr als Kinder mit Orten gemacht, die euch Angst einjagten? Erzählt.
2 Klärt gemeinsam unverstandene Wörter und Wendungen dieser Ballade.
3 Erzähle, was in der Ballade geschieht.
   a) Was sind das für Gestalten, die den Jungen erschrecken?
   b) Warum müssen sie im Moor umhergeistern?
4 Suche die Stellen heraus, in denen von wirklichen Naturvorgängen im Moor die Rede ist.
   a) Was genau wird hier beschrieben?
   b) Schreibe die verwendeten Verben (wie *wimmelt, häkelt, springt, zischt* ...) heraus.
   Wie klingen diese Verben?
5 An verschiedenen Stellen verwendet die Dichterin klangmalerische Ausrufe und Wiederholungen wie z. B. *O, hu,hu, ho, ho*. Wie muss man diese Stellen sprechen?
6 Versucht zu erklären, warum man diese Ballade zu den naturmagischen Balladen zählt.
7 Tragt die ganze Ballade laut vor.
   a) Probiert aus, wie ihr mit eurer Stimme (Lautstärke, Redetempo, Stimmhöhe usw.) die unheimliche Stimmung hörbar machen könnt.
   b) Besorgt euch Dias zu Moorlandschaften und blendet zu jeder Strophe passende Bilder ein

Friedrich Schiller: Die Bürgschaft

Schiller wurde 1759 in Marbach am Neckar geboren. Er studierte Rechtswissenschaft, später Medizin und lebte danach als schlechtbezahlter Militärarzt in Stuttgart. Weil er sich unerlaubt von seinem Regiment entfernt hatte, um die Uraufführung seines ersten Dramas *Die Räuber* in Mannheim zu besuchen, wurde er vom Herzog mit Arrest, später sogar mit Schreibverbot bestraft. Daraufhin floh Schiller nach Mannheim, anschließend nach Jena, wo er Professor für Geschichte wurde. 1799 übersiedelte Schiller nach Weimar, wo er 1805 starb.

Seit 1794 bis zu seinem Tod war Schiller mit Goethe befreundet, der ebenfalls in Weimar lebte und mit dem zusammen er auch Balladen veröffentlichte. Schiller schrieb neben Gedichten und Balladen, Erzählungen und wissenschaftlichen Texten vor allem Dramen, die ihn weltberühmt machten, so z.B. *Die Räuber*, *Wilhelm Tell*, *Maria Stuart*, *Die Jungfrau von Orleans* und *Wallenstein*.

Den Stoff für seine Ballade fand Schiller in einer antiken Fabel- und Anekdotensammlung aus dem 2. Jahrhundert. Dort wird von dem sizilianischen Tyrannen *Dionysos* berichtet, der seine Untertanen grausam quälte und den deshalb *Moerus* (bei Schiller *Damon*) töten wollte. Moerus wurde gefasst und zum Tod am Kreuz verurteilt. Er erbat noch einen dreitägigen Urlaub vor seiner Hinrichtung, um seine Schwester zu verheiraten und bot seinen Freund *Selinuntius* als Bürge für seine Rückkehr an.

Der König gewährte die drei Tage mit dem Hinweis, dass Selinuntius hingerichtet würde, wäre Moerus am dritten Tag nicht zurück. Weiter heisst es in der Quelle:

Als dieser nach der Vermählung seiner Schwester sich auf dem Rückweg befand, schwoll ein Fluss durch plötzliches Unwetter und durch Regen so sehr an, dass er weder durchschritten noch durchschwommen werden konnte. Moerus setzte sich am Ufer nieder und begann zu weinen aus Angst, dass sein Freund für ihn sterben müsse. Als der Tyrann befahl, Selinuntius hinzurichten, weil schon die sechste Stunde des dritten Tages herangenaht und Moerus nicht gekommen sei, antwortete Selinuntius, der Tag sei noch nicht vorüber. Aber nachdem bereits die neunte Stunde angebrochen war, befahl der König, Selinuntius zur Hinrichtung zu führen. Als dieser abgeführt wurde, folgte im letzten Augenblick Moerus, dem der Fluss den Weg wieder frei gegeben hatte, dem Henker und rief von weitem aus: „Halte ein Henker, da bin ich, für den er gebürgt hat!"
(Aus: Hyginus, Exempla, 257. Kapitel)

Nach altgriechischem Brauch musste ein Bruder seiner Schwester die Hochzeit ausrichten, wenn der Vater gestorben war.

1 In welche drei großen Abschnitte lässt sich die Ballade unterteilen? Welche Überschriften würden zu diesen drei Abschnitten passen?

2 Wozu braucht Damon noch unbedingt eine Frist von drei Tagen?

3 Warum lächelt der König Dionysos bei seinem Angebot mit arger List? Was denkt er sich?

4 Was geht dem König durch den Kopf, als er lange verwundert zusieht, wie die beiden Freunde sich umarmen? Schreibt einen inneren Monolog.

5 Was meint ihr zu dem Schluss?
a) Wie beurteilt ihr die Bitte des Königs?

b) Können die Drei wirklich Freunde werden?
Schreibt auf, wie die Geschichte weitergehen könnte.
6 Vergleicht die Ballade mit dem Quellentext.
Was hat Schiller übernommen, was hat er verändert?
7 Das dramatische Element ist in dieser Ballade besonders ausgeprägt, d. h. auch die Spannung des Geschehens. Mit welchen Mitteln erreicht Schiller, dass die Ballade viel spannnender wirkt als die Vorlage?
8 Die Ballade lässt sich fast wie ein Theaterstück behandeln und in einzelne Szenen umformen. Probiert es einmal aus.

Theodor Fontane: Die Brücke am Tay

Theodor Fontane wurde 1819 in Neuruppin geboren und starb 1898 in Berlin. Wie sein Vater wurde er zunächst Apotheker. Mit dreißig Jahren aber gab er diesen Beruf auf und wurde Journalist und Schriftsteller. Mehrere Jahre lebte er als Berichterstatter für die Preussische Zeitung in London, später wurde er Zeitungsredakteur und Theaterkritiker in Berlin. Neben Balladen. Gedichten und Reiseberichten schrieb Fontane vor allem im Alter Romane, die ihn berühmt machten, z. B. *Effi Briest*. In diesen Romanen erwies er sich als genauer Beobachter der adligen und bürgerlichen Gesellschaft seiner Zeit.

Als das Zugunglück passierte, hielt Fontane sich gerade in Schottland auf. Schon zehn Tage später erschien seine Ballade in einer deutschen Zeitschrift.

„When shall we three meet again": So lautet der Anfang des Dramas *Macbeth* des englischen Dichters William Shakespeare (1564–1616), bei dem drei Hexen auftreten, die den Untergang von Macbeth beschließen.

1 Versuche, den Inhalt der Ballade kurz nachzuerzählen.
2 In welche Teile lässt sich die Ballade gliedern?
Wer spricht in den Anfangs- und Schlussstrophen?
3 Lest die Ballade mit verteilten Rollen vor.
a) Wie viele Sprecher braucht ihr?
Wer sind die Sprecher (in der Ballade)?
b) Wie muss die Stimme der alten Brücknersleute klingen? Wie die Stimme von Johnie, dem Lokführer?
c) Wie klingen die Stimmen der Hexen am Anfang, wie am Schluss?
4 Finde heraus, welche Passagen in der Ballade erzählenschen, lyrischen oder dramatischen Charakter haben.
5 Vergleiche die Ballade mit dem Zeitungsbericht: Was hat Fontane übernommen? Was hat er weggelassen?
Wie wird das Unglück in der Zeitung, wie in der Ballade erklärt?

6 Man hat über diese Ballade gesagt, dass hier der Kampf der Naturgewalten mit der Technik gestaltet sei. Was sagt ihr zu dieser Deutung?

7 Versucht zu erklären, warum Fontane am Anfang und am Schluss die Hexenstimmen sprechen lässt und seiner Ballade das Zitat aus Macbeth voranstellt.

8 Von welchen anderen Katastrophen wisst ihr, bei denen Naturgewalten stärker waren als die moderne Technik? Vielleicht habt ihr Lust, darüber selbst einmal eine ähnliche Ballade zu schreiben (z. B. über den Untergang der Titanic).
Die Form (Anfang, Schluss, verschiedene Sprecher u. a.) könnt ihr von Fontane übernehmen.

Wolf Biermann: Die Ballade von dem Briefträger William L. Moore

Biermann wurde 1936 in Hamburg geboren. Als er sieben Jahre alt war, wurde sein Vater, weil er Kommunist war und gegen die Nazis kämpfte, ins KZ Auschwitz gebracht und dort ermordet.

Mit 17 Jahren übersiedelte Biermann als überzeugter Sozialist freiwillig in die damalige DDR. Dort bekam er einige Jahre später, als er seine Gedichte zur Gitarre vorsang, Schwierigkeiten und erhielt sogar Auftrittsverbot in der DDR. Trotzdem blieb Biermann, der inzwischen berühmt war und Konzerttourneen in den Westen machen konnte, in der DDR, bis er 1976 von einer Konzertreise nicht mehr dorthin zurückkehren durfte. Seitdem lebt er in Hamburg und schont mit seiner kritischen Stimme auch nach der deutschen Einigung weder seine Landsleute im Osten noch die im Westen. Das bringt ihm viele Feinde in Ost und West ein, aber auch viele Freunde.

Der Briefträger William L. Moore wanderte im Jahr 1963 allein in die Südstaaten, wo er gegen die Rassendiskriminierung der Schwarzen protestierte. Die Zeile „Black and White, unite!" ist der Titel eines Liedes zum amerikanischen Sezessionskrieg, in dem es um die Sklavenbefreiung ging.

1 Lest den Text durch und klärt die Stellen, die euch unverständlich sind.

2 Besorgt euch das Lied von Biermann und hört es euch an.

3 Lest danach den Balladentext in der Klasse vor. Wechselt dabei mit jeder Strophe den Sprecher. Bei der wörtlichen Rede könnt ihr noch einmal den Sprecher wechseln. Der Refrain sollte immer von derselben Person (oder einer Gruppe) gesprochen werden.

4 Besorgt euch Informationen darüber, wie das Problem *black and white* in den 60er Jahren in den USA aussah. Befragt dazu euren Geschichtslehrer oder schaut in Lexika nach, was ihr unter den Stichwörtern *Rassentrennung* oder *Apartheid* findet.
5 Warum bricht William L. Moore in den Süden der USA auf? In dem Text wird darüber nichts weiter gesagt.
6 Was meint der Sheriff mit dem Satz: „Junge, bedenke den Preis"?
7 Am Schluss hat Biermann den Refrain abgeändert. Wie versteht ihr die letzte Zeile?

Wilhelm Busch:
Die Ballade von den sieben Schneidern

Hinweise zum Autor findet ihr auf Seite 155.

1 In diesem Text macht sich Busch über Balladen lustig. Woran merkt man das?
2 Warum wirkt diese Ballade besonders komisch, wenn man sie laut vorliest?
3 Wie wirken die Bilder auf euch? Wie passen sie zum Text?
4 Diese Ballade lässt sich wunderbar in ein komisches kleines Theaterstück oder eine Pantomime umsetzen: Ein Sprecher oder eine Sprecherin liest den Text, während die anderen das Geschehen stumm vorspielen.
a) Überlegt, wie viele Rollen bzw. welche Spieler ihr braucht.
b) Besorgt euch passende Requisiten (z. B. aufgeblasene Luftballons an der Schnur für die Schneiderseelen, einen Garderobenständer für den Lindenbaum usw.).
c) Überlegt, welche Hintergrundgeräusche/Hintergrundmusik zu dem kleinen Stückchen noch passen könnten.

Alles nur Theater?

Beim Arzt

Karl Valentin

LIESL KARLSTADT: Darf ich bitten, der Nächste.
KARL VALENTIN: Grüß Gott, Herr Arzt.
LIESL KARLSTADT: Grüß Gott, Herr Meier. Na, wo fehlt's?
KARL VALENTIN: O mei, Herr Doktor, mit meim Magn stimmt's nimmer recht. Jedesmal, wenn ich gessen hab, dann hab ich den Magn so voll.
LIESL KARLSTADT: Ja, das ist doch keine Krankheit, das ist doch ganz logisch, wenn Sie in den Magen was hineintun, muss er ja voll werden. – Wie ist es denn, wenn Sie nichts essen?
KARL VALENTIN: Ganz das Gegenteil, dann fühl ich so eine Leere im Magn.
LIESL KARLSTADT: Na sehen Sie, dann ist doch Ihr Magen in Ordnung.
KARL VALENTIN: Ja, aber wie kommt denn das dann, dass ich beim Stiegensteigen so schnaufen muss?
LIESL KARLSTADT: Ja, mein Lieber, da muss ein anderer auch schnaufen, aber das hängt doch nicht mit dem Magen zusammen, sondern mit der Lunge.
KARL VALENTIN: Ja, auf der Lunge bin ich gsund, da fehlt mir nix, trotzdem ich mir vor zwei Jahren an Fuß brochen hab.
LIESL KARLSTADT: So, an Fuß haben Sie sich gebrochen, wie ist denn das passiert?
KARL VALENTIN: Zuviel Alkohol hatt ich dawischt.
LIESL KARLSTADT: Am Alkohol können Sie sich doch nicht den Fuß brechen.
KARL VALENTIN: Freili, bsuffa war i, und da bin i auf einer ausländischen Bananenschale ausgrutscht und hab mir meinen eigenen Fuß gebrochen.
LIESL KARLSTADT: Ja, da war aber dann nicht der Alkohol schuld, sondern die Bananenschale.
KARL VALENTIN: Selbstverständlich war die Bananenschale schuld, weil ich die net gsehn hab, und drum glaub ich, Herr Doktor, dass mit meinen Augen nimmer's Richtige is, weil, wenn ich zum Beispiel daheim Zeitung lies, dann krieg ich so Kreuzweh, dass ich's Lesen aufhörn muss.
LIESL KARLSTADT: Aber lieber Herr Meier, schlechte Augen können niemals Kreuzschmerzen erzeugen.
KARL VALENTIN: Des kann schon sein, aber d'Augen und s'Kreuz müssen doch eine heimliche Verbindung haben, weil man oft die alten Leut jammern hört, wenn's sagen: „Es ist schon ein rechtes Kreuz, wenn man nicht mehr gut sieht."
LIESL KARLSTADT: Ja, Herr Meier, Sie sollten halt weniger Zeitung lesen und dafür mehr Obst essen, denn Obst ist gesund.
KARL VALENTIN: Nicht für jeden, Herr Doktor. A Bekannter von mir wäre beinahe an einer Zwetschgen erstickt.
LIESL KARLSTADT: Wie alt sind Sie denn schon, Herr Meier?
KARL VALENTIN: Herr Doktor, ich bin schon bald zehn Jahre älter als meine Frau. Ja.
LIESL KARLSTADT: Soso – und wie alt ist denn Ihre Frau?

KARL VALENTIN: Ja, meine Frau, die ist jetzt – das könnt ich Ihnen momentan gar nicht sagen.
LIESL KARLSTADT: Nun ja, ist auch Nebensache. – Ist der Darm in Ordnung?
KARL VALENTIN: Von der Frau?
45 LIESL KARLSTADT: Nein, nein, der Ihrige.
KARL VALENTIN: Ach so, der meinige – ja, ja – selbstverständlich – im Vertrauen zu Ihnen gesagt … Valentin flüstert dem Arzt etwas ins Ohr.
LIESL KARLSTADT: Soso, hahahahaha – dann lieber nicht, dann verschreib ich Ihnen statt Rizinusöl lieber Opiumtropfen. – Was haben Sie eigentlich für einen Beruf, Herr Meier?
50
KARL VALENTIN: Ich bin Leiternfabrikant.
LIESL KARLSTADT: Aha, Sie machen die langen Leitern für die Feuerwehr?
KARL VALENTIN: Nein, nein, ich mach die ganz winzig kleinen für die Laubfrösch.
LIESL KARLSTADT: Was Sie nicht sagen, sehr interessant. Na ja, Leiter ist Leiter,
55 aber dass wir wieder auf unser Thema zurückkommen, Herr Meier, außer einer kleinen Diarrhöe wüsst ich nicht, was Ihnen fehlt. Sie sind vollständig gesund.
KARL VALENTIN: Was? Gsund bin i? Mir war's ja gnua, für was bin i dann bei der Krankenkasse?!

Hinweise zum Text: Seite 201.

Schmeckt's?*
Loriot

An einem Restauranttisch sitzen sich zwei Herren gegenüber, die sich nicht kennen. Vor Gast I liegen Besteck und Serviette. Gast II trinkt eine Tasse Kaffee. Im Hintergrund befinden sich mehrere besetzte Tische. Gast III sitzt an einem Nebentisch, Rücken an Rücken zu Gast I. Ober kommt mit beladenem Tablett. Er setzt einen gefüllten Teller vor Gast I.

Ober: Einmal Kalbshaxe Florida … Wohl zu speisen … *(eilt davon)*
Gast I: *(legt Zeitung beiseite)* Danke sehr … *(wischt Besteck mit Serviette ab, führt mit der Gabel eine Kartoffel zum Mund)*
Gast II: Guten Appetit!
5 Gast I: *(setzt Gabel mit Kartoffel ab)* Vielen Dank! *(führt die Kartoffel wieder zum Mund)*
Gast III: *(zu Gast I)* Ach, dürfte ich Sie wohl um die Speisekarte bitten?
Gast I: *(setzt erneut ab)* Oh, bitte sehr … *(reicht die Speisekarte)*
Gast III: Vielen Dank … *(nimmt die Karte und wendet sich ab)*
10 Gast I: *(steckt die Kartoffel in den Mund, sie ist zu heiß, er läßt sie aus dem Mund auf den Teller fallen)*
Ober: *(geht mit vollem Tablett vorbei)* Schmeckt's?
Gast I: *(nickt, murmelt unverständlich mit an den Mund gepreßter Serviette, pustet aufs Essen. Will Gabel mit Kartoffel in den Mund schieben)*
15 Gast II: Das sieht gut aus … *(erhebt sich und geht)*
Gast I: *(führt die Kartoffel in den Mund)*
Ober: *(wedelt mit dem Tuch einige Krümel vom Tisch)* Alles recht so, der Herr?
Gast I: *(verschiebt die Kartoffel in die Backe)* Hm?
Ober: Ich meine, ob's schmeckt …
20 Gast I: *(nickt)* O ja … ausgezeichnet!
Gast II: *(kommt zurück, setzt sich, nimmt die Zeitung, nickt Gast I freundlich zu)* Schmeckt's nicht?
Gast I: Doch … sehr gut … vielen Dank …
Gast II: *(winkt, Ober bleibt im Vorbeigehen stehen)* Bitte noch einen Kaffee!
25 Ober: *(nimmt die leere Tasse weg)* Einen Kaffee … *(zu Gast I)*: Es schmeckt, gell? *(ab)*
Gast I: *(mit Kartoffel in der Backe)* Mm … ja … jawohl …
Gast III: *(sieht Gast I auf den Teller)* Entschuldigen Sie. … ist das der Lammsattel mit Püree?
30 Gast I: *(nickt)* … Ja … äh … nein … *(schüttelt den Kopf)* … Kalbshaxe … Kalbshaxe Florida …
Gast III: Ah-ja … *(wendet sich ab)*
Ober: *(setzt Kaffee vor Gast II)* Ein Kaffee, der Herr …
Gast II: … und die Rechnung bitte …
35 Eine Dame: *(zu Gast I)* Entschuldigen Sie, sind Sie Professor Dollinger?

GAST I: Nein ... *(beißt auf die Kartoffel)*
OBER: *(zu Gast II)* 19 Mark 85 ...
GAST II: *(legt 20 Mark auf den Teller)* Stimmt so ...
OBER: ... Danke sehr ... *(zu Gast I)* Ist das Fleisch so recht?
40 GAST I: Doch ...
OBER: *(im Gehen, halb zurück)* ... Die Bohnen sind ganz frisch ...
GAST I: Ach ... *(will die Kartoffel herunterschlucken)*
EINE DAME: *(zu Gast I)* Sind Sie wirklich nicht Professor Dollinger?
GAST I: Nein ... wirklich nicht ...
45 GAST III: *(zu Gast I)* Ist die Kalbshaxe zu empfehlen?
GAST I: Vorzüglich ...
GAST III: ... Und die Prinzeßböhnchen?
GAST I: *(gereizt)* Frisch ... ganz frisch!
GAST III: *(wendet sich irritiert ab)*
50 GAST II: *(undeutlich, mit Zahnstocher im Mund)* Man ißt hier ganz ordentlich ...
GAST I: Bitte? *(er kommt nicht dazu, die Kartoffel zu schlucken)*
GAST II: *(nimmt Zahnstocher aus dem Mund)* Man ißt hier sehr gut!
GAST I: *(scharf)* ... Hervorragend ...
OBER: *(auf dem Weg in die Küche)* ... Wenn Sie statt Kartoffeln lieber Reis
55   gehabt hätten ...
GAST I: *(schiebt die Kartoffel wieder in die Backe)* Nein ...
OBER: Nicht?
GAST I: Nein ...
OBER: Wäre auch kein Reis mehr dagewesen ... warten Sie, ich frag mal ... *(ab)*
60 GAST I: *(hinterherrufend)* Nein – nein!
GAST II: ... ist auch eine s e h r gute Bedienung hier ... *(Ober entfernt sich)*
GESCHÄFTSFÜHRER: *(der sich bereits an mehreren Tischen verbeugt hat, zu Gast I)*
    ... Der Herr ist zufrieden?
GAST I: *(nickt)* ... Mm ...
65 GESCHÄFTSFÜHRER: Wohl zu speisen ... *(ab)*
GAST I: *(zwingt sich zur Ruhe)* ... Sehr freundlich ...
OBER: *(eilig zurück)* Nein, Reis ist aus ... aber Nudeln sind noch da,
    Krausbandnudeln ...
GAST I: Nein, vielen Dank ...
70 OBER: Aber es schmeckt auch so, gell?
GAST I: Jawohl ...
OBER: Wirklich?
GAST I: *(schreit)* Ja!!!!!! *(Alle schrecken auf und sehen auf Gast I)*
OBER: Mein Gott, warum schreien Sie denn so?
75 GAST II: Der Herr ist nervös ...
GAST I: Nervös?! ... ich hätte nur gern eine Kleinigkeit gegessen!
OBER: Na dann essen Sie doch!
GAST I: Aber Sie lassen mich ja nicht!
OBER: *(setzt sein Tablett ab, sprachlos)* ... Ich lasse Sie nicht ...

80 GAST II: Wie können Sie denn so was sagen?
OBER: ... Ich lasse Sie ...
GAST II: Der Ober hat Sie völlig korrekt bedient!
GAST: *(von weitem)* Herr Ober!
OBER: *(nach hinten)* Moment! ... *(zu Gast I):* ... Ich lasse Sie nicht essen?!
85 Ich habe dem Herrn eine Kalbshaxe Florida serviert mit jungen Kartoffeln ...
GAST I: *(akzentuiert)* ... Und Prin-zeß-böhn-chen!
GAST II: Sie hätten ja essen können, statt zu diskutieren!
GAST III: Sie haben mir doch die Kalbshaxe empfohlen!
GAST I: Ich habe überhaupt nichts empfohlen!
90 GAST II: Der Herr ist nervös ...
GAST: *(von weitem)* Herr Ober ...
OBER: *(nach hinten)* Moment! ... und ich habe noch gefragt, ob's dem Herrn schmeckt ...
GAST II: Der Herr ist nervös ...
95 GAST III: Ich habe nur ganz höflich die Kalbshaxe e r w ä h n t ! ... und da waren Sie gleich z i e m l i c h ! ... z i e m l i c h !
GAST II: ... daß es gut aussieht, habe ich noch gesagt ...
GAST I: Sie haben mir ins Essen gequatscht!!
GAST II: Das ist ja unerhört! ... ins Essen gequatscht!
100 *(Die übrigen Restaurantgäste folgen der Diskussion mit wachsendem Interesse)*
GESCHÄFTSFÜHRER: *(eilig dazu)* Aber meine Herren!
GAST I: Sie halten sich da raus!
OBER: Das ist unser Herr Koops!
GAST I: Wer?
105 GESCHÄFTSFÜHRER: Ich bin der Geschäftsführer ...
GAST I: Ach was! ... Dann wird es Sie interessieren, daß es in Ihrer Gaststätte nicht möglich ist, ungestört eine Mahlzeit einzunehmen!
OBER: Ich habe dem Herrn eine Kalbshaxe Florida mit Prinzeßböhnchen serviert, und dann habe ich „wohlzuspeisen" gewünscht und bin wieder
110 rüber ans Büfett ...
GAST II: „... ins Essen gequatscht!"
GAST III: Ich habe den Herrn nur gefragt, ob die Kalbshaxe zu empfehlen sei, und da hat der Herr gleich ziemlich ... ziemlich ...
GESCHÄFTSFÜHRER: Meine Herren, ich bitte Sie ...
115 GAST II: „... ins Essen gequatscht!"
GAST I: „Schmeckt's" haben Sie gesagt!
GAST II: Mein Gott, es ist mir doch völlig wurscht, ob es Ihnen schmeckt!
GAST I: Ach!
GAST III: Ich habe den Herrn nur gefragt, ob die Kalbshaxe ...
120 GAST II: „... ins Essen gequatscht!"
GESCHÄFTSFÜHRER: ... ich bitte Sie ...
(Die Restaurantgäste beginnen aufzustehen und einen Kreis um die Szene zu bilden)

OBER: … und ich habe noch gefragt, ob das Fleisch so recht ist …
GAST I: … und „schmeckt's" haben Sie gefragt … „schmeckt's"!
OBER: Jawohl … ob's dem Herrn schmeckt, habe ich gefragt, und ob der Herr eventuell lieber Reis oder Krausbandnudeln …
BLUMENFRAU: … Frische Moosröschen! …
GESCHÄFTSFÜHRER: … Haben Sie an Speisen und Getränken etwas zu beanstanden?
GAST I: Aber ich habe ja noch keinen Bissen im Magen …!
KÜCHENCHEF: *(tritt dazu)* Is was?
GESCHÄFTSFÜHRER: Dann essen Sie doch jetzt … essen Sie jetzt in Ruhe zu Ende …
GAST I: Das könnte Ihnen so passen!
GESCHÄFTSFÜHRER: Ganz ungestört … auf Kosten unseres Hauses …
GAST I: Das kann ich nicht …
KÜCHENCHEF: Sie müssen sich zwingen!
GAST I: *(greift zögernd zu Messer und Gabel)*
GAST II: Na bitte!
KÜCHENCHEF: Sieht doch gut aus …
GESCHÄFTSFÜHRER: Wohl zu speisen …
GAST I: *(beginnt unter den Augen aller Umstehenden unsicher und verlegen zu essen. Hin und wieder sieht er sich scheu um, wobei ihm etwas von der Gabel in den Schoß fällt. Eine Mutter schiebt ihre Tochter durch die Zuschauer)*
MUTTER: Lassen Sie das Kind doch mal nach vorn.
GESCHÄFTSFÜHRER: Bitte, meine Herrschaften, drängen Sie nicht so. Sie sehen doch, der Herr möchte in Ruhe essen!
EIN ZUSCHAUER: …Was ist denn hier los?
GAST II: Der Herr ißt eine Kalbshaxe! …
DER ZUSCHAUER: Ach…

*aus urheberrechtlichen Gründen in alter Rechtschreibung

Hinweise zum Text: Seite 202.

Dornröschen

Robert Walser

Personen: Dornröschen, König, Königin, erste Hofdame, zweite Hofdame, dritte Hofdame, der Fremde, Hausmeister, Kutscher, Koch, Köchin, Mamsell, Diener, Jäger, Intendant, Hofdichter, Minister, Kinderfräulein, der Doktor

DORNRÖSCHEN: Ihr, die ihr hier im Kreise steht,
   schaut bitte, einmal aufmerksam
   auf diesen Mann, er weckte mich
   aus hundertjähr'gem, tiefem Schlaf
5   und nun begehrt er mich zur Frau.
KÖNIG: Er wird doch nicht so dreist sein woll'n,
   was hat er Wichtiges geleistet?
DORNRÖSCHEN: Er kam hierher und küsste mich,
   und von dem Kusse wacht' ich auf.
10 ERSTE HOFDAME: Das kann ein andrer schließlich auch.
KÖNIGIN: Gewiss hat er das Schloss befreit
   und uns erlöst aus Zauberbann,
   doch das rechtfertigt sein Begehr'n
   doch hoffentlich noch lange nicht.
15 KÖNIG: Ich hoff' es auch,
ZWEITE HOFDAME: ich auch,
DORNRÖSCHEN: ich auch.
KÖNIG: Sagt, bester Fremdling, könnt ihr euch
   auch ordentlich legitimieren?
20 DORNRÖSCHEN: Hat er nicht Augen wie das Meer,
   und eine Miene wie von Mamor,
   Gebärden nicht wie von Granit?
   Ei, solchen Menschen mag ich nicht,
   such' er sein Schätzchen sich woanders.
25 DRITTE HOFDAME: Vor allen Dingen sollt' er doch
   sich etwas freundlicher benehmen;
   er steht wie'n Stock und rührt sich nicht,
   hat auch den Mund noch nicht geöffnet,
   he? kannst du reden oder nicht?
30 DER FREMDE: Ich rede nachher noch genug,
   es wird wohl nicht so schrecklich eilen.
KÖNIG: Uns hat er aus dem Schlaf geweckt
   und scheint doch selber noch zu schlafen.
HAUSMEISTER: Der Dienst, den er uns da erwiesen,
35   ist sicherlich recht zweifelhaft
   und alle Sorgen unsertwegen
   hätt' er sich füglich sparen können.

    Ging es uns nicht im Schlafe prächtig,
    war's uns darin nicht üb'raus wohl?
40 KUTSCHER: Schlief' ich, so müsst' ich jetzt nicht auf den
    Bock steigen und mit widerspenstig
    stampfenden Pferden mich bemüh'n.
  KOCH: Schlief' ich, so müsste ich jetzt nicht
    mich mit dem Küchenjungen zanken.
45 KÖCHIN: Schlief' ich, so rupft' ich jetzt nicht Hühner,
  MAMSELL: und ich würd' keine Kissen schütteln,
  DIENER: ich keine Schuhe putzen müssen.
  JÄGER: Die Jagd würd' ich schlafen wie ich selbst,
    wär' dieser Monsieur nicht gekommen.
50 INTENDANT: Mich würden keine Bücher plagen,
    Rechnungen revidiert' ich nie,
    Bilanzen kümmerten mich wenig.
  HOFDICHTER: Schlief' ich, so müssten jetzt nicht Verse
    gehobelt werden, läg' noch auf
55   dem Ohr und träumt' von nichts als Ruhm.
    Nun müh' ich mich um Reimerei'n
    und werde nichts als Undank ernten.
    Drum wollte ich, er wär' beim Kuckuck
    geblieben, oder wo's ihm sonst
60   behagt', und hätt' uns ruhen lassen,
    das war kein Meisterwerk von ihm.
  MINISTER: Läg' ich noch nach wie vor im Schlaf,
    so strengt' ich kaum den Kopf mir an
    mit schwier'gen Kombinationen.
65 KINDERFRÄULEIN: Muss ich nun nicht von neu'm die Kleinen
    beständig ans Betragen mahnen?
    Es denkt wohl niemand, welche Fülle
    von Überwindung mich das kostet.
  DER DOKTOR: Gelehrsamkeit und Wissenschaft
60   hätten mein'twegen ruhig noch
    ein Weilchen weiterschlummern können.
  ERSTE HOFDAME: Er rechnet sich ja jedenfalls
    zur Ehre an, was ihm gelungen.
    Hätt' er doch lieber jemand anders
65   mit seiner Gegenwart beglücken
    und uns damit verschonen wollen.
  DORNRÖSCHEN: Nun ist er aber einmal da.
  KÖNIG: Ja, leider.

DORNRÖSCHEN: Sag', wie kamst du her?
70   Hast du nicht Augen wie das Meer?
  Haben Wellen dich hergeworfen,
  fielst du aus Wolken uns herab?
DER FREMDE: Komm ich dir denn so unerwünscht?
DORNRÖSCHEN: So mich im holden Traum zu stören.
75 DER FREMDE: Ist Wirkliches nicht auch ein Traum,
  sind wir nicht alle, ob wir auch
  wachend handeln, etwas wie Träumer,
  Nachtwandler auch am hellen Tag,
  die mit Einfällen spielen
80   und tun, als wär'n sie wach?
  Nun ja, wir sind's, doch was ist Wachsein?
  Uns führt ein Gott fortwährend an
  der Hand, tät' er's nicht, wohin ging's
  mit uns? Haben wir Garantie,
85   dass wir's aushielten ohne Höh'res;
  bestehen könnten ohne Beistand,
  den wir nur deshalb nicht wahrnehmen,
  weil er für uns ein Rätsel ist?
  Traumhaft ist alles, uns're Häuser,
90   Geschäft, Gewerbe, tägliche Nahrung,
  die Städte und die Länder und das
  Licht und die Sonne. Keiner kann
  behaupten, er versteh's. Verständnis
  kommt stets nur stückweis vor, nie anders.
95 KÖNIG: Erst gib uns Auskunft.
DER FREMDE: Nun, so wisst,
  ich habe mich an meines Vaters
  Hofe gelangweilt, wanderte
  ein's Tages fort, damit ich sähe,
100   was Leben heißt, und wenn ich müd' war,
  so schlief ich irgendwo auf harter
  Erde und ging daraufhin weiter,
  und stellte sich mir jemand in
  den Weg, so wehrt' ich mich, da hört' ich
105 von dir.
DORNRÖSCHEN: Von mir?
DER FREMDE: Sie sagten, du
  schliefest in einem Turm, umrankt
  von wilden Rosen und von Dornen,
110   und seist verzaubert, nur wer zu dir
  hindringe, könne dich erlösen.

DORNRÖSCHEN: Das reizte sicher deine Neugier.
Der Fremde: Wohl hatt' ich Lust, die Tat zu wagen,
ich setzte meine Reise fort,
115 und ob ich dich auch nie gesehen,
stets hatt' ich dich im Geist vor mir,
du gingst mit mir auf Schritt und Tritt,
abends vertrieb ich mir die Zeit,
mir auszumalen, wie du sanft und
120 liebt seiest, und wie's herrlich wäre,
dich zu bewegen, mich ein wenig
zu achten, fest und fester dich
zu mir zu ziehen und du von
mir denken würd'st, ich sei erträglich.
125 Steh' jetzt wohl etwas unbeholfen
da, doch was macht's, wenn ich nur immer
leibhaftig dasteh', und das tu ich.
So wanderte ich weiter und
kam dann hierher, ging, ohne mich
130 lang zu besinnen, ins umhüll'nde
Gewühl, und grad, als wenn sie wüssten,
dass nun die Zeit gekommen sei,
gingen die Stacheln auseinander,
sodass ich ungehemmten Eintritt
135 fand und zu dir nun eilen konnte,
ich sah und küsste dich, da schlugst du
die Augen auf,
DORNRÖSCHEN: verwundert ob des
waghals'gen Eindringlinges?
140 DER FREMDE: Viele,
die wen'ger glücklich war'n, wie ich,
sah ich am Boden liegen, einige
schienen zu lächeln, so, als sei'n sie
glücklich im Tod, errungen um
145 lockenden Preis.
DORNRÖSCHEN: Die Armen, o die
Wackeren, die das Leben gering-
zuschätzen wagten, denen schöner
schien, ein Exempel aufzulösen,
150 Ehre und Liebe zu erobern,
als wen'ger wert und wen'ger tapfer
zu existieren. Daran denk' ich
mein Leben lang, und der Gedanke
soll mich wie Blütenduft erquicken,
155 unselig will ich sein, denk' ich nicht

unausgesetzt daran, als wär' es
mir Atmen.
DER FREMDE: Freilich, freilich, und ich
genier' mich förmlich, so erfolgreich
160 vor dir zu stehen –
DORNRÖSCHEN: wo so viele
Gute hinsinken mussten, die sich
ebenso eifrig nach mir sehnten
wie du, die mit blaublitzenden
165 Augen und blondem Haar, unschuld'gem
Mute, die Jünglingsbrust voll Jugend-
drang, diesem Leben seinen Reiz
abzugewinnen, sich um mich
beworben – du nur langtest an,
170 ihnen gewährte es das Schicksal
nicht. Will es nicht, so ringen wir
umsonst, nähmen sich auch Giganten
unserer Sache an. Fortuna!
Pfui! Bin auf einen Augenblick
175 beinah' verdrießlich worden, sieh
mal an! Doch fang' ich an zu glauben,
du hab'st ein Recht auf mich, und es sei billig,
dass ich nun dir gehöre.
KÖNIG: Willst du den Schritt nicht überlegen?
180 Bedenke, was du da versprichst.
DORNRÖSCHEN: Würd' ich mir's lang noch überlegen,
so könnt' es mir am End' verleiden.
Nein, ich bin mit mir selbst durchaus
einig, und er ist jetzt mein Herr,
185 zwar hätt' ich mir den Helden anders
denken mögen, viel hübscher, etwas
gefälliger und eleganter,
hinreiß'nder auch und in gewissem
Sinne stolzer, ach, ich kann es nicht
190 sagen, muss ihn nun eben nehmen, wie
er ist, und tu's auch herzlich gern.
DER FREMDE: Dein allezeit galanter Diener!
Und sollt' ich dir nur halb gefallen,
du dich beinahe zwingen müsstest,
195 mich anzusehen und zu lieben
und dulden, nun, so sag' ich dir,
was ein französisch Sprichwort sagt
L'appétit vient en mangeant. Hoffe,
dass mir's gelingt, dich zu befried'gen.

200 DORNRÖSCHEN: So sei es! Macht Musik und lasst uns
alle zusammen fröhlich sein.
Die Sonne leuchtet und der Himmel
ist bläulich, und die Winde fächeln
uns unbefangen Kühlung zu.
205 Dies Schloss ist nun lebendig, alle
woll'n wir uns künftig munter trauen
und eifrig helfen, wo es Not tut,
uns heiter in die Augen blicken,
vergnüglich miteinander leben
210 und solchermaßen all's in allem
gedeihliche Gesellschaft bilden.
KÖNIG: Da sprichst du gar nicht übel, Kind,
ich bin dabei,
KÖNIGIN: ich auch,
215 DER FREMDE: und ich
auch, denn es ginge ja nicht anders.
DORNRÖSCHEN: Ich auch, weil's ohne mich gewiss
nicht ginge.
DER FREMDE: Nein, es ginge nicht.
220 DORNRÖSCHEN: So aber geht's;
DER FREMDE: ja, ja, so geht es.
DORNRÖSCHEN: Reden wir länger, so wird uns
die Suppe kalt, drum brechen wir
ab und geh'n jetzt vereint zu Tisch.
225 Darf ich um deinen Arm dich bitten?
ALLE: So wär' die Sache angenehm
beendet mit 'ner frohen Hochzeit.

Hinweise zum Text: Seite 202/203.

Der Spitzel*
Bertolt Brecht

Es kommen die Herrn Professoren
Der Pimpf nimmt sie bei den Ohren
Und lehrt sie Brust heraus stehn.
Jeder Schüler ein Spitzel. Sie müssen
Von Himmel und Erde nichts wissen.
Aber wer weiß was auf wen?

Dann kommen die lieben Kinder
Sie holen die Henker und Schinder
Und führen sie nach Haus.
Sie zeigen auf ihre Väter
Und nennen sie Verräter.
Man führt sie gefesselt hinaus.

Köln, 1935. Regnerischer Sonntagnachmittag. Der Mann, die Frau und der Knabe nach dem Essen. Das Mädchen kommt herein.

DAS MÄDCHEN: Herr und Frau Klimbtsch lassen fragen, ob die Herrschaften zu Hause sind?
DER MANN *schnarrt:* Nein.
Das Mädchen geht hinaus.
DIE FRAU: Du hättest selber ans Telefon gehen sollen. Sie wissen doch, daß wir jetzt noch nicht weggegangen sein können.
DER MANN: Wieso können wir nicht weggegangen sein?
DIE FRAU: Weil es regnet.
DER MANN: Das ist doch kein Grund.
DIE FRAU: Wohin sollen wir denn gegangen sein? Das werden sie sich doch jetzt sofort fragen.
DER MANN: Da gibt es doch eine ganze Menge Stellen.
DIE FRAU: Warum gehen wir dann nicht weg?
DER MANN: Wo sollen wir denn hingehen?
DIE FRAU: Wenn es wenigstens nicht regnete.
DER MANN: Und wohin sollte man schon gehen, wenn es nicht regnete?
DIE FRAU: Früher konnte man sich doch wenigstens mit jemand treffen. *Pause*
DIE FRAU: Es war falsch, daß du nicht ans Telefon gingst. Jetzt wissen sie, daß wir sie nicht hier haben wollen.
DER MANN: Und wenn sie das wissen!
DIE FRAU: Dann ist es unangenehm, daß wir uns gerade jetzt von ihnen zurückziehen, wo alles sich von ihnen zurückzieht.
DER MANN: Wir ziehen uns nicht von ihnen zurück.

DIE FRAU: Warum sollen sie dann nicht herkommen?
DER MANN: Weil mich dieser Klimbtsch zu Tode langweilt.
DIE FRAU: Früher hat er dich nicht gelangweilt.
DER MANN: Früher! Mach mich nicht nervös mit deinem ewigen „früher"!
DIE FRAU: Jedenfalls hättest du ihn früher nicht geschnitten, weil ein Verfahren von der Schulinspektion gegen ihn läuft.
DER MANN: Du willst also sagen, ich bin feige? *Pause.*
DER MANN: Dann ruf sie doch an und sage, wir sind eben zurückgekommen, wegen des Regens.
Die Frau bleibt sitzen.
DIE FRAU: Sollen wir Lemkes fragen, ob sie herüberkommen wollen?
Der Mann: Damit sie uns wieder nachweisen, daß wir nicht luftschutzfreudig genug sind?
DIE FRAU *zum Knaben:* Klaus-Heinrich, laß das Radio!
Der Knabe wendet sich zu den Zeitungen.
DER MANN: Daß es heute regnen muß, das ist eine Katastrophe. Aber man kann eben nicht in einem Land leben, wo es eine Katastrophe ist, wenn es regnet.
DIE FRAU: Meinst du, das hat viel Sinn, mit solchen Äußerungen um sich zu werfen?
DER MANN: In meinen vier Wänden kann ich äußern, was mir paßt. Ich lasse mir nicht in meinem eigenen Heim das Wort … *Er wird unterbrochen. Das Mädchen kommt mit Kaffeegeschirr herein. Man schweigt, solange sie herinnen ist.*
DER MANN: Müssen wir ein Mädchen haben, dessen Vater Blockwart ist?
DIE FRAU: Darüber haben wir doch, denke ich, genug gesprochen. Das letzte, was du sagtest, war, das habe seine Vorteile.
DER MANN: Was ich alles gesagt haben soll! Sag so etwas nur deiner Mutter, und wir können in den schönsten Salat kommen.
DIE FRAU: Was ich mit meiner Mutter spreche …
Das Mädchen kommt mit dem Kaffee.
DIE FRAU: Lassen Sie nur, Erna, Sie können ruhig gehen, ich mache das schon.
DAS MÄDCHEN: Vielen Dank, gnädige Frau. *Ab*
DER KNABE *von der Zeitung aufsehend:* Machen alle Geistlichen das, Papa?
DER MANN: Was?
DER KNABE: Was hier steht.
DER MANN: Was liest du denn? *Er reißt ihm die Zeitung aus der Hand.*
DER KNABE: Aber unser Gruppenführer hat gesagt, was in dieser Zeitung steht, können wir alle wissen.
DER MANN: Das ist für mich nicht maßgebend, was der Gruppenführer gesagt hat. Was du lesen kannst und was du nicht lesen kannst, entscheide ich.
DIE FRAU: Hier hast du zehn Pfennig, Klaus-Heinrich, geh hinüber und kauf dir was.
DER KNABE: Aber es regnet doch. *Der Knabe drückt sich unentschlossen am Fenster herum.*

DER MANN: Wenn diese Berichte über die Priesterprozesse nicht aufhören, werde ich die Zeitung überhaupt abbestellen.
DIE FRAU: Und welche willst du abonnieren? Es steht doch in allen.
DER MANN: Wenn in allen Zeitungen solche Schweinereien stehen, dann werde ich eben keine Zeitung mehr lesen. Weniger wissen werde ich dann auch nicht, was auf der Welt los ist.
DIE FRAU: Es ist nicht so schlecht, wenn sie ausräumen.
DER MANN: Ausräumen! Das ist doch alles nur Politik.
DIE FRAU: Jedenfalls geht es uns nichts an, schließlich sind wir evangelisch.
DER MANN: Für das Volk ist das nicht gleichgültig, wenn es nicht mehr an eine Sakristei denken kann, ohne an diese Scheußlichkeiten zu denken.
DIE FRAU: Was sollen sie denn machen, wenn so etwas passiert!
DER MANN: Was sie machen sollen? Vielleicht können sie einmal vor ihrer eigenen Tür kehren. In ihrem Braunen Haus soll auch nicht alles sauber sein, höre ich.
DIE FRAU: Aber das ist doch nur ein Beweis der Gesundung unseres Volkes, Karl!
DER MANN: Gesundung! Nette Gesundung. Wenn die Gesundheit so aussieht, dann ziehe ich die Krankheit vor.
DIE FRAU: Du bist heute so nervös. War in der Schule was los?
DER MANN: Was soll in der Schule los gewesen sein? Und sage, bitte, nicht immer, daß ich so nervös bin, das macht ja erst nervös.
DIE FRAU: Wir sollten nicht immer streiten, Karl. Früher …
DER MANN: Darauf habe ich jetzt nur gewartet. Früher! Ich wünschte es weder früher, noch wünsche ich es heute, daß die Phantasie meines Kindes vergiftet wird.
DIE FRAU: Wo ist er denn überhaupt?
DER MANN: Wie soll ich das wissen?
DIE FRAU: Hast du ihn weggehen sehen?
DER MANN: Nein.
DIE FRAU: Ich versehe nicht, wo er hin sein kann. *Sie ruft:* Klaus-Heinrich! *Sie läuft aus dem Zimmer. Man hört sie rufen. Sie kehrt zurück.*
DIE FRAU: Er ist wirklich weg!
DER MANN: Warum soll er denn nicht weg sein?
DIE FRAU: Aber es regnet doch in Strömen!
DER MANN: Warum bist du denn so nervös, wenn der Junge mal weggeht?
DIE FRAU: Was haben wir denn geredet?
DER MANN: Was hat das damit zu tun?
DIE FRAU: Du bist so unbeherrscht in letzter Zeit.
DER MANN: Ich bin zwar nicht unbeherrscht in der letzten Zeit, aber selbst wenn ich unbeherrscht wäre, was hat das damit zu tun, daß der Junge weg ist?

130 DIE FRAU: Aber du weißt doch, daß sie zuhören.
DER MANN: Und?
DIE FRAU: Und! Und wenn er es dann herumerzählt? Du weißt doch, was sie jetzt immer hineinreden in sie in der HJ. Sie werden doch direkt aufgefordert, daß sie alles melden. Es ist komisch, daß er so still weggegangen ist.
135 DER MANN: Unsinn.
DIE FRAU: Hast du nicht gesehen, wann er fort ist?
DER MANN: Er hat sich eine ganze Zeitlang am Fenster herumgedrückt.
DIE FRAU: Ich möchte wissen, was er noch mit angehört hat.
DER MANN: Aber er weiß doch, was geschieht, wenn Leute angezeigt werden.
140 DIE FRAU: Und der Junge, von dem Schmulkes erzählt haben? Sein Vater soll noch immer im Lager sein. Wenn wir nur wüßten, wie lange er im Zimmer war.
DER MANN: Das ist ja alles Unsinn! *Er läuft in die anderen Zimmer und ruft nach dem Knaben.*
145 DIE FRAU: Ich kann mir nicht denken, daß er, ohne ein Wort zu sagen, einfach wo hingeht. So ist er nicht.
DER MANN: Vielleicht ist er bei einem Schulkameraden?
DIE FRAU: Dann kann er nur bei Mummermanns sein. Ich rufe an. *Sie tele-*
150 *foniert.*
DER MANN: Ich halte das Ganze für falschen Alarm.
DIE FRAU *am Telefon:* Hier Frau Studienrat Furcke. Guten Tag, Frau Mum-
155 mermann. Ist Klaus-Heinrich bei Ihnen? – Nein? – Da kann ich mir aber gar nicht denken, wo der Junge ist. – Sagen Sie, Frau Mummermann, ist das HJ-Lokal Sonntag
160 nachmittags offen? – Ja? – Vielen Dank, dann will ich dort mal nachfragen. *Sie hängt ein. Die beiden sitzen schweigend.*
DER MANN: Was kann er schon gehört
165 haben?
DIE FRAU: Du hast doch über die Zeitung gesprochen. Das über das Braune Haus hättest du nicht sagen dürfen. Er empfindet doch so national.
170 DER MANN: Was soll ich über das Braune Haus gesagt haben?
DIE FRAU: Da mußt du dich doch erinnern! Daß dort nicht alles sauber ist.

Der Mann: Das kann doch nicht als Angriff ausgelegt werden. Nicht alles sauber oder, wie ich abschwächend sagte, nicht alles ganz sauber, was schon einen Unterschied macht, und zwar einen beträchtlichen, das ist doch mehr ein spaßhafte Bemerkung volkstümlicher Art, sozusagen in der Umgangssprache, das bedeutet nicht viel mehr, als daß sogar dort wahrscheinlich einiges nicht immer und unter allen Umständen so ist, wie es der Führer will. Den nur wahrscheinlichen Charakter brachte ich übrigens mit voller Absicht dadurch zum Ausdruck, daß ich, wie ich mich deutlich erinnere, formulierte, es „soll" dort ja auch nicht alles ganz – ganz in abschwächendem Sinne gebraucht – sauber sein. Soll sein! Nicht: ist! Ich kann nicht sagen, daß dort etwas nicht sauber ist, da fehlt jeder Beweis. Wo Menschen sind, gibt es Unvollkommenheiten. Mehr habe ich nicht angedeutet, und auch das nur in abgeschwächtester Form. Und überdies hat der Führer selber bei einer gewissen Gelegenheit seine Kritik in dieser Richtung ungleich schärfer formuliert.

Die Frau: Ich verstehe dich nicht. Mit mir mußt du doch nicht so sprechen.

Der Mann: Ich wollte, ich müßte es nicht! Ich bin mir nicht klar darüber, was du selber überall herumquatschst von dem, was hier zwischen diesen Wänden mal in der Erregung vielleicht gesagt werden mag. Wohl verstanden, ich bin weit entfernt, dich irgendwelcher leichtfertiger Ausstreuungen gegen deinen Mann zu bezichtigen, genau wie ich von dem Jungen keinen Augenblick annehme, daß er etwas gegen seinen eigenen Vater unternehmen könnte. Aber zwischen Übeltun und es wissen ist ja leider ein gewaltiger Unterschied.

Die Frau: Jetzt hör aber auf! Paß lieber auf deine Zunge auf! Die ganze Zeit zerbreche ich mir schon den Kopf darüber, ob du das, daß man in Hitlerdeutschland nicht leben kann, vor oder nach dem über das Braune Haus gesagt hast.

Der Mann: Das habe ich überhaupt nicht gesagt.

Die Frau: Du tust ja schon direkt, als sei ich die Polizei! Ich zermartere mich doch nur, was der Junge gehört haben kann.

Der Mann: Das Wort Hitlerdeutschland stammt überhaupt nicht aus meinem Sprachschatz.

DIE FRAU: Und das mit dem Blockwart, und daß in den Zeitungen lauter Lügen stehen, und was du neulich über den Luftschutz gesagt hast, der Junge hört ja überhaupt nichts Positives! Das ist überhaupt nicht gut für ein jugendliches Gemüt, das dadurch nur zersetzt wird, wo der Führer immerfort betont, Deutschlands Jugend ist Deutschlands Zukunft. Der Junge ist ja wirklich eigentlich nicht so, daß er einfach hinläuft und einen anzeigt. Mir ist ganz übel.

DER MANN: Aber rachsüchtig ist er.

DIE FRAU: Wofür sollte er denn Rache nehmen?

DER MANN: Weiß der Teufel, da gibt's doch immer was. Vielleicht, weil ich ihm seinen Laubfrosch weggenommen habe.

DIE FRAU: Aber das ist doch schon eine Woche her.

DER MANN: Aber so etwas merkt er sich.

DIE FRAU: Warum hast du ihn ihm auch weggenommen?

DER MANN: Weil er ihm keine Fliegen fing. Er ließ ihn verhungern.

DIE FRAU: Er hat aber doch wirklich zuviel zu tun.

DER MANN: Dafür kann doch der Frosch nichts.

DIE FRAU: Aber er hat schon gar nicht mehr davon geredet, und ich habe ihm doch eben erst zehn Pfennig gegeben. Er kriegt doch alles, was er will.

DER MANN: Ja, das ist Bestechung.

DIE FRAU: Was meinst du damit?

DER MANN: Sie werden doch sofort sagen, wir haben versucht, ihn zu bestechen, damit er seinen Mund hält.

DIE FRAU: Was meinst du denn, daß sie dir machen können?

DER MANN: Na, alles! Da gibt es doch keine Grenzen! Großer Gott! Und da soll man Lehrer sein! Erzieher der Jugend! Furcht habe ich vor ihr!

DIE FRAU: Aber gegen dich liegt doch nichts vor?

DER MANN: Gegen alle liegt was vor. Alle sind verdächtig. Es genügt doch, daß der Verdacht besteht, daß einer verdächtig ist.

DIE FRAU: Aber ein Kind ist doch kein zuverlässiger Zeuge. Ein Kind weiß doch überhaupt nicht, was es daherredet.

DER MANN: Das sagst du. Aber seit wann brauchen sie einen Zeugen für irgendwas?

DIE FRAU: Können wir nicht ausdenken, was du gemeint haben kannst bei deinen Bemerkungen? Ich meine, er hat dich dann eben mißverstanden.

DER MANN: Was kann ich denn gesagt haben? Ich kann mich auch nicht mehr erinnern. An allem ist der verdammte Regen schuld. Man wird eben mißmutig. Schließlich bin ich doch der letzte, der etwas gegen den seelischen Aufschwung äußern würde, den das deutsche Volk heute erlebt. Ich habe schon Ende neunzehnhundertzweiunddreißig das Ganze vorausgesagt.

DIE FRAU: Karl, wir haben nicht die Zeit dazu, jetzt darüber zu sprechen. Wir müssen uns alles genau zurechtlegen, und zwar sofort. Wir dürfen keine Minute verlieren.

DER MANN: Ich kann es mir nicht denken von Klaus-Heinrich.

DIE FRAU: Also zuerst das mit dem Braunen Haus und den Schweinereien.
DER MANN: Ich habe doch kein Wort von Schweinereien gesagt.
DIE FRAU: Du hast gesagt, die Zeitung ist voll von Schweinereien, und du willst sie abbestellen.
DER MANN: Ja, die Zeitung! Aber nicht das Braune Haus!
DIE FRAU: Kannst du nicht gesagt haben, daß du diese Schweinereien in den Sakristeien mißbilligst? Und daß du für durchaus möglich hältst, daß es diese Leute, die heute vor Gericht stehen, waren, die seinerzeit die Greuelmärchen über das Braune Haus, und daß dort nicht alles sauber sein sollte, aufgebracht haben? Und daß sie lieber schon damals hätten vor ihrer eigenen Tür kehren sollen? Und überhaupt hast du dem Jungen gesagt, laß das Radio und nimm lieber die Zeitung vor, weil du auf dem Standpunkt stehst, daß die Jugend im Dritten Reich mit klaren Augen betrachten soll, was um sie herum vorgeht.
DER MANN: Das hilft ja alles nicht.
DIE FRAU: Karl, du darfst jetzt nicht den Kopf sinken lassen! Du mußt stark sein, wie es der Führer immer …
DER MANN: Ich kann doch nicht vor die Schranken des Gerichts treten, und auf dem Zeugenstand steht mein eigen Fleisch und Blut und zeugt wider mich.
DIE FRAU: So mußt du das doch nicht nehmen.
DER MANN: Der Verkehr mit den Klimbtschs war ein großer Leichtsinn.
DIE FRAU: Aber dem ist doch gar nichts passiert.
DER MANN: Ja, aber die Untersuchung schwebt schon.
DIE FRAU: Wenn alle, über die irgendwann eine Untersuchung geschwebt hat, verzweifeln wollten!
DER MANN: Meinst du, der Blockwart hat was gegen uns?
DIE FRAU: Du meinst, wenn bei ihm recherchiert wird? Er hat zu seinem Geburtstag erst eine Kiste Zigarren bekommen, und das Neujahrsgeld war auch reichlich.
DER MANN: Gauffs nebenan haben fünfzehn Mark gegeben!
DIE FRAU: Die haben aber noch zweiunddreißig den „Vorwärts" gelesen, und noch im Mai dreiunddreißig haben sie schwarzweißrot geflaggt!
Das Telefon läutet.
DER MANN: Das Telefon!
DIE FRAU: Soll ich hingehen?
DER MANN: Ich weiß nicht.
DIE FRAU: Wer kann da anrufen?
DER MANN: Wart noch mal ab. Wenn es noch einmal klingelt, kannst du ja hingehen. *Sie warten. Es klingelt nicht mehr.*
DER MANN: Das ist doch kein Leben mehr!
DIE FRAU: Karl!
DER MANN: Einen Judas hast du mir geboren! Da sitzt er bei Tisch und horcht, während er die Suppe löffelt, die wir ihm hinstellen, und merkt sich alles, was seine Erzeuger sagen, der Spitzel!

DIE FRAU: Das darfst du nicht sagen! *Pause.*
DIE FRAU: Meinst du, wir sollen irgendwelche Vorbereitungen treffen?
DER MANN: Meinst du, daß sie gleich mitkommen?
DIE FRAU: Das ist doch möglich?
310 DER MANN: Vielleicht soll ich mein Eisernes Kreuz anlegen?
DIE FRAU: Auf jeden Fall, Karl!
Er holt es und legt es mit zitternden Händen an.
DIE FRAU: Aber in der Schule liegt doch nichts gegen dich vor?
DER MANN: Wie soll ich denn das wissen? Ich bin ja bereit, alles zu lehren, was
315 sie gelehrt haben wollen, aber was wollen sie gelehrt haben? Wenn ich das
immer wüßte! Was weiß ich, wie sie wollen, daß Bismarck gewesen sein soll!
Wenn sie so langsam die neuen Schulbücher herausbringen! Kannst du nicht
dem Dienstmädchen noch zehn Mark geben? Die horcht auch immer.
DIE FRAU *nickt:* Und das Hitlerbild, sollen wir es über deinen Schreibtisch hän-
320 gen? Das sieht besser aus.
DER MANN: Ja, mach das.
DIE FRAU *will das Bild umhängen.*
DER MANN: Aber wenn der Junge dann sagt, wir haben es eigens umgehängt, das
würde auf Schuldbewußtsein schließen lassen.
325 *Die Frau hängt das Bild an den alten Platz zurück.*
DER MANN: Ist da nicht die Tür gegangen?
DIE FRAU: Ich habe nichts gehört.
DER MANN: Doch!
DIE FRAU: Karl! *Sie umarmt ihn.*
330 DER MANN: Verlier nicht die Nerven. Pack mir etwas Wäsche ein.
*Die Haustür geht. Mann und Frau stehen nebeneinander, erstarrt, in der Ecke
des Zimmers. Die Tür geht auf, und herein kommt der Knabe, eine Tüte in der
Hand. – Pause.*
DER KNABE: Was habt ihr denn?
DIE FRAU: Wo warst du?
Der Knabe zeigt auf die Tüte mit Schokolade.
DIE FRAU: Hast du nur Schokolade gekauft?
DER KNABE: Was denn sonst? Klar. *Es geht fressend durchs Zimmer ab. Seine El-
tern sehen ihm forschend nach.*
DER MANN: Meinst du, er sagt die Wahrheit?
Die Frau zuckt die Achseln.

*aus urheberrechtlichen Gründen in alter Rechtschreibung

Hinweise zum Text: Seite 203.

Alles nur Theater?

Theater spielen gehört seit jeher zu den besonderen Vorlieben von Kindern und Jugendlichen. Der besondere Reiz, in die „Rolle" eines anderen Menschen zu schlüpfen, lässt die notwendigen Anstrengungen hierfür eher klein erscheinen. So ist es beispielsweise nicht einfach, einen längeren Text auswendig und gestenreich vorzutragen und die passende Kostümierung zu besorgen. Oft müssen eigene Proben anberaumt werden, damit alle Akteure ihre vorhandene Unsicherheit ablegen und im Umgang miteinander ihr schauspielerisches Talent entwickeln können. Theater gibt es aber nicht nur auf speziell dafür vorgesehenen Bühnen – etwa in allen größeren Städten, wo die Leute „ins Theater gehen" – Theater findet oftmals auch im Alltag statt, nämlich dann, wenn Menschen sich etwas „vorspielen". Dies geschieht nicht immer mit Absicht, oft verbirgt sich dahinter nur ein Stück Verlegenheit. Damit erweist sich Theater als etwas ganz Normales, etwas, was alle Menschen von Natur aus darstellen können.

In dieser Sequenz findet ihr Texte, die ihr sofort übernehmen und spielen könnt, die also keiner größeren Probearbeit bedürfen. Ihr findet aber auch solche Texte, bei denen dies nicht möglich ist, wo ihr also zunächst eine ganze Reihe von Vorarbeiten zu leisten habt. Übt zunächst an einfachen Stücken, bevor ihr dann – vielleicht zum Schuljahresende – ein größeres Theaterstück aufführt und eure Eltern, Mitschülerinnen und Mitschüler einladet mit dem Aufruf: **Vorhang auf!**

**Karl Valentin:
Beim Arzt**

Karl Valentin (eigentlich: Karl Ludwig Frey), 1882 in München geboren und dort 1948 gestorben, gilt als herausragender bayerischer Komiker, Volkssänger, Schauspieler und Schriftsteller. In all seinen Tätigkeiten geht es ihm um die Darstellung von Menschen, die mit besonderem Sprachwitz ihre Mitmenschen in Verlegenheit bringen und damit eine zumeist komische Situation heraufbeschwören. Valentin ist in nahezu allen von ihm verfassten Stücken selbst als Schauspieler aufgetreten, oft mit Liesl Karlstadt als Partnerin. Valentins Stücke – in der Regel kurze „Einakter" – gibt es als Bücher oder Videokassetten damaliger Filmaufzeichnungen. Auch im Fernsehen könnt ihr heute noch Valentin-Stücke sehen.

1 Lest den Dialog zwischen Arzt und Patienten. Worin liegt die Komik der Szene?
2 Ihr könnt in einfacher Kostümierung die kleine Szene auch spielen. Achtet dabei auf die unterschiedliche Art der Sprache bei beiden Akteuren.
3 Falls mehrere Spielpaare das Stück vortragen, vergleicht auch die einzelnen Bewegungen, die Gestik und die Mimik der Vortragenden.
4 Besorgt euch weitere Valentin-Stücke – etwa in der Bibliothek oder Videothek.
5 Begründet, welche Stücke euch besonders gut gefallen. Vielleicht habt ihr Lust, einen eigenen Valentin-Theater-Abend für eure Eltern vorzubereiten.

Loriot:
Schmeckt's?

Loriot (eigentlich: Vicco von Bülow), 1923 in Brandenburg a. d. Havel geboren, studierte nach seiner Militärzeit Malerei und Grafik. Seit 1950 widmet er sich vornehmlich der Karikatur, seit 1953 arbeitet er als freier Mitarbeiter bei verschiedenen Zeitungen bzw. Fernsehanstalten. Er schuf viele bekannte Figuren, etwa *Wum* und *Wendelin*, wobei die Komik bei all seinen Zeichnungen überwiegt. Daneben ist er Autor zahlreicher kleiner Fernsehstücke (Sketche), an denen er gleichzeitig als Schauspieler und Regisseur beteiligt ist. Seine Mitspielerin ist oft Evelin Hamann.

Loriot schrieb auch mehrere Drehbücher zu Spielfilmen, z. B. *Ödipussi* oder *Pappa ante Portas*, wo er ebenfalls als Regisseur und Hauptdarsteller tätig war. Heute lebt Loriot am Starnberger See.

Die Szene „Schmeckt's" ist eine seiner bekanntesten Fernsehsketche.

1 Beachtet beim Lesen dieses Stückes, welche Angaben nicht gesprochen werden dürfen, sondern als Spielanleitung dienen.
2 Dieses Stück könnt ihr mit einfachen Hilfsmitteln (Requisiten) nachspielen.
3 Besorgt euch weitere Spielstücke Loriots und führt sie in der Klasse vor.
4 Vielleicht könnt ihr euch in der Kreisbildstelle einen der oben angegebenen Filme besorgen.
5 Überlegt, worin der besondere Witz, die Originalität aller Loriot-Stücke liegt.
Einige von euch trauen es sich vielleicht zu, etwas Ähnliches zu erfinden und vorzutragen.
6 Auch als Karikaturist ist Loriot weithin bekannt.
Bringt entsprechende Bücher in die Schule mit und betrachtet seine komisch wirkenden Zeichnungen.

Robert Walser:
Dornröschen

Robert Walser lebte von 1878 bis 1956. Nach einer Banklehre in seiner Geburtsstadt Biel/Schweiz, versuchte er sich erfolglos als Schauspieler in Stuttgart. Er lebte dann als freier Schriftsteller in Berlin und u. a. als Archivar in Bern. Ab 1933 verbrachte er sein Leben in der Nervenheilanstalt Herisau.

Robert Walser schrieb vor allen Dingen Erzählungen und Gedichte. Seine bekanntesten Romane sind *Der Gehülfe* und *Jakob von Gunten*.

In *Dornröschen* beginnt die Handlung dort, wo das bekannte Grimm-Märchen aufhört. Es empfiehlt sich deshalb, dieses Märchen zunächst noch einmal nachzulesen.

1 Lest das Theaterstück. Erzählt den Inhalt mit eigenen Worten.
2 Warum sind die vom Schlafe Erweckten zunächst eher verärgert als – wie erwartet – froh?
3 Was erfahrt ihr über den Lebensweg des Fremden?
4 Welche Szene würdet ihr als den Höhepunkt des Stückes bezeichnen?
5 Lest jetzt das Theaterstück mit verteilten Rollen; beachtet dabei Sprechtempo, Lautstärke, Mimik, Gestik.
6 In diesem Stück sind 19 kleine Rollen zu vergeben. Bemüht euch um die, für die ihr euch am meisten interessiert. Könnt ihr eure Wahl gefühlsmäßig begründen?
7 Kopiert den Text auf Blätter und macht euch entsprechende Notizen, die euch beim Spiel helfen.
8 Macht nun erste Versuche, Dornröschen zu spielen. Alle Nicht-Spieler passen gut auf und geben euch Hinweise, worauf ihr besonders achten müsst. Vielleicht habt ihr auch die passende Kostümierung. Je öfter ihr probt, desto sicherer werdet ihr.

Bertolt Brecht: Der Spitzel

Brecht, 1898 in Augsburg geboren, zählt zu den herausragenden deutschen Dichtern des 20. Jahrhunderts. Er schrieb eine Vielzahl von Gedichten, zahlreiche Kurzgeschichten und Erzählungen und mehrere Theaterstücke. Während des Zweiten Weltkriegs lebte er in den USA; nach Kriegsende kehrte er zurück und übte in Berlin (Ost) den Beruf des Theaterdirektors aus. Zusammen mit seiner Ehefrau, der berühmten Schauspielerin Helene Weigel, gründete er das „Berliner Ensemble", eine Gruppe von Schauspielern, die vornehmlich seine eigenen Stücke zur Aufführung brachte. Brecht starb 1956 in Berlin (Ost).

Der Text „Der Spitzel" ist ein Auszug aus Brechts Theaterstück *Furcht und Elend des Dritten Reiches*.

1 Lest die Szene zunächst still, dann mit verteilten Rollen.
2 Über die schlimme Zeit während des Zweiten Weltkriegs habt ihr wahrscheinlich auch im Fach GSE – hier: Geschichte – Informationen erhalten.
Tragt diese noch einmal zusammen und erweitert sie mit Texten aus Sachbüchern und Lexika.
3 Die Szene spielt in einer Kölner Wohnung. Auf welche Problematik macht Brecht besonders aufmerksam?
4 Wählt einen Abschnitt dieser Szene aus und stellt ihn schauspielerisch dar.
Schreibt dazu die im Text fehlenden Anweisungen (Mimik, Gestik, Bewegungsablauf usw.)
5 Besorgt euch das gesamte Theaterstück und lest weitere Einzelepisoden.

Zwischen Gestern und Heute

Paule Pizolka
oder Eine Flucht durch Deutschland

Arnulf Zitelmann

Paule Pizolka, 16 Jahre, gefällt es im KLV-Lager eigentlich ganz gut. Doch als er zur Musterung eingezogen werden soll, haut er ab, denn er glaubt nicht an Hitlers Krieg. Damit aber ist Paule fahnenflüchtig und muss untertauchen. Auf seiner Flucht quer durchs Deutsche Reich erlebt er das, was 1942 zum normalen Alltag gehört: den Bombenhagel in Frankfurt und Duisburg ebenso wie die Idylle auf dem Bauernhof, die sich dann plötzlich als gar nicht so idyllisch erweist. Die schlimmste Zeit macht er jedoch im Jugend-KZ Moringen durch, wo Paule erkennen muss, dass nur die Gedanken frei sind. Wäre da nicht Ulla, die er liebt, hätte er längst aufgegeben.

Hinter dem Main kam der Zug allmählich in Fahrt, hielt kurz in Kelsterbach und stand dann lange in Rüsselsheim. Plötzlich heulten die Sirenen der Stadt, und die Reisenden wurden aufgefordert, sich im Sammelschutzraum in Sicherheit zu bringen. Die Luft in dem Raum war stickig, das Gedränge qualvoll. Mitten in der gedrückten Stimmung stieg ein Landser auf die Bank, zog seine Mundharmonika hervor und begann zu spielen. Nach kurzem Zögern fiel Paule auf seinem Instrument mit ein und begleitete den schlaksigen jungen Mann: „In der Nacht ist der Mensch nicht gern alleine …" – „Du trägst ein entzückendes Kleidchen, du hast ein so liebes Gesicht …" Die Leute klatschten Beifall, einige Paare fanden sogar Platz zum Tanzen, und der schlaksige Soldat blinzelte Paule vergnügt zu. Die Sirenen unterbrachen sie mit dem Signal zur Entwarnung. Jeder griff nach seinen Habseligkeiten, und alles hastete zurück in den Zug, der bereits zur Weiterfahrt pfiff.

Eine Stunde später lief der Zug im Mainzer Hauptbahnhof ein. Nach weiterem Warten kam nachmittags die Durchsage für einen Anschluss Richtung Köln/Düsseldorf, und in den frühen Morgenstunden des nächsten Tages stand Paule auf dem Bahnsteig in Duisburg. Die Bahnsteiguhr zeigte zwanzig nach drei. Mit steifen Beinen stieg Paule die Stufen in die Unterführung hinunter, suchte nach der Toilette, wusch und kämmte sich und putzte sich die Zähne. Vor halb acht konnte er Ulla nicht anrufen, und vielleicht fand er ja im Wartesaal einen Platz zum Schlafen. Aber obwohl dort noch ganze Bankreihen frei waren, hielt es ihn nicht lange auf seinem Platz. Er wickelte sein Brot, das er gerade ausgepackt hatte, unberührt wieder ein, weil er mit einem Mal das Gefühl hatte, keinen Bissen herunterkriegen zu können. Lieber wollte er sich noch die Beine vertreten, bevor er Ulla traf.

Kreuz und quer durchstreifte er die nachtschlafende Stadt. Sie zeigte noch immer die Wunden der Angriffe vom April und Mai des vergangenen Jahres. Die Schuttberge waren zwar beiseite geräumt, Fenster hatten wieder Glas bekommen und Bauzäune sperrten die Ruinengrundstücke ab, doch Paule konnte das

Gefühl nicht loswerden, als warteten die der Zerstörung entronnenen Häuser, Straßen und Läden nur auf einen neuen, den letzten vernichtenden Schlag.

In der Mainzer Straße huschten zwei Ratten vor seinen Füßen in ein Kellerloch, und kurz darauf sah er seine Schule vor sich auftauchen, den klobigen Bau des Landfermanngymnasiums. Auch hier hatte man den Schutt beiseite geschafft, aber es war nicht zu erkennen, ob das beschädigte Gebäude inzwischen zu anderen Zwecken genutzt wurde. Ein Stück weiter ragte die Ruine des Stadttheaters düster in den Nachthimmel und verdeckte das Sternbild der Jungfrau im Südwesten. Schließlich kam Paule beim Burgplatz an. Rathaus und Salvatorkirche lagen in Trümmern, inmitten von meterhohen, mit Brennnesselgestrüpp bestandenen Schutthalden. Mit einem Mal fühlte sich Paule sterbenselend. Übernächtigt, verloren zwischen den Ruinenfeldern, kam er sich selbst wie ausgebrannt vor. Hatten Ulla und er überhaupt die geringste Chance, etwas aus ihrem Leben zu machen? Würde es je wieder Frieden geben? Langsam machte er sich auf den Weg zurück zum Bahnhof. Vor seinem Anruf sollte er sich lieber doch noch mal hinsetzen, sich aufwärmen und ausruhen. Vielleicht gab es im Speisesaal ja bereits Kaffee. Danach würde er sich wieder besser fühlen.

Punkt halb acht stand er in der Fernsprechzelle, wählte mit angehaltenem Atem und bekam sofort Anschluss.

Ehe er sich melden konnte, hörte er schon Ulla. „Paule, bist du das?", rief sie.

„Ja", sagte er. „Ich bin am Bahnhof, draußen ist gutes Wetter. Kommst du?"

„Ich bin gleich bei dir", rief sie. „Das Rad steht schon im Garten. Wir treffen uns am Ausgang gegenüber vom Mercator-Haus." Damit hängte sie ein.

Die nächsten Minuten wurden zur Ewigkeit. Paule versuchte sich ihr Gesicht vorzustellen, gab es aber bald wieder auf. Die Gedanken jagten ihm durch den Kopf. Vielleicht hätte er ihr ein Geschenk mitbringen sollen? Und sollte er nicht noch einmal in die Unterführung gehen, sich waschen und kämmen? Doch wenn Ulla inzwischen eintraf, würde sie nach ihm suchen. Also blieb er vor dem Bahnhofsgebäude stehen. Ein Mädchen mit hellem Trenchcoat und türkisfarbener Kappe winkte ihm vom Fahrrad aus zu. Das konnte aber nicht

Ulla sein. Die Ulla in seiner Erinnerung lief in Skihosen herum, trug eine Trachtenjacke und eine bunte Wollmütze. Doch dann stand sie atemlos vor ihm und war es doch.

„Ulla", rief er, wusste nicht, wie er sein Einkaufsnetz loswerden sollte, und musste unvermittelt über sich selber lachen. Dann nahm er ihr Fahrrad am Lenker, drückte Ulla an sich, küsste und streichelte sie.

„Nicht so stürmisch, mein Edelgermane", flüsterte sie. „Überall sind Leute. Komm, wir wollen hier nicht anwachsen. Ich habe mir zwei Sachen überlegt: Entweder machen wir zuerst einen Bummel übern Kaiserberg und frühstücken dann bei mir …"

„Oder?", fragte Paule.

„Das Ganze umgekehrt", sagte sie, und obwohl sie sich so übermütig gab, sah sie Paule an, als wolle sie gleich in Tränen ausbrechen.

„Du", sagte er sacht. „Am liebsten würde ich als Erstes mit dir losgehen. Wohin, ist mir egal."

Sie nahm ihm das Rad ab, schob es hinüber zu den Ständern bei der Post und kettete es an. „Fertig", sagte sie. „Und was ist mit deinem Netz? Willst du das in der Hand behalten?" Er schüttelte den Kopf. „Dann klemme ich das Ding auf den Gepäckträger, und wehe, jemand kommt auf die Idee und klaut es", sagte sie.

Hand in Hand gingen sie durch die Unterführung zur anderen Bahnhofsseite und dann die Mülheimer Straße entlang in Richtung Kaiserberg. Plötzlich blieb Paule stehen, nahm Ullas rechte Hand, beugte sich darüber und betrachtete sie. Zwischen den beiden Handknochen vom Ringfinger und dem kleinen Finger verlief eine blaurote Wundspur. Er hob die verletzte Hand hoch und drückte sie an seine Backe.

„Weißt du, dass du mir das Leben gerettet hast?", fragte er.

„Ich, wieso?", fragte sie zurück.

Er legte ihre Hand in seinen Nacken. „Spürst du?"

„Eine dicke Narbe", sagte sie. „Du auch? Lass sehen."

„Vom selben Splitter", sagte Paule. „Wäre nicht deine Hand dazwischen gewesen, wäre mir das Ding direkt in den Hals geknallt."

Sie zog seinen Kopf an sich und küsste ihn. „Ich hab mich so gesehnt", sagte sie. „Nach uns beiden. Es war so eine trostlos lange Zeit."

Schweigend gingen sie weiter. Paule sah sie von der Seite aus an, zeichnete mit den Augen ihr Profil nach, die Stirn, ihre Wimpern, die Stupsnase, den Mund. Ihre Blicke begegneten sich schließlich, und Ulla lächelte ihm zu. „Genug gesehen?", fragte sie wie damals in der Kirche von Lech.

„Nie", sagte er.

„Dann ist es ja gut", meinte sie. „Komm, da vorn ist der Botanische Garten, da gibt es Bänke. Wir setzen uns hin und erzählen."

Sie traten durch ein schmiedeeisernes Tor ein, folgten einem Rundweg, der sie an abgedeckten Beeten und an Bäumen mit exotischen Namen vorbeiführte. Märzbecher blühten im Rasen, die ersten Schlüsselblumen schauten hervor.

Noch waren sie die einzigen Besucher und hatten den ganzen Garten für sich allein. Ulla zog Paule auf eine sonnenbeschienene Bank und schmiegte sich an ihn. „Du riechst nach Schaf", sagte sie. „Dein Pullover. Ein bisschen ranzig."
Paule nahm ihre rechte Hand, streichelte sie und betrachtete das Narbenloch in der Herzlinie ihrer Innenhand. „Tut es noch weh?", fragte er.
„Nein, eigentlich nicht", antwortete sie. „Es juckt nur manchmal, dass es kaum zum Aushalten ist. Und ich bekomme zweimal die Woche Massage, weil der kleine Finger manchmal so komisch schnappt. Das liegt an der Sehne. Aber jetzt erzähl du mal!"
„Nein, erst du", bat er. „Was haben sie denn mit dir in Ulm gemacht? Als sie dich in die Chirurgie verfrachtet hatten?"
„Ich bin in einen Operationsraum gekommen, und dort wurde der Splitter herausgeschnitten", erzählte Ulla.
„Hast du etwas davon gemerkt?"
„Überhaupt nichts", sagte sie. „Ich hatte ja eine Narkose. Und als ich aufwachte, hat die Schwester gesagt, dass Mutti kommt. Das war gut. Denn die Hand entzündete sich, schwoll an, eiterte. Eine Blutvergiftung oder so. Ich bekam ziemlich hoch Fieber."
„Und deine Mutter war dann schon da?", fragte er.
„Gleich am übernächsten Tag", sagte sie. „Mutti hat solange im Hotel gewohnt, bis ich einigermaßen wieder auf den Beinen war. Dann sind wir beide nach Stuttgart gefahren, wo meine Oma lebt. Vorigen Sonntag sind wir nach Duisburg zurückgekommen."
„Jetzt wird mit einiges klar", sagte Paule. „Ich habe von Frankfurt aus dauernd versucht, bei dir anzurufen, und bekam einfach keinen Anschluss. Die Frau am Schalter kannte mich schon und fragte nur: ‚Wieder dieselbe Nummer?' Und als ich dich dann am Apparat hatte, bin ich fast durchgedreht."
„Mir ging es doch auch so", meinte Ulla. „Am Montag habe ich von Frankfurt in der Zeitung gelesen, und gestern kam es wieder im Radio. Ich hatte so eine entsetzliche Angst, dass dir etwas passiert sein könnte. Du wolltest doch zu deinem Vater nach Frankfurt. Aber dann dachte ich, du bist vielleicht längst nicht mehr da. Und ich wusste nicht, wie wir uns überhaupt wiederfinden sollten."
Paule nahm ihr Gesicht in seine Hände, rieb seine Backe an ihrer Nase und fragte: „Weißt du auch, was heute für ein Tag ist?"
Ulla kuschelte sich noch tiefer in seinen Pullover. „Am vierundzwanzigsten hast du mich einfach geküsst", sagte sie. „Das möchte ich noch mal."
Sie küssten sich, lachten und drückten sich aneinander, bis Ulla sich aus seinen Armen wand. „Nicht soviel auf einmal", sagte sie. „Sonst kippe ich noch um, und dann hast du die Bescherung. Du sollst sehr behutsam mit mir sein, hat der Doktor gesagt. Denn ich brauche noch dringend Schonung."
Paule rubbelte ihren Rücken und blies ihr einen Kuss zu.
„Uns geht es ganz gut", sagte Ulla nach einer Weile. „Meinst du, dass das immer so bleibt, so gar nicht zum Aushalten? Vielleicht sollte ich dich auffressen, dann hätte ich meine Ruhe vor dir."

„Du Menschenfresserin", beschwerte er sich.

„Doch, ehrlich", sagte sie und knabberte an seinem Ohrläppchen. „Du schmeckst nämlich ziemlich gut, weißt du. Und es gibt dich ohne Marken. Meine Sonderzuteilung sozusagen." Sie strubbelte durch sein Haar, ringelte sich die Strähnen um die Finger. „Verboten lang", meinte sie. „Wie bei einem Tangojüngling."

Dann lagen sie sich wieder in den Armen, küssten sich atemlos, streichelten einander. Diesmal rückte Paule beiseite. „Ich kann nicht mehr", sagte er. „Mir tut alles weh vor lauter Liebgehabtwerden."

„Wir sollten auch besser gehen", sagte Ulla. „Einer von den Gärtnern da drüben grinst schon die ganze Zeit zu uns herüber."

An den Schlüsselblumen und Märzbechern vorbei verließen sie den Garten und stiegen die gewundenen Wege des Kaiserbergs zum Kaiser-Wilhelm-Denkmal hinan, schauten über die Stadt mit ihren Häusern, Gärten, Ruinenfeldern und Straßen, machten eine Runde über den Ehrenfriedhof und gingen den Fahrweg zum Tiergarten entlang. Unterwegs berichtete Paule von Else und seinem Vater, von Pappert, dem Wirt der „Altdeutschen Bierstube", der mit seinen Gästen im Keller verkohlt war, sprach von Leichenreihen an den Straßen, dem zerbombten Dom, erzählte von Inge und vertraute Ulla an, wie viel Angst er um die Schwester in Polen, um Jupp in Frankfurt hatte und dass Hilde im Sommer ein Kind bekam.

Inzwischen waren sie auf dem Wolfsburgweg angelangt, bogen am Haus Hartenfels zum Duisburger Forsthaus ab und beendeten ihre Runde am Sportplatz hinter dem HJ-Heim.

„Und du bist immer noch ohne Ausweis, ohne Karten und Papiere?", fragte Ulla. Paule zog die Schultern hoch und nickte. „So kannst du doch auf die Dauer nicht leben", meinte sie besorgt.

„Ich weiß", sagte er. „Jedenfalls hier nicht. Ich fahre von Duisburg aus weiter zu einem Bauernhof in Norddeutschland. Der Bauer heißt Lüttgenmayer. Er und mein Vater kennen sich aus der KZ-Zeit. Dort tauche ich unter. Früher war ich fast in jeden Ferien bei ihm auf dem Hof."

„Und hier in der Stadt?", erkundigte sie sich. „Wo willst du zum Beispiel schlafen und so?"

„Vielleicht finde ich irgendeinen Keller in einem ausgebombten Haus", sagte Paule. „Ich würde jedenfalls gern noch ein bisschen bei dir bleiben, wenn du magst."

„Wenn ich mag ...", echote sie. „Lieber Gott, ich kenne keinen Menschen, der so schwer von Begriff ist wie dieser Kerl, der mich ständig ungefragt küsst." Sie hob ihm ihren Mund entgegen. „Siehst du, du machst es dir schon regelrecht zur Gewohnheit", sagte sie triumphierend, als Paule sie wieder losließ. „Also, ich habe mir etwas ausgedacht. Meine Tante Erna ..."

„Das klingt wie ein Klein-Erna-Witz", fiel Paule ihr lachend ins Wort.

„Sie hieß aber tatsächlich so", erklärte Ulla. „Und sie war wirklich aus Hamburg. Dann hat sie hier Muttis Onkel geheiratet, und bei uns in der Nähe hatte

209

sie einen Schrebergarten. Aber nun ist sie ja tot, die Tante. Und in dem Garten steht eine Laube, ein richtig schönes, massives Häuschen. Dort kannst du zuerst mal bleiben."

„Meinst du?", fragte er zweifelnd. „Und deine Mutter?"

„Die kriegt doch überhaupt nichts davon mit", sagte Ulla. „Im Übrigen hat sie jetzt auch gar keine Zeit mehr für Bohnen und Kartoffeln. Als neuestes hat sie nämlich in der Thyssenhütte nachts noch Luftschutzbereitschaftsdienst aufgebrummt bekommen. Dann schleppt sie bei Alarm Thyssens kostbare Schreibmaschinen in den Keller. Nein, Mutti erfährt davon nichts. Und wennschon, mir wär das auch egal."

„Es hört sich jedenfalls ganz gut an", meinte Paule. „Aber ich möchte es mir trotzdem vorher angucken. Neulich war ein Mann vom Sicherheitsdienst bei meinem Vater und wollte ihn über mich ausquetschen. Der SD hat mich also in seinem Fahndungsbuch, und das ist kein so schöner Gedanke."

Ulla nickte. „Gerade deswegen", sagte sie. „Du wirst sehen. Die Laube liegt in einem großen Schrebergartengelände. Da kommt keine Polizei hin. Aber deine Haare sind wirklich zu lang! Schon deswegen kannst du einer Streife auffallen. Nachher zu Hause werd ich dir deine Strähnen zurechtstutzen."

„Wie meine Mutter früher", beklagte sich Paule. „Das sah dann ganz verboten aus."

„Wenn der Krieg vorbei ist, kannst du dir die Haare meinetwegen bis auf die Schultern wachsen lassen", sagte Ulla, und damit war das Thema beendet.

Sie gingen zur Haltestelle am Botanischen Garten und fuhren mit der Linie 2 durch die Innenstadt nach Hochfeld. Beim Aussteigen blieb Paule unvermittelt stehen. „Was ist denn nun mit deinem Fahrrad?", fragte er.

„Es steht am Bahnhof", sagte Ulla. „Mit deinem Netz. Und bestimmt wird es geklaut. Ich hol es heute Nachmittag, dann haben wir jetzt noch Zeit zum Essen. Wir sind gleich da." Sie blieb an der Straßenecke stehen und zeigte nach vorn.

„Das ist unser Bunker. Der Klotz mit der Uhr und den drei Adlern oder was die schrägen Vögel sonst darstellen sollen. Und das hier ist die Dickelsbachstraße. An ihrem anderen Ende stößt sie genau auf die Musfeldstraße."

Nach einigen Minuten standen sie vor einem doppelgeschossigen Zweifamilienhaus, das zurückgesetzt in einem großen Vorgarten lag. Die Tür in der roten Klinkerfassade war mit schönem hellen Sandstein eingefasst. Drei geschwungene Stufen führten zu dem grünen Türflügel hinauf, den ein mächtiger Messingknopf zierte. Ulla schloss auf und zog Paule hinter sich in die Diele. Er pfiff bewundernd durch die Zähne. „Du kommst aus gutem Haus", meinte er. „Eine richtige höhere Tochter."

„Gehört den Stadtwerken", sagte sie wegwerfend. „Bis mein Vater eingezogen wurde, war er eine Art Betriebsleiter bei dem Verein. Und nun mach schon, Paule. Es ist bald zwölf, und wir haben nicht mehr viel Zeit bis Nachmittag!"

Hinweise zum Text: Seite 222–225.

Reise im August

Gudrun Pausewang

Bis zu diesem Tag im August hatte Alice nichts von all dem Schrecklichen gewusst, was Juden in Deutschland geschieht. Die Erwachsenen haben es ihr verheimlicht. Doch nun ist sie auf der „Reise" nach Auschwitz. Es ist eine Reise unter den schauerlichen Umständen der Deportation. Eingepfercht in einem Güterwaggon, konfrontiert mit den Ängsten und den verzweifelten Hoffnungen der Mitgefangenen erfährt Alice, was sie niemals erfahren sollte. Am Ende der Reise ist sie kein Kind mehr – und darf doch nicht erwachsen werden.

Die Schiebetür des Waggons schloss sich mit einem ohrenbetäubenden Knall. Er blieb in Alices Erinnerung als der Beginn der Reise haften, obwohl bis zur Abfahrt des Zuges noch eine knappe halbe Stunde verstrich. Sie fühlte Großvaters Hand, die ihre eigene umschloss, Großvaters vertraute, große, trockene Hand. Die Hand war kalt.

Mit dem Knall war es im Waggon schlagartig finster geworden. Das weiße Licht des frühen Augustmorgens drang nicht herein. Nur Sterne schimmerten im Dunkeln: sechszackige, auf Mäntel und Jacken genähte gelbe Sterne. Kinder schrien, aber Alice blieb stumm. Großvaters Hand schloss sich fester um ihre. Allmählich gewöhnten sich ihre Augen an die Dunkelheit. Jetzt konnte sie schon Umrisse erkennen, Umrisse von Menschen und Gepäck. Durch zwei vergitterte Luken oben an den Längswänden des Waggons fiel spärliches Licht, aber Großmutter hätte hier keinen Zwirnsfaden einfädeln können. Großmutter. Wie mochte es ihr jetzt wohl gehen? Wo war sie?

Draußen winselte immer noch der kleine schwarze Hund, der auf dem Marsch zum Bahnhof neben der Frau mit den drei Kindern hergelaufen war. Kläffend und jaulend hatte er immer wieder versucht, mit in den Waggon hereinzukommen. Da hatte ihm einer der Polizisten, nur ein paar Schritte von Alice entfernt, mit dem Gewehrkolben auf den Kopf geschlagen. Großvater hatte ihr die Hand vor die Augen gehalten, aber durch die Finger hatte sie's doch gesehen. Der Hund hatte dem Polizisten nichts getan! Und jetzt lag er draußen und war noch nicht ganz tot.

Schrill übertönte ein metallenes Geräusch das Gewinsel. Eisen schrammte quietschend über Eisen: Draußen machte sich jemand an der Waggontür zu schaffen. Männerstimmen bellten Befehle, dann ein Ruck, der Alice gegen ihren Großvater warf. Sie spürte seinen Ellbogen an ihrer Schulter. Breitbeinig versuchte er, das Gleichgewicht zu halten. Aber dann musste er sich doch an die Wand lehnen, an die geschlossene Schiebetür. Da blieb er, und Alice dicht bei ihm. Der Zug setzte sich in Bewegung.

„Struppi! Struppi!", jammerten die drei Kinder neben ihr. Das jüngste begann laut zu weinen. Auch Alice schossen Tränen in die Augen.

„Ruhig", sagte Großvater, „nur ruhig."

Die Frau neben Alice zog den weinenden kleinen Jungen an sich. Im Waggon

entstand Totenstille. Es war, als lauschten alle den Stoßgeräuschen, die sich aus der Nähe in die Ferne fortpflanzten: Puffer an Puffer. Der Waggonboden bebte, das rhythmische Schnauben der Lokomotive beschleunigte sich. Auf einmal
45 schrie eine Frau. Alice erschauderte. Was die Frau schrie, war bei dem Geratter nicht zu verstehen, es klang merkwürdig fern. Sie war wohl im Nachbarwaggon. Plötzlich verstummte sie.
„Was ist mit der Frau?", fragte Alice den Großvater.
Der hustete. Das tat er immer, wenn es ihm unangenehm war, zu antworten.
50 Was mochte das bedeuten? Alice hatte noch nie einen Menschen so schreien hören. Großvater hatte ihre Hand dabei ganz fest gedrückt – so fest, dass es fast wehtat. Warum sagte er nichts? Sie schaute zu ihm auf. Er war so groß. Sie reichte ihm gerade bis zur Brusttasche seines Mantels.
Alice war klein für ihr Alter. Erst vorhin auf dem Bahnsteig hatte eine Frau sie
55 für zehn gehalten. Dabei war sie fast zwölf. Großmutter war ja der Meinung, Alice wäre schneller gewachsen, wenn sie in den letzten Jahren mehr an die frische Luft gekommen wäre. Jetzt reisten sie irgendwohin,
60 wo sie viel an der frischen Luft sein würden. Dort würde sie dem Großvater bald bis an die Schulter reichen. Ach Großmutter, liebste beste Großmutter! Sicher machte sie
65 sich jetzt Sorgen. Sie und Großvater gehörten so eng zusammen, dass man sie sich einzeln gar nicht vorstellen konnte. Und sie, Alice, gehörte dazu.
70 Auf dem Bahnsteig hatte Großvater immer wieder nach dem Transportleiter gefragt. Ein Polizist hatte auf einen Mann in einer schwarzen Uniform gezeigt. Großvater rief diesem Mann über die Köpfe der vielen Wartenden hinweg zu, seine Frau fehle noch. Er könne doch nicht ohne seine Frau … Aber der Transportleiter hatte über Großvater
75 hinweggeschaut, als wäre er Luft! Bis zuletzt spähte Großvater vom Bahnsteig zu der Straße hinüber, auf der das Lastauto mit Großmutter verschwunden war. Fast eine Stunde mussten sie warten. Aber Großmutter war nicht zurückgekommen. Alice hatte gefroren und sich an Großvater gedrückt. Gut, dass Großmutter sie den Mantel hatte anziehen lassen, auch wenn er an den Ärmeln schon
80 etwas eng wurde.
„Großvater", flüsterte Alice und schmiegte ihre Wangen an seinen Arm, „wird sie mit dem nächsten Zug nachkommen?"
„Ja", murmelte Großvater, „mit dem nächsten Zug …" Er zog sein großes weißes Taschentuch heraus und schnäuzte sich lange. Vorgestern hatte
85 Großmutter solche Taschentücher gebügelt.

Alice spürte, wie sie immer müder wurde. Sie hatte so früh aufstehen müssen. Sie nahm ihr pralles Rucksäckchen vom Rücken und stellte es neben sich auf den Boden. Ein Baby schrie. Es gehörte der blonden jungen Frau, die als Erste in den Waggon gestiegen war. Die Frau hatte noch ein anderes Kind, einen etwa dreijährigen blonden Lockenkopf. Der begann jetzt auch zu plärren.

„Willst du schlafen, Mäuschen?", fragte Großvater. Er schob Alice die Reisetasche hin, die so hoch wie ein Koffer war, aber eine angenehmere Sitzfläche bot. Sie nickte. Erschöpft ließ sie sich auf der Tasche nieder und lehnte sich an Großvaters Bein.

Rat-tat-tat, rat-tat-tat. Sie schloss die Augen. Früher waren sie manchmal im Zug zu Tante Irene und Onkel Ludwig gefahren. Diese Fahrten hatten nur eine knappe halbe Stunde gedauert. Onkel Ludwig war Viehhändler. In seinen Ställen standen jedes Mal andere Pferde und Kühe, und bis in die Wohnstube hinein roch es nach Stall. Alice erinnerte sich an Tante Irenes schallendes Gelächter, an die Horden von Kindern aus dem Dorf, die durch die Ställe tobten, an die Schwalbennester an den Hauswänden und an die Hühner im Obstgarten.

Wenn doch der Zug jetzt dorthin führe! Aber Onkel Ludwig und Tante Irene waren schon vor langer Zeit fortgereist und noch nicht zurückgekommen.

Alice konnte nicht schlafen. Sie öffnete die Augen und betrachtete den Fußboden: Dicker schwarzer Schmutz klebte in den Ritzen zwischen den Brettern. Und auf diesem Boden saßen die Leute. Alice spürte, wie sich ihr Magen hob. Im Waggon roch es auch nicht gut. Gleich neben ihr saß die Frau mit den drei Kindern, denen der schwarze Hund nachgelaufen war. Mit tränennassen Gesichtern lehnten die Kinder an der Mutter, zwei Jungen und ein Mädchen. Hinter ihnen, in der Mitte des Waggons, hockte eine Familie auf ihrem Gepäck: Eltern, Großeltern und viele Kinder. Die Mutter teilte gerade kleine Fladenbrötchen aus. Ein älterer Junge legte sein Brötchen auf dem Fußboden ab, um seinen kleinen Bruder zu füttern.

Alice zupfte ihren Großvater am Ärmel: „Der Junge legt sein Brötchen auf den schmutzigen Boden ..."

Die Mutter der drei Kinder lachte. Alice schaute die Frau erschrocken an. Machte ihr der Schmutz nichts aus? Alice ekelte sich vor Schmutz. Schon als kleines Mädchen hatte sie sich sofort umziehen wollen, wenn sie sich beim Essen oder beim Spielen mal schmutzig gemacht hatte. „Erzieht doch das Kind nicht so auf etepetete", hatte Tante Irene manchmal gesagt. „Zur Kindheit gehört eine Portion Dreck!"

Aber in Sachen Reinlichkeit hatten Mami und Großmutter keinen Spaß verstanden.

„Lachen Sie nicht!", sagte Großvater barsch. „Lassen Sie das Kind!"

„Und was werden Sie ihr sagen, wenn sie merkt, dass es hier keine Toilette gibt?", gab die Frau zurück.

Es vergingen ein paar Sekunden, ehe Alice verstand. „Stimmt das, Großvater?", fragte sie bestürzt.

„Schlaf doch noch ein bisschen, Kind", antwortete er.

Was bedeutete das? Warum versuchte er, sie abzulenken? Alice stand auf, und Großvater legte ihr den Arm um die Schultern.

„Wir werden uns auf dieser Reise näher kennen lernen, als uns lieb sein kann", sagte die Frau so leise, dass Alice sie kaum verstehen konnte. Dann stellte sie sich vor. Ruth Mandel hieß sie, und ihre Kinder hießen David, Ruben und Rebekka.

„Dubsky", antwortete Großvater, „Siegfried. Und das ist Alice, meine Enkelin."

In der linken hinteren Ecke war inzwischen ein Streit entbrannt: Ein Mann und eine Frau, die dort auf ihrem Koffer saßen, sollten die Ecke freigeben. Der junge, braun gelockte Mann, der auf sie einredete, wurde immer erregter. Bald begriff Alice, worum es ging: Die Ecke sollte als Toilette benutzt werden. Die beiden Leute auf dem Koffer trugen Trenchcoats, wie sie auch Papi früher getragen hatte.

„Und warum gerade hier?", schrie die Frau. „Es gibt noch drei andere Ecken!"

„In der einen", rief der Braungelockte mit zornigem Gesicht, „sitzt eine Hochschwangere, in der anderen eine Frau mit zwei kleinen Kindern, und in der dritten sind's zwei alte, kranke –"

„Wir sind auch krank", unterbrach ihn der Mann im Trenchcoat.

„Seien Sie doch vernünftig und nehmen Sie Rücksicht", sagte ein großer Grauhaariger ruhig. „Mit dieser Situation können wir nur zurechtkommen, wenn wir uns aufeinander einstellen."

Der junge Mann griff nach dem Koffer der beiden und zerrte ihn aus der Ecke. Wütend versuchte das Paar, ihn daran zu hindern. Einige der Umsitzenden erhoben sich. Ein anderer junger Mann und die Mutter des Babys mischten sich ein und ergriffen Partei für den Braungelockten. Frau Mandel sprang auf und stellte sich vor ihre Kinder, denn die Gruppe drohte auf sie zu fallen. Und schon zwängte sich die blonde junge Frau mit dem Lockenkopfkind in die Ecke. Sie streifte dem Knirps die Hosen herunter und hielt ihn ab. Aus ihrer Rocktasche zog sie eine Rolle Toilettenpapier. Als sie die Ecke wieder verließ, rückte das Trenchcoat-Paar freiwillig nach vorn.

Es war jetzt wieder ganz still im Waggon. Auch die Leute, die dem Paar am nächsten waren, rückten ein Stück von der Ecke weg. Die Mandels schoben sich ganz dicht an Alice und den Großvater heran.

„Großvater", flüsterte Alice. Großvater drehte sanft ihr Gesicht in seine Richtung. „Wie lange wird die Reise dauern?", fragte Alice kläglich.

„Nicht lange, Mäuschen."

„Einen Tag und eine Nacht", sagte Frau Mandel. „Ich hab's von einem Zugbegleiter."

„Bitte!", sagte Großvater. Alice merkte, dass seine Stimme zitterte. Frau Mandel war groß und schlank. Sie trug ihr glattes braunes Haar im Nacken abgeschrägt und in der Stirn mit kurzen Fransen. Alice kam diese Frisur sehr ungewöhnlich vor. Die über der Nasenwurzel fast zusammengewachsenen Brauen und der feine Flaum auf der Oberlippe erinnerten sie an Fräulein Krockhoff. Die hatte ihr ganz früher Klavierstunden gegeben. Damals, als noch alles gut war. Alice staunte: Die Kinder nannten ihre Mutter Ruth. Sie fand das merkwürdig. Sie wäre nie auf die Idee gekommen, Mami mit „Lilli" oder Papi mit „Leo" anzureden.

Jetzt wurde ein kleines Mädchen von seiner Mutter in die Ecke geführt. Das Kind hatte eine rosa Schleife im Haar. Es kauerte sich hin, und die Mutter blieb vor ihm stehen. Auf der anderen Seite des Waggons packten drei ältere Damen Käsebrote aus. Den größten Teil davon erhielt ein dicklicher Mann, der zwischen ihnen saß. Der Mann schien jünger als die Frauen zu sein. Er trug kurzes Stoppelhaar und erinnerte Alice mit seinem freundlichen Grinsen an ein Kind. Er stopfte die Brote so gierig in sich hinein, dass sie ihm nicht länger zusehen konnte.

„Möchtest du auch etwas zu essen?", hörte sie Großvater fragen. Alice schüttelte heftig den Kopf. Schon beim Gedanken an Essen wurde ihr übel. Außerdem hatte sie bereits auf dem Bahnsteig eine Haferflockenmakrone gegessen. Was für ein merkwürdiger Bahnsteig das gewesen war! Nicht so wie der, den sie von den Fahrten zu Onkel Ludwig und Tante Irene kannte, sondern ein ganzes Stück vom Bahnhof entfernt, zwischen Hallen und Schuppen, an einem Nebengleis. Und so viele Menschen waren dagewesen, wie sie seit Jahren nicht mehr gesehen hatte – alle dicht gedrängt und von Polizisten umstellt. Und immer wieder hatte der kleine schwarze Hund versucht, an die Mandels heranzukommen, aber jedes Mal hatten ihn die Polizisten fortgescheucht.

An der gegenüberliegenden Schiebetür entstand Unruhe. Die Tür schloss nicht dicht, und durch den fingerbreiten Spalt versuchte ein Mann hinauszupinkeln. Er stand genau neben den drei essenden Damen und ihrem dicken Gefährten. Es blieb ihnen nichts anderes übrig, als ein Stück von dem Spalt abzurücken.

„Ruth – ich muss auch mal", flüsterte David, der Jüngste der Mandels. Alice schätzte ihn auf fünf oder sechs Jahre. Seine Mutter gab ihm Papier und ließ ihn allein gehen. Auf einmal wurde es stockdunkel.

„Ein Tunnel!", rief Ruben.

Wieder schimmerten nur noch die Sterne. Heller als beim ersten Mal, wie es Alice schien. Aber es waren weniger Sterne geworden. Manche Leute hatten ihre Mäntel ausgezogen. Andere saßen mit angewinkelten Knien, sodass die Sterne auf der Brust verdeckt wurden. Die meisten Leute im Waggon hatten sich jetzt schon niedergesetzt. Gut stehen konnte man nur an den Wänden. Sonst gab es nichts, woran man sich festhalten konnte.

„Ruth!", rief es kläglich aus der Ecke.

„Bleib, wo du bist, David!", rief ihm Ruth Mandel zu. „Es wird gleich wieder hell!"

Kinder schrien. Das Stimmengewirr wurde lauter. „Der Schlüchterner Tunnel", sagte Großvater. Es roch nach Rauch. Im Tunnel klangen die Zuggeräusche lauter, aber dumpfer. Alice drängte sich an den Großvater. Es war wirklich stockdunkel. Die Tunnelangst hatte sie zum Glück schon ganz früh abgelegt, damals auf der Reise nach Nizza. Da hatte Papi sie in den Armen gehalten, als es vor den Zugfenstern finster geworden war. Schon war das Halbdunkel wieder da.

Der Rauchgeruch verflüchtigte sich, und David kehrte mit erleichtertem Gesicht aus der Ecke zurück. Alice sah, dass er die rechte Hand abspreizte. Ruth Mandel reichte ihm einen offenbar feuchten Lappen aus dem Gepäck. Daran wischte er sich die Hand ab.
Alices Blick fiel auf seine Füße. Das braune Klümpchen, das am Rand seines linken Schuhs klebte – war das nicht …? Sie musste sich übergeben.

Hinweise zum Text: Seite 222–225.

Dann eben mit Gewalt
Jan de Zanger

Eines Morgens sind sie da, die Hakenkreuze an den Wänden der Schule. Aber das ist erst der Anfang. Bald danach bekommen ausländische Mitschüler gemeine Drohbriefe. Lex Verschoor will herausfinden, wer dahintersteckt, denn seine Freundin Sandra wurde brutal zusammengeschlagen, und auch er erhält
5 *einen Drohbrief, er solle seine Finger von der „Schwarzen" lassen. Als er endlich dahinterkommt, wer alles dazugehört, wird es auch für ihn gefährlich.*

So hatte er sie noch nie gesehen. Er glaubte, sie langsam zu kennen, aber so, wie er sie nun durch den fast leeren Flur marschieren sah, so hatte er sie noch
10 nie gesehen.
An der gewohnten Stelle, im Umkleideraum an der Treppe zum Fahrradkeller, hatte er bis zur letzten Minute gewartet. Seit Tagen versuchten beide, so früh wie möglich in der Schule zu sein, dann konnten sie sich noch eine Weile unterhalten. Aber heute war sie erst spät gekommen. Als der erste Andrang im
15 Umkleideraum vorbei war und nur noch ab und zu jemand hereingestürmt kam, die Tasche auf den Boden warf und den Mantel aufhing, hatte er plötzlich gesehen, dass das Hakenkreuz doch nicht ganz verschwunden war. Die Stelle an der Wand war vergangene Woche sofort überpinselt worden, aber die dicken schwarzen Balken waren unter der weißen Wandfarbe doch noch zu erkennen.
20 Von den Wörtern, die darunter gestanden hatten, war nichts mehr zu sehen.
In dem Moment, da er auf seine Uhr schaute, hörte er das erste Klingeln. Jetzt musste er wirklich gehen. Johanssen konnte unangenehm werden. Sobald es zum zweiten Mal klingelte, machte er die Tür zu, und selbst wenn man sie nur eine Sekunde später wieder aufmachte und hinein wollte, schickte er einen wie-
25 der weg. Zu spät war zu spät. Briefchen beim Hausmeister holen, nach drei Briefchen zum Konrektor – und das war Johanssen selbst.
Er hatte sich durch das Gewimmel auf der Treppe nach oben gedrängelt. Am Anfang des Flures guckte er auf seine Uhr. Noch fast zwei Minuten. Johanssen stand mit der Hand auf der Türklinke vor dem letzten Klassenzimmer. Er konn-
30 te sich Zeit lassen. Während er langsam weiterging, schaute er ab und zu über die Schulter. Er war schon dicht vor Johanssen, als er sie kommen sah. So hatte er sie noch nie gesehen. Sie lief nicht etwa, um rechtzeitig in der Klasse zu sein, sie marschierte durch den Flur. Fest setzte sie die Absätze ihrer braunen Stiefel auf die Fliesen. Über ihren Jeans trug sie einen schwarzen Pullover. Den
35 Kopf mit den glatten, schwarzen Haaren hielt sie ein wenig schräg; sie schaute nicht nach links und nicht nach rechts. Er sah, dass Malsagen ihr lange nachschaute, bevor er die Tür des ersten Klassenzimmers auf dem Flur hinter sich zumachte. Er fühlte eine Wärme in sich aufsteigen. Ja, so war sie, seine Sandra, stolz und schön. Sogar die Lehrer glotzten ihr nach.
40 „Kommst du rein, Lex", hörte er Johanssen dicht hinter sich sagen. Verdammter Buchhalter, dachte er. Immer genau auf Zeit, alles tipptopp, wie es sich

gehört. Setze in eine Endsumme nicht zufällig einen Punkt, wenn da ein Komma stehen muss, der kreidet es dir als Fehler an, auch wenn der größte Dummkopf sehen kann, wie's gemeint ist. Er gab Sandra ein Zeichen, dass sie sich beeilen sollte, drehte sich um und ging in die Klasse. Er schlenderte zu seinem
90 Platz am Fenster und legte seine Sachen auf den Tisch.
„Hast du's gemacht?", fragte Gerd neben ihm.
Er nickte, wobei er die Tür im Auge behielt. Johannssen hatte die Hand auf der Klinke. Sobald die Klingel ertönte, würde er hereinkommen, und wenn Sandra nur fünf Meter entfernt wäre. Sie huschte gerade noch vor Johannssen in die
95 Klasse. Er erschrak, als er sie jetzt aus der Nähe sah. Es wurde still in der Klasse, aber nicht, weil Johannssen reingekommen war, sondern weil plötzlich alle Sandra anstarrten.
„Was ist passiert?", fragte Saskia. „Bist du hingefallen?"
Sandra antwortete nicht, ging, die Tasche umgehängt, durch die Reihen zu
100 ihrem Platz schräg hinter ihm. Fast ohne den Kopf dabei zu bewegen, sah sie ihn kurz an.
„Hallo", sagte sie leise. Sie hatte eine geschwollene Lippe und eine große Schürfwunde über dem linken Auge. Sie hielt den Kopf ein bisschen schräg.
„Was ist denn?", fragte er nach hinten.
115 „Gleich", antwortete sie.
Johannssen ordnete noch einmal die Bücher auf seinem Tisch, nahm das Klassenbuch, schaute die Reihen entlang und zeichnete dann mit seinem Kürzel. Er fragte nie, ob jemand fehlte, er wusste genau, wer in welcher Klasse auf welchem Platz zu sitzen hatte. „Ihr habt für heute eine Bilanzrechnung gemacht",
120 sagte er.

„Was ist denn passiert?", fragte er. Mit der Linken führte er sein Fahrrad auf dem Bürgersteig, den rechten Arm hatte er ihr um die Schulter legen wollen, aber sie hatte ihn abgewehrt.
125 „Tu's nicht", sagte sie. „Mir tut alles weh, wenn ich mich bewege. Wenn du mich dann auch noch anfasst, wird's nur noch schlimmer." Wenig später nahm sie dann doch seine rechte Hand. Hand in Hand gingen sie weiter. „Ich bin heute Morgen mit dem Bus gekommen", erzählte sie. „Ich konnte nicht Rad fahren. Wenn wir gleich etwas weiter weg sind, erzähle ich dir alles. Jetzt nicht. Nicht
130 hier."
In den Pausen waren sie nebeneinander auf dem Flur herumgelaufen. In der Pause um elf Uhr hatten sie an der Schulhofmauer in der Sonne gestanden. Die Sonne begann schon, kräftiger zu werden. Er hatte gehofft, sie würde ihm nun alles erzählen, aber sie hatte um sich geschaut und geschwiegen. In der Mittags-
135 pause hatten sie in der Kantine zwischen den anderen aus ihrer Klasse nebeneinander an einem Tisch gesessen. Sie waren ein Pärchen, sie gehörten zusammen, das durfte jeder wissen, und das wussten mittlerweile auch alle, also brauchten sie kein Geheimnis daraus zu machen.
„Ich hab so'n steifen Nacken", hatte sie nach der Stunde mit Johannssen gesagt.

140 „Ich kann kaum den Kopf bewegen."
Jetzt ging sie neben ihm. Sie schaute stur vor sich hin, hielt den Kopf aber immer noch ein bisschen schräg. Sie ging gerade, die Schultern mehr durchgedrückt als er es von ihr kannte. Ihr glattes, schwarzes Haar wippte bei jedem Schritt mit.

145 „Angenehm, die Sonne", sagte sie. „Man spürt, dass es Frühling wird. Ich hab heute Morgen in der Stunde von Malsagen in meinen Kalender geguckt. Den Typ seh ich lieber nicht an. Dann fängt der auch an, mich anzustarren. Der zieht mich mit den Augen aus. Und da sah ich in meinem Kalender, dass übermorgen der Einundzwanzigste ist. Frühlingsbeginn." Sie schwieg. Er sah sie von
150 der Seite an. Das war eigentlich gar nicht Sandras Art, über Belanglosigkeiten zu reden. „Lex", sagte sie plötzlich, „ich habe Angst! Man sagt, es würde ein heißer Sommer werden, ein langer, heißer Sommer!"
„Wer hat das gesagt?"
„Die Typen gestern Abend."

155 Er wollte sofort reagieren, aber sie sprach weiter, schnell, als müsste alles auf einmal raus. „Ich weiß nicht, ob sie mir aufgelauert haben oder ob ich ihnen zufällig begegnet bin. Sie waren plötzlich da. Ich konnte nicht einmal sehen, wie viele es waren. Sechs oder sieben, glaube ich. Jungs, jünger als wir."
„Kennst du sie?"

160 „Nein. Aber sie müssen von unserer Schule sein. Darum wollte ich in der Schule auf keinen Fall darüber reden. Man weiß nie, ob jemand zuhört. Ich war kurz bei Elly. Bei uns zu Hause war wieder so'n Krach. Robbi hatte wieder was ausgefressen, ich weiß nicht genau, was los war, aber meine Eltern waren beide wütend. Und dann meinte meine Mutter, mein Vater wäre zu streng mit ihm ge-
165 wesen, und darüber kriegten sie dann Streit. Da musste ich einfach kurz raus. Ich hab eine Weile bei Elly gesessen und mich mit ihr unterhalten. Bis zur Tagesschau um acht Uhr. Die will ihr Vater immer sehen, da darf nicht gesprochen werden. Da bin ich nach Hause gegangen. Ich hab den kürzesten Weg genommen. Durch die Molenstraat. Ich war grad vorm Schaufenster des großen Mö-
170 belgeschäfts, das da ist, du weißt schon …"
Er nickte.
„Da hörte ich sie auf der anderen Straßenseite plötzlich sagen: ‚Da ist sie ja, die Schwarze! Das Mädchen von Lex Verschoor. Der werden wir mal 'ne Lektion erteilen.' Ich konnte nicht viel sehen, ich hörte sie nur ankommen. Da bin ich
175 losgerannt, aber sie waren schneller als ich. Wenigstens einer. Der lief neben mir und gab mir einen Stoß, dass ich an die Mauer flog, und dann waren sie plötzlich alle da. Einer von den Typen ist mir in den Rücken gesprungen, da bin ich auf die Knie gegangen, aber ich bin gleich wieder aufgestanden. Ich hab um mich geschlagen. Da hielten sie mir die Arme fest und haben mir den Schal vor
180 die Augen gezogen. Sie haben mich überall gekniffen und geschlagen. Ich konnte nur noch treten. Ich hoffe, dass ich gut getroffen habe. Als ein Auto kam, kriegte ich wieder einen Stoß, und dann waren sie auch schon weg."
„Verdammt", sagte er. „Die Schufte. Hast du einen erkannt?"

„Nein", antwortete sie. „Dafür war es schon viel zu dunkel. Und sie hatten mir ja den Schal vors Gesicht gezogen. Ich hab nur gesehen, dass sie alle die gleichen Jacken trugen. So'n glänzendes Nylon. Ziemlich dunkel. Blau oder grün, glaube ich. Und sie hatten alle Strickmützen auf, runtergezogen bis dicht über die Augen. Als sie wegrannten, als das Auto kam, nahmen sie die Mützen ab."

Sie blieb stehen. „Moment", sagte sie. „Als sie weggerannt sind, waren sie fast nicht zu hören. Sie hatten also Schuhe mit sehr weichen Sohlen an. Von einem Typ hab ich die Schuhe gesehen. Ich glaube, das waren Armeeschuhe, diese hohen Schnürstiefel mit den weichen Sohlen. Die hatte Eddy auch, als er Soldat war. Die hat er einmal angehabt, als er für ein Wochenende nach Hause kam."

„Strolche in Uniform", sagte er, „die nur Mut haben, wenn sie in der Clique sind, wenn sie keine Angst zu haben brauchen, dass sie erkannt werden."

„Ich glaube, das waren dieselben, die im Umkleideraum das Hakenkreuz an die Wand geschmiert haben", sagte sie. „Bevor sie mich losließen, hat mir einer ins Ohr gesagt: ‚Sag deinem Freund, dass du jetzt weißt, was *White Power* bedeutet, und dass du jetzt auch weißt, wie wir das Land sauber kriegen.' Dann haben sie erst kurz miteinander gequatscht, und dann redeten alle auf mich ein. Sie sprachen von einem langen, heißen Sommer. Und ich sollte dich warnen, du solltest dich nicht mehr mit mir sehen lassen. Weiß ist weiß, sagten sie, und ich sollte mich an meine eigene Knoblauchrasse halten."

„Weiß ist weiß", wiederholte er. „Weißt du das genau?"

„Ja", sagte sie. „Da bin ich absolut sicher."

Weiß ist weiß, dachte er. Das konnte doch kein Zufall sein? Sandra, die eines Abends mitten in der Stadt von einer Horde Jungen in nachgemachten Uniformen verprügelt wurde, von Jungen, sie sich selbst White Power nannten. Nicht besonders originell. Fehlte nur noch, dass sie sagten, weiß wäre schön. Sandra war schön, so dunkel wie sie war. Die Schwarze, hatten die Kerle gesagt. Er schämte sich jedesmal, wenn er das hörte. Sandra war schön, und sie war lieb. Heute Mittag hatte er sie bis an die Haustür ihres Hochhauses gebracht. Sie wollte nicht, dass er noch mit reinging, und sie reagierte auch nicht, als er sagte, er müsste heute Abend noch spielen.

„Gehst du mit?", hatte er gleich darauf gefragt. „Es ist das vorletzte Spiel der Meisterschaft. Wenn wir heute Abend gewinnen, können wir nächste Woche Meister werden."

Sie hatte nein gesagt. „Ich fühl mich überhaupt nicht gut, mir tut's überall weh."

Er hatte versucht, sie zu überreden, aber sie blieb bei ihrer Entscheidung.

„Ich hoffe, ihr gewinnt", hatte sie gesagt. „Wir sehen uns ja morgen in der Schule." (...)

An jenem Morgen war er ziemlich früh in der Schule gewesen. Die Kleiderhaken waren noch fast alle leer. Er hängte seine Jacke auf und drehte sich um, um auf Sandra zu warten. Da stand er genau davor. Auf die weiße Wand neben dem Treppenaufgang aus dem Fahrradkeller war mit dicker, schwarzer Farbe ein Hakenkreuz gemalt. Darunter stand, mit etwas weniger fetten Strichen: WEISS IST WEISS.

Die ganze Schule hatte darüber gesprochen, die meisten mit Entrüstung, viele Schüler aus den unteren Klassen aufgeregt und hitzig, weil endlich wieder etwas Ungewöhnliches passiert war, und das war immer spannend. Es war alles noch schlimmer geworden, als sie in der ersten Stunde bei Malsagen das seltsame Zeichen auf der Tafel sahen, ein S, wie sie es aus dem Geschichtsunterricht für die SS kannten, aber jetzt war es nur eins und hatte unten eine abwärts zeigende Pfeilspitze. Es sah fast so aus wie ein naiv gezeichneter Blitz. Unter der Pfeilspitze stand in gut leserlicher Handschrift: *Tod allen Eindringlingen!*

Malsagen hatte sofort gesagt, dass er nicht wüsste, wer das auf die Tafel geschmiert hätte. Aber er hatte es stehen lassen und eine Stunde Unterricht in jüngerer Geschichte gegeben. „Ja", hatte er gesagt, „ihr seht hier eine ... eh ... mal sagen typische Äußerung des Neo-Faschismus, wie sie heute leider wieder sehr häufig sind. Wir haben uns neulich schon einmal darüber unterhalten, was die ... mal sagen politischen Folgen des Nazi-Regimes für Europa sind. Die Teilung in Ost und West, der Kalte Krieg, die ... militärischen Bündnisse. Dies hier scheint mir eine günstige Gelegenheit zu sein, um über die menschlichen ... oder mal sagen unmenschlichen Aspekte des Faschismus zu sprechen." Er hatte endlos gelabert über die Nazi-Theorien, über mehr oder weniger wertvolle Menschen, die kräftigen, blonden Germanen und die Russen und Polen, die von ihnen wie Vieh behandelt wurden, über den Versuch, Juden und Zigeuner in den Vernichtungslagern systematisch auszurotten. „Hitler und seine Leute hatten auch Theorien über ... mal sagen Rassenvermischung, die für die germanische Rasse den Untergang bedeuten würde. Und vergleichbare Ideen sehen wir heute bei uns wieder aufkommen. Zum Glück in kleinerem Umfang, aber trotzdem ... Es ist meine Aufgabe, euch in Geschichte zu unterrichten, und ich meine, ich sollte das so vorurteilsfrei wie möglich tun, aber als Historiker habe ich mich ausführlich genug mit der jüngsten Geschichte befasst, um vor solchen ... mal sagen verabscheuenswerten Parolen wie hier auf der Tafel warnen zu können."

In der vierten Stunde bei Fischer hatten sie gehört, dass in allen Klassen der Blitzpfeil mit der gleichen Unterschrift auf der Tafel gestanden hatte. Fischer erzählte, dass der Rektor vor Wut schäumte. Die Putzfrauen wären gestern nach dem Unterricht in allen Räumen gewesen, der Hausmeister hätte um sechs Uhr seine letzte Runde ebenfalls durch alle Klassenräume gemacht und die Haustüren abgeschlossen. Heute Morgen wären alle Türen verschlossen und keine Einbruchsspuren zu finden gewesen, und trotzdem musste jemand die Gelegenheit gehabt haben, abends oder in der Nacht im Umkleideraum ein Hakenkreuz an die Wand zu malen und in mehr als fünfzig Klassen die Parole an die Tafeln zu schmieren.

Hinweise zum Text: Seite 222–225.

Zwischen Gestern und Heute

Die Jugendbuchauszüge in dieser Sequenz wollen euch ein Kapitel der deutschen Geschichte näher bringen, das für Jugendliche von heute ferne Vergangenheit ist: die Zeit des Nationalsozialismus in Deutschland von 1933 bis 1945.
Das Lesen dieser Texte soll euch ein anschauliches Bild jener Jahre vermitteln und teilhaben lassen an den Erfahrungen der Menschen, die damals lebten. Zwar ist die Nazi-Herrschaft zerschlagen und der Zweite Weltkrieg seit einigen Jahrzehnten beendet, doch nicht alles, was vorbei ist, ist schon Geschichte.

Arnulf Zitelmann geboren 1929, studierte Philosophie und Theologie und lebt als freier Schriftsteller in der Nähe von Darmstadt. Er schrieb zahlreiche Romane für Kinder und Jugendliche, die sich mit geschichtlichen Themen und Schicksalen befassen. Darüber hinaus verfasste er Biographien über Martin Luther, Immanuel Kant und Martin Luther King. Für sein literarisches Gesamtwerk wurde er mit dem Großen Preis der Deutschen Akademie für Kinder- und Jugendliteratur ausgezeichnet.

Gudrun Pausewang geboren in Wichstadl in Böhmen, zählt zu den bedeutendsten Kinder- und Jugendbuchautorinnen in Deutschland. Ihre Bücher wurden mehrfach ausgezeichnet, u. a. mit dem Deutschen Jugendliteraturpreis. Sehr bekannt wurden auch *Die Wolke* und *Die letzten Kinder von Schewenborn*.

Jan de Zanger geboren 1932 in Schiedam/Holland, arbeitete nach dem Studium als Lehrer und später bei der Stiftung Lehrplanentwicklung in Enschede. Seit 1989 lebt er als freier Schriftsteller in Zwiep. Er veröffentlichte Übersetzungen aus dem Dänischen, Schwedischen und Norwegischen und schrieb Gedichte, Kurzgeschichten, mehrere Jugendromane und Kinderbücher.

Arbeitsanregungen

Grundsätzlich könnt ihr jedes Buch, das ihr hier in einem Textauszug kennen lernt, als Klassenlektüre lesen.
Damit ihr die Erfahrungen, die die einzelnen Figuren erleben, besser nachvollziehen und mitempfinden könnt, werden euch zu den ausgewählten Büchern einige Anregungen gegeben, die über das reine Lesen und Besprechen der Texte hinausgehen.

1 Lest zunächst einmal die folgenden acht Arbeitsanregungen, die ihr auch
bei der Arbeit an weiteren Jugendbuchauszügen nutzen könnt.

A Standbilder bauen

Baut „Standbilder". Eure Aufmerksamkeit beim Lesen muss sich nicht nur auf das, was die Figuren sagen, tun, fühlen und denken, richten, sondern kann auch ihrer äußeren Haltung in einer bestimmten Situation gelten. Mit „Standbildern" (stummen Bildern, ohne Bewegung und Sprache) sollt ihr also einzelne Szenen nachstellen. Dabei ist es wichtig, dass ihr den Text genau lest und euch die beschriebene Situation und die Personen konkret vorstellt, bevor ihr sie in einem Standbild darstellt.

Eine Variante besteht darin, dass die Figur von einem „Regisseur" geformt wird, wobei sich die Mitschülerinnen und Mitschüler wie Schaufensterpuppen verhalten. Folgendes solltet ihr dabei bedenken:
– *Was* kann ich durch Mimik und Gestik ausdrücken? (Körpersprache!)
– *Wo* stehen die einzelnen Figuren? (Standort!)
– *Wie* viele Personen sind beteiligt?

Ein Beispiel: In Gudrun Pausewangs „Reise im August" konnte Alice nicht schlafen (S. 213, Zeile 104–113).
Versucht diesen Moment, der sich unter unmenschlichen Bedingungen in einem Waggon abspielt, in einem Standbild darzustellen.

B Eine Szene spielen

Spielt eine Szene. Manchmal finden sich in Texten kleine Szenen, die ihr aus dem Stegreif spielen könnt. Geeignet sind vor allem wortlose Szenen, bei denen sich die Darstellung dann der Pantomime annähert.
Ein Beispiel: Denkbar wäre z. B. folgende Szene aus „Paule Pizolka".
Nachdem Paule mit Ulla telefoniert hatte, wartete er auf sie:
„Die nächsten Minuten wurden zur Ewigkeit …"
oder folgende Szene auf S. 206, Zeile 68:
Sie kommt mit dem Fahrrad an, er mustert sie, sie schaut ihn an …

C Tagebucheinträge verfassen

Verfasst Tagebucheinträge. Dadurch könnt ihr Gefühle, Vorstellungen und Gedanken der Figuren zum Ausdruck bringen. Wichtig beim Verfassen von Tagebuchnotizen ist, dass ihr euch wiederum auf ganz bestimmte Stellen im Text bezieht.
Ein Beispiel aus „Paule Pizolka". Folgendes schreibt Ulla in ihr Tagebuch, nachdem sie Paule getroffen hatte.

> Duisburg, 7.4.1942
> Heute rief mich Paule an. Ich war so aufgeregt, dass ich ihm nur unseren Treffpunkt durchgab und dann ganz schnell wieder einhängte. Als ich ihn dann traf, schien er mich zunächst gar nicht wiederzuerkennen; aber auch er hatte sich ein bisschen verändert zumindest äußerlich. Er war dünner geworden und wirkte viel älter als ich ihn in Erinnerung hatte …

D Eine Figur vorstellen

Stellt eine Figur vor, indem ihr einen kleinen Text verfasst („Ich heiße …"). Das Schreiben von Figurenvorstellungen erfordert nicht nur ein genaues Lesen, sondern auch die Fähigkeit, sich eine lebendige Vorstellung der Figuren zu schaffen und diese weiter auszumalen. Ein Beispiel: „Sandra" stellt sich vor:

Hallo,
ich heiße Sandra und bin die Freundin von Lex. Eigentlich wäre das nicht Besonderes, – wenn ich keine Farbige wäre. Die Leute gucken immer so, wenn sie uns sehen. Woher ich komme? Na ja, aufgewachsen bin ich schon hier, aber meine Eltern stammen aus Indonesien und sind schon vor 16 Jahren nach Europa gekommen, weil …

E Eine Fortsetzung ausdenken

Denkt euch eine mögliche Fortsetzung aus. Dabei könnt ihr euch auch Fortsetzungen für verschiedene Figuren überlegen. Im anschließenden Unterrichtsgespräch könnt ihr erörtern, ob das Schicksal und die Entwicklung der Figuren so denkbar wären und ob sie zu dem, was im Buch steht, passen.

F Einen Dialog ausdenken

Denkt euch einen Dialog aus. Es gibt in jedem Buch Stellen, an denen ein Gespräch stattgefunden haben kann, das nicht erzählt ist. Sucht solche Stellen und formuliert ein Gespräch aus.
Ein Beispiel aus „Dann eben mit Gewalt": Lex stellt einen der Mitglieder der „White Power"-Gang.

Lex: Du hörst mir jetzt zu, mein Freundchen. Am liebsten würde ich dir eine einschenken. Aber vielleicht kannst du mir ja verraten, wie ihr Helden dazu kommt, zu viert ein Mädchen zu verprügeln?
Jörg: Was musst du auch mit der Negerin gehen! Gibt doch genug weiße Mädchen. Und was regst du dich überhaupt auf, sie hat doch nur ein paar Schrammen weg. Und außerdem: Man wird doch so eine noch ein bisschen herumschubsen dürfen …

G Anregende Textstellen besprechen

Besprecht eine rätselhafte oder eine zum Nachdenken anregende, ja eine provozierende Textstelle. Auch in den hier vorgestellten Jugendbüchern findet ihr Sätze, die auf ein Problem hinweisen oder zum Nachdenken anregen. Sucht solche Sätze, schreibt sie an die Tafel und nehmt sie zum Ausgangspunkt für eure Diskussion.
Ein Beispiel aus „Dann eben mit Gewalt" (S. 220, Zeile 203):

„Sie sprachen von einem langen, heißen Sommer. Und ich sollte dich warnen, du solltest dich nicht mehr mit mir sehen lassen. Weiß ist weiß, sagten sie …"

H Eine Szene bildnerisch gestalten

Gestaltet eine bestimmte Szene zeichnerisch-graphisch, indem ihr ein Bild malt oder zeichnet, eine Collage erstellt oder diese Szene in einem Foto festhaltet. Auch diese Aufgabe ist eine Hilfe, wenn ihr euch eine konkrete Vorstellung von einer im Buch dargestellten Situation machen wollt.

2 Besprecht nun in der Klasse, welche der Aufgaben für den jeweiligen Text, den ihr gelesen habt, geeignet sind.

3 Wählt zwei bis vier aus und probiert sie.

Auch zu anderen Texten könntet ihr auf diesen Wegen einen Zugang finden wie z. B. in folgenden Büchern:

Peter Abraham, *Piepheini*
Nicolette Bohn, *Plötzlich war es kein Spiel mehr*
Kirsten Boie, *Erwachsene reden. Marco hat was getan.*
Horst Burger, *Vier Fragen an meinen Vater*
Willi Fährmann, *Unter der Asche die Glut*
Jana Frey, *Besinnungslos besessen*
Max von der Grün, *Wie war das eigentlich? Kindheit und Jugend im Dritten Reich*
Marie Hagemann, *Schwarzer, Wolf, Skin*
Rudolf Herfurtner, *Mensch Karnickel*
Klaus Kordon, *Ein Trümmersommer*
Irina Korschunow, *Er hieß Jan*
Anne Provoost, *Fallen*
Mirjam Pressler, *Ich sehe mich so. Die Lebensgeschichte der Anne Frank*
Gunther Preuß, *Stein in meiner Hand*
Morton Rhue, *Die Welle*
Hans Peter Richter, *Damals war es Friedrich*
Carlo Ross, *… aber Steine reden nicht*
Carlo Ross, *Im Vorhof der Hölle*
Karlijn Stoffele, *Mojsche und Reisele*
Lisa Tetzner, *Die Kinder aus Nr. 67*

Einem Autor über die Schulter geschaut: Paul Maar

„Eigentlich bin ich auch Schriftsteller geworden, weil ich all die Bilder in meinem Kopf gar nicht malen könnte!"

Das sagt einer der bekanntesten deutschen Kinder- und Jugendbuchautoren, dessen Bücher euch sicher schon einmal begegnet sind: Paul Maar.
Seit rund 30 Jahren schreibt und zeichnet dieser Künstler nun schon für Heranwachsende. Auf den folgenden Seiten könnt ihr ihn und seine Arbeit etwas näher kennen lernen.
Wenn Paul Maar nicht gerade auf Lesereisen unterwegs ist, dann lebt er in Bamberg, und zwar mitten in der Altstadt. Doch zum Schreiben seiner Bücher zieht er sich in ein hübsches Haus zurück, das in einem kleinen Dorf Frankens – einem richtigen „Wolkenkuckucksnest" – versteckt liegt.
Zwei bis drei Monate im Jahr verbringt Paul Maar inmitten dieser alten, aber so behaglichen Gemäuer. Der Anbau war übrigens ganz früher einmal ein Pferdestall. Nur hier draußen auf dem Land findet er die Ruhe, die er für seine Arbeit braucht.

„Zuhause in Bamberg", so erzählt er, „da zappe ich viel zu viel durch die verschiedenen Fernsehprogramme. Hier habe ich keinen Fernseher, sodass mich fast nichts ablenken kann!"

Das ist sein Arbeitsplatz. Wie ihr seht, ist das nicht gerade ein kleiner Schreibtisch. Aber Paul Maar ist ja auch ein sehr produktiver Autor. Hier entstanden
in den letzten Jahren nicht nur seine wohl bekanntesten „Buchkinder" *Lippel* und
das *Sams*, sondern auch viele Bilder- und Sachbücher, Theaterstücke und z. B.
die Jugendbücher *Andere Kinder wohnen auch bei ihren Eltern* sowie
die *Kartoffelkäferzeiten*.
Von der Idee bis zum fertigen Buch ist es immer ein langer und oft auch
mühsamer Weg:

„Die *Kartoffelkäferzeiten* entstanden, weil ich ein Buch über den Übergang vom Jugendlichen zum Erwachsenen schreiben wollte. Doch als ich für dieses Vorhaben die ersten Seiten geschrieben hatte, da habe ich gemerkt, dass es nicht so einfach sein würde, zu beschreiben, was Jugendliche heute so denken und fühlen; um dies zu erfahren, hätte ich u. a. sehr viel recherchieren müssen. Deshalb beschloss ich, von den Erlebnissen und Erfahrungen meiner eigenen Jugendzeit auszugehen. Da das Buch aber nicht zu autobiographisch werden sollte, sollte ein Mädchen die Hauptfigur der Geschichte werden. Also habe ich mir erneut Notizen gemacht und mir wieder einen Schreibplan zurecht gelegt.
Und nachdem der erste Entwurf vorlag, begann die eigentliche Arbeit. Jedes Mal ist es so, als ob ich an Wörtern und Sätzen richtig „herumfeile". So habe ich auch bei den *Kartoffelkäferzeiten* versucht, mein Rohmaterial so zu bearbeiten, dass am Ende ein auch sprachlich gelungener Text entstand."

Oft sind mehrere Überarbeitungen notwendig, bis das Geschriebene seinem eigenen kritischen Blick standhält.

„Bei den *Kartoffelkäferzeiten* habe ich ganz schön wild hineinkorrigiert", sagt er beinahe ein bisschen verlegen – und muss selbst schmunzeln.

Einen kleinen Eindruck in die Überarbeitungsphase des 260-seitigen Manuskripts gibt euch das folgende Beispiel, das ihr mit dem fertigen Ausdruck auf S. 240 vergleichen könnt.

„Seit meiner frühesten Kindheit habe ich sehr viel gelesen – obwohl mein Vater das Lesen für Zeitverschwendung hielt. Hätte er mich an einem Werktagnachmittag lesend angetroffen, er hätte mir wahrscheinlich das Buch weggenommen, mir den Besen in die Hand gedrückt und mich mit der Bemerkung, ich habe ja offensichtlich nichts zu tun, vor das Haus geschickt, den Hof zu kehren. So musste ich einige Kniffe anwenden und zu Heimlichkeiten Zuflucht nehmen, um zu Büchern und zum Lesen zu kommen.

Eine öffentliche Bibliothek gab es damals – in der unmittelbaren Nachkriegszeit – in meiner Heimatstadt Schweinfurt noch nicht und so war ich richtig froh, als mir ein älterer Junge den Tipp gab, man könne sich kostenlos Bücher aus der Bibliothek des Amerikahauses holen. Berge von Büchern habe ich mir damals ausgeliehen, und wenn ich nicht alles verstand, dann habe ich sie mir mit meiner eigenen Fantasie ausgemalt.

Auch heute geht mir das noch so und es kommt ziemlich oft vor, dass ich bis tief in die Nacht in meinem Lesesessel sitze und in die „Welt" eines Buches eintauche. Zur Zeit lese ich übrigens *Niemand so stark wie wir* von Zoran Drvenkar. Der in Jugoslawien geborene Autor lebt seit seiner Kindheit in Berlin und erzählt in diesem packenden Roman vom Leben Jugendlicher in dieser Großstadt."

Gerne gibt der sympathische und humorvolle Künstler Auskunft, wenn man ihn zu seinem Beruf befragt – und man erfährt einiges:
Dass seine Kindheit in der Kriegs- und Nachkriegszeit nicht gerade „rosig" war und er sich heute noch daran erinnert, wie er als Vierjähriger beim Bombenalarm im Schweinfurter Brauhauskeller so furchtbar gezittert hat.
Für Kinder und Jugendliche begann der 1937 in Schweinfurt geborene Autor auch deshalb zu schreiben, weil er sich als Erwachsener wenigstens die glückliche Kindheit schreibend nachschaffen wollte, die ihm durch die Umstände des Krieges verwehrt blieben. Außerdem wollte sein Sohn Michael vor vielen Jahren ein Buch von ihm, also setzte er sich hin und schrieb *Der tätowierte Hund*, sein erstes Buch für Kinder.
Ganz offensichtlich hat er mit seiner schriftstellerischen Arbeit für Kinder und Jugendliche auch seine Familie angesteckt, denn nicht nur sein Sohn Michael arbeitet als Schriftsteller, sondern auch seine Frau Nele und Tochter Anne schreiben Bücher für Heranwachsende.

Man erfährt weiter, dass er eine Schwäche für Krimis und für skurrile, fantastische Geschichten hat, die Welt des Theaters liebt und sich ein Leben ohne Zeichnen und Malen nicht vorstellen kann. Kein Wunder, dass er ganz früher auch einmal als Kunstlehrer gearbeitet hat und viele seiner eigenen Bücher selbst illustriert. Dass er auch in der Gestaltung mit Farben ganz in seinem „Element" ist, zeigt euch ja bereits das Foto zu Beginn dieses Porträts.

„Als Kind", sagt Paul Maar, „konnte ich nie begreifen, wie die Erwachsenen es aushalten, ihr ganzes Leben lang ein und denselben Beruf auszuüben. Ich stellte es mir entsetzlich langweilig vor, Tag für Tag, Monat für Monat, Jahr für Jahr das Gleiche zu tun, und nahm mir vor, mindestens alle sieben Jahre den Beruf zu wechseln, wenn ich erst mal erwachsen wäre. Zunächst schien es so, als würde ich meinen kindlichen Lebensplan tatsächlich einhalten. Ich begann als Bühnenbildner, wurde dann Kunsterzieher und unterrichtete an einem Gymnasium. Noch als Lehrer fing ich an zu schreiben (zunächst Hörspiele und Funkerzählungen für Erwachsene), kündigte dann, gab meine Stelle an einen arbeitslosen Lehrer weiter und war nun freier Autor. Wäre alles folgerichtig weitergegangen, hätte ich schon längst den Schriftstellerberuf an den Nagel hängen und etwas Neues beginnen müssen. Aber ich arbeite nun schon fast dreißig Jahre als Autor und stelle fest: Es langweilt mich immer noch nicht."

Auf den folgenden Seiten könnt ihr ein bisschen in Paul Maars Jugendbuch *Kartoffelkäferzeiten* schmökern und euch einen ersten Leseeindruck verschaffen. Der Roman spielt in den Jahren zwischen Zweitem Weltkrieg und beginnendem Wirtschaftswunder in einem kleinen Ort in Mainfranken, in der Umgebung von Schweinfurt.

Vieles, was der Autor in seiner Kindheit selbst erlebt hat, hat er in diesem Buch verarbeitet. Die Textstelle, die das Ende des Krieges beschreibt, hat er als Kind genau so erlebt, wie sie hier geschildert wird. Auf die Frage, ob er selbst vor den amerikanischen Soldaten Angst gehabt hätte, meint er:

Ich eigentlich nicht, aber meine Oma war doch sehr misstrauisch. Ich kann mich noch genau daran erinnern, wie ein amerikanischer Soldat, ein Farbiger, in unsere Wirtschaft kam und mir eine Schokolade reichte. Weil ich sehr schüchtern war und nicht gleich zugriff, sagte er: „It's a gift!". Da meinte meine Oma:„Siehste!".

Materielle Sorgen, Hunger, Kälte, Wohnungsnot und russische Gefangenschaft, überhaupt das Zusammenleben in Zeiten der Not sind Themen, mit denen die Leser in den *Kartoffelkäferzeiten* vertraut gemacht werden.

Die Erwachsenen sprechen von „schlimmen Zeiten", die Jugendlichen empfinden das jedoch nicht so. Für sie sind Eichelkaffee, Kohleknappheit und Milchkartoffeln ebenso normal wie die regelmäßig auftretenden Mäuse- und Kartoffelkäferplagen.

Im Mittelpunkt des Buches steht Johanna, die sich zunächst in ihrer kleinen überschaubaren Welt noch wohl fühlt. Doch langsam entwächst sie der Obhut der Erwachsenen und möchte ihrer Tante Fanny nach Amerika nachfolgen.
Doch Johanna erlebt auch all die Nöte und Freuden, die zu allen Zeiten gleich sind und in denen sich junge Menschen immer wiederentdecken können:
Der schwierige Berufsstart, die erste Liebe, Konflikte mit den Eltern …
Die folgende Textprobe führt euch in das Schloss, vor dessen Eingang Paul Maar hier steht. Dabei erfahrt ihr auch, wie Johanna dem „Roten Baron" begegnet:

Johanna fühlte sich nach diesem Entschluss erleichtert. Laut pfeifend ging sie aus dem Haus, in den Garten, kletterte an den Latten fürs Spalierobst hoch, kauerte oben auf der Steinmauer und guckte hinüber in den Schlosspark.

Aus einem plötzlichen Einfall heraus griff sie nach den tief hängenden Zweigen
5 einer Buche auf der anderen Seite, hielt sich daran fest und ließ sich auf den Laubteppich hinuntergleiten. Johanna ließ die Zweige los, sie schnellten nach oben und wackelten einige Male auf und ab, unerreichbar jetzt für sie. Johanna stand im braunen, modrig riechenden Laub, auf der anderen Seite der Steinmauer, im Schlosspark.

10 Der Park, vor mehr als zweihundert Jahren auf einer sanft geneigten Flussterrasse angelegt, verband das Unterdorf mit dem Oberdorf. Auf drei Seiten war er von einer hohen Steinmauer eingefasst, die vierte Seite oben auf dem Hügel wurde vom Schloss selbst begrenzt.

Johanna stapfte über den Blätterteppich nach oben. Bald tauchte zwischen den
15 kahlen Bäumen die Rückfront des Schlosses auf. Aus allen Kaminen stieg dunkler Rauch. Die Flüchtlingsfamilien, die man dort einquartiert hatte, verfeuerten wohl feuchtes Holz, wahrscheinlich Zweige, die sie im Park gesammelt hatten. Johanna kletterte auf den Steinsockel, der sich um das Gebäude herumzog, hielt sich am geschwungenen Fenstergitter fest und schaute durch die Scheibe
20 nach innen in einen riesigen Saal. Noch nie hatte sie einen so großen Innenraum gesehen, alle sechs Erdgeschossfenster auf ihrer Seite gehörten zu ihm. Er nahm wohl auch die ganze Breite des Gebäudes ein, denn in der gegenüberliegenden Wand, auf der anderen Seite des Saals, sah sie ebenfalls Fenster.

Sie erschrak, weil sie plötzlich entdeckte, dass sie beobachtet wurde: Ein junges
25 Mädchen mit kurzen, dunklen Haaren hielt sich drüben auf der anderen Seite am Gitter fest, guckte von außen ins Fenster und starrte ihr über den ganzen Saal hinweg direkt ins Gesicht. Johanna duckte sich. Erst als sich das Mädchen auf der anderen Seite gleichzeitig mit ihr bewegte, erkannte sie in einer Mischung aus Verblüffung und Ärger, dass sie sich vor ihrem Spiegelbild versteckt
30 hatte. Die Fensterscheiben drüben waren aus Spiegelglas, die aufgesetzten Leisten und Rahmen waren nur dazu da, den Betrachter kunstvoll zu täuschen. Unter den Spiegelfenstern standen in zwei Reihen mehr als zwanzig Feldbetten, über die graue Wolldecken gebreitet waren. Nachts mussten offensichtlich viele Familien zusammen in diesem Saal schlafen, jetzt war er menschenleer.

35 „Gibt's da was Interessantes zu sehen?"

Johanna fuhr zusammen, als sie so plötzlich angesprochen wurde. Ein Mann ergriff einen der Gitterstäbe, zog sich hoch, stand nun neben ihr auf dem schmalen Steinsockel und starrte mit ihr durchs Fenster.

„Schaust du dir das Deckengemälde an?", fragte er. Er schien es für selbstverständlich zu halten, dass man in anderer Leute Fenster guckte. „Das sind die vier Jahreszeiten", erklärte er ihr. „Die dicke Frau dort drüben mit dem nackten Busen, die Blätter streut, ist der Frühling. Der graue Mann mit dem Bart aus Eis soll den Winter darstellen. In diesem Jahr stimmt das Bild nicht so ganz. Viel zu warm. Ungesund!"

Johanna nickte.

Der Mann neben ihr erklärte weiter das Deckengemälde. Er tat es mit so viel Begeisterung, dass man meinen konnte, er habe es eigenhändig gemalt. Johanna betrachtete ihn dabei von der Seite. Er war sehr groß, mager, trug eine umgearbeitete Uniformjacke wie die meisten Männer jetzt, die Hosenbeine hatte er in derbe, kniehohe Stiefel gesteckt. Am auffallendsten waren seine Haare: Er hatte ein junges Gesicht und weißgraue Haare wie ein alter Mann. Ob er einer von den Flüchtlingen war?

„Du hörst ja gar nicht zu! Interessiert dich wohl nicht sehr", sagte der Mann mehr erstaunt als unwillig. „Bist du eins von den Flüchtlingsmädchen?"

Johanna schüttelte den Kopf.

„Aus dem Oberdorf? – Nein? Du bist ganz schön maulfaul, das muss man dir lassen! Dem Unterdorf?" Er betrachtete sie mit halber Aufmerksamkeit, mehr nebenher, sein Augenmerk galt immer noch dem Bild mit den Jahreszeiten. Dann, plötzlich, schien ihm eine Erkenntnis zu kommen. Er guckte sie an, sprang vom Sockel, schaute zu ihr hoch, die Hände auf die Hüften gestützt und sagte mit gar nicht mehr gleichgültiger Stimme: „Du bist die Tochter von Paula!" Er ging um sie herum, schaute sie von der anderen Seite an, schüttelte ein paarmal den Kopf und sagte noch einmal: „Du musst Paulas Tochter sein! Komm doch mal endlich da runter, ich will sehen, wie du von vorne aussiehst!"

Johanna sprang vom Sockel und stand nun vor ihm. „Stimmt, meine Mutter heißt Paula", sagte sie. „Kennen Sie sie?"

„Wie du deiner Mutter ähnlich siehst, nicht zu fassen! Warum hab ich das nicht gleich gesehen, merkwürdig!"

„Woher kennen Sie meine Mutter?" fragte sie.

„Wir sind zusammen in die Schule gegangen. Wir sind beide Jahrgang 1914. Geht's deiner Mutter gut? Ist dein Vater bei ihr?"

„Mein Vater ist noch in Gefangenschaft. Wer sind Sie denn eigentlich?", fragte Johanna.

„Sag deiner Mutter einen schönen Gruß von Benno!"

„Sind Sie der ... der Baron?" Beinahe hätte sie gesagt: der Rote Baron.

„Jaja", sagte er nebenhin, steckte die Hände in die Hosentaschen und begann unter den Fenstern entlangzustapfen. „Allerdings ein Baron ohne Schloss. Ich wohne jetzt im Stall. Über dem Stall, genau gesagt. Da oben, wo das Ofenrohr aus dem Fensterchen kommt. Wenn es noch Pferde gäbe, hätte ich's ein bisschen wärmer. Ist trotzdem feudaler als im Gefangenenlager, ich will mich nicht beschweren, nein …" Johanna ging neben ihm her, schaute ihn von der Seite an und hörte ihm zu. Da er offensichtlich mit ihr redete, konnte sie ja schlecht stehen bleiben und ihn alleine weiterziehen lassen. Auch wenn sie nicht wusste, wohin es eigentlich gehen sollte. „Haben Sie denn keine Pferde mehr?", fragte sie. Ihre Mutter hatte ihr mal von den Reitpferden im Schloss erzählt.

„Die hat die Deutsche Wehrmacht noch im letzten Kriegsjahr eingezogen", sagte er. „Von denen ist keines zurückgekommen. Die wurden für Volk und Vaterland gebraucht. Verbraucht, sollte man vielleicht besser sagen …"

Johanna hatte Mühe, ihn zu verstehen. Er hatte die Eigenart, bei seinen Antworten immer leiser zu werden, bis der letzte Halbsatz in einem Nuscheln endete, dessen Sinn sie mehr erahnen als verstehen konnte.

„Warum? Sind die auch gegessen worden?", fragte sie.

„Gegessen? Kann schon sein." Er lächelte und blieb stehen. „Warum ‚auch'?"

„Wie die Zebras im Nürnberger Zoo."

Er nickte verstehend und nahm seine Wanderung wieder auf. Johanna versuchte, an seiner Seite zu bleiben. „Hat dir deine Mutter davon erzählt?", fragte er. „Wie sieht sie eigentlich aus? Na ja, was sollst du da sagen. Ich meine: Hat sie auch schon graue Haare? Jetzt bin ich fast drei Monate zurück und hab sie noch nie gesehn. Merkwürdig. – Wie bist du eigentlich in den Park gekommen? Übers Tor geklettert?"

„Ich bin bei uns über die Mauer gestiegen."

Er lachte. „Natürlich, die Mauer! Ganz die Mutter. Wie geht's deiner Oma? Ist sie immer noch so streng?"

„Streng?" Johanna überlegte. „Zu mir nicht."

Sie waren inzwischen bei den Stallgebäuden angekommen. Der Rote Baron öffnete eine kleine Tür, die in ein großes, zweiflügeliges Holztor eingeschnitten war. „Geh mal lieber hier durch den Stall! Dann kommst du drüben beim Haupttor heraus, bist im Oberdorf und kannst über die Schlossbergsteige nach unten gehn, zu euch. Von eurem Garten aus klettert man nämlich leichter auf die Mauer als von mir aus. Der Park liegt einen halben Meter tiefer …"

Sie durchquerten den Stall, kamen an den leeren Boxen vorbei und traten auf der anderen Seite durch eine zweite Tür in den gepflasterten Schlosshof. Der Rote Baron blieb stehen. „Von hier aus findest du ja wohl den Weg", sagte er. „Vergiss nicht, deiner Mutter die Grüße auszurichten!"

„Auf Wiedersehn", sagte Johanna und streckte ihm die Hand hin.

Er übersah es, nahm die Hände nicht aus den Taschen, antwortete auch nicht, sondern guckte nach oben aufs Dach oder einfach nur in die Wolken. Sie drehte sich um und ging. Als sie schon fast das große Gittertor mit den beiden Steinlöwen auf den Torpfeilern erreicht hatte, rief er ihr nach: „Du! Wie heißt du eigentlich?"

Sie blieb stehen. „Johanna."

„Kannst mich ruhig wieder mal besuchen. Würde mich freuen. Wiedersehn!" Er wandte sich um und verschwand in der Stalltür.

Die nächsten Seiten erzählen von den letzten Kriegstagen. Johanna erlebt das Ende des Krieges:

In einiger Entfernung stand ein Militärlastwagen mitten auf der Straße, daneben eine Zugmaschine mit einem Anhänger, auf dem Baumstämme geladen waren. Eine Gruppe von Männern, Soldaten und Zivilisten, lud die Baumstämme ab, andere hoben mit Pickel und Schaufel zwei tiefe Löcher neben Glöckners Hofmauer aus.

„Soldaten!", flüsterte Johanna.

„Soldaten und die Männer vom Volkssturm", flüsterte Oma Mariechen. „Alle Alten aus unserem Dorf. Die lassen sie eine so schwere Arbeit machen. Es ist ein Jammer!"

„Was machen die da?"

„Sie bauen eine Panzersperre."

„Panzersperre? Wie denn?"

„Schau, da drüben haben sie schon zwei dicke Baumstämme in den Boden gesteckt …"

„Neben dem Haus vom alten Nöth. Ja, ich seh's!"

„Gegenüber, auf der anderen Straßenseite stecken sie jetzt auch zwei Baumstämme in die Löcher und verkeilen sie, damit sie nicht wackeln. Zwischen den beiden senkrechten Stämmen ist ein Abstand, so breit wie ein Bierfass, siehst du das? Dazwischen klemmen sie dann die langen Stämme, die noch auf dem Anhänger liegen. Quer über die Dorfstraße, verstehst du? Einen Stamm über den anderen, mindestens zwei Meter hoch, eine dicke Mauer aus Holz …"

„Woher weißt du das alles?!"

„Der alte Mattenheimer hat es gestern Abend erzählt, unten in der Wirtschaft."

„Da kann ja niemand mehr raus aus dem Dorf, wenn die Straße versperrt ist", flüsterte Johanna. „Kein Fuhrwerk, nichts!"

„Vor allen Dingen kann niemand reinfahren. Nicht mal ein Panzer kommt da durch. Ausweichen kann er nicht, denn links steht das Haus vom alten Nöth, rechts das von Glöckners."

„Und gegen wen bauen sie die Sperre? Ich meine, die wollen doch nicht unsere Panzer aufhalten."

Oma Mariechen schüttelte den Kopf.

„Kommen jetzt die Amerikaner?", fragte Johanna. In ihrer Aufregung sprach sie so laut, dass nun auch Mama aufwachte.

„Was sagst du? Die Amerikaner kommen?", fragte Mama, war mit einem Mal hellwach, sprang aus dem Bett und rannte zu den beiden ans Fenster.

„Es sieht so aus", sagte Oma Mariechen und wies mit einer Kopfbewegung zur Panzersperre hinüber. „Es sieht wirklich ganz so aus!"

Schon tagelang hatte es Gerüchte gegeben, geflüsterte Botschaften: Die amerikanische Armee hatte Würzburg erobert, dann Schweinfurt. Jetzt kamen sie langsam näher, mainaufwärts. Morgen oder übermorgen würden sie Hesterhausen erreicht haben. Natürlich war es verboten, darüber zu sprechen. Letzte Woche hatten sie in Haßfurt eine vierzigjährige Frau abgeholt, die öffentlich gesagt hatte, der Krieg sei längst verloren. „Wehrkraftzersetzung" nannte man so etwas, darauf stand die Todesstrafe. Trotzdem tauschte man mit Freunden, Verwandten oder guten Nachbarn flüsternd die neuesten Nachrichten aus, stellte Vermutungen an, was geschehen würde, wenn die Amerikaner tatsächlich in Hesterhausen einmarschierten.

Die Gerüchte waren höchst widersprüchlich. Die einen erzählten, alle würden aus ihren Häusern vertrieben. Die Bewohner ganzer Ortschaften in der Würzburger Gegend hausten angeblich schon im Wald. Andere wussten aus ebenso sicherer Quelle, die Amerikaner verteilten Weißbrot und Schokolade an die hungernde Bevölkerung. Weißbrot, erzählten sich dann die Dorfkinder, sei so ähnlich wie Kuchen, nur viel besser. Sie stellten absonderliche Vermutungen an, wie Schokolade schmecken könnte. Zwar verstummten die Flüstergespräche der Erwachsenen sofort, wenn ein Kind in die Nähe kam, aber keiner konnte verhindern, dass die Kinder Gesprächsfetzen aufschnappten und sie untereinander weiterverbreiteten.

„Morgen kommen die Amerikaner!", hatte Erwin Schellenberger schon letzte Woche den anderen nach der Schule zugeflüstert und den Zeigefinger bedeutungsvoll an die Lippen gelegt. Eine Geste, die er seinem Großvater abgeguckt hatte. „Sie erschießen alle!"

„Alle? Wirklich alle?", hatten die anderen schaudernd gefragt. „Uns auch?"

„Alle!", hatte Erwin gesagt. „Die Menschen und die Tiere."

Johanna war geneigt, ihm zu glauben. Erst wenige Tage zuvor hatte sie zitternd im feuchten Straßengraben gelegen, ihre Mutter halb neben, halb über sich, während eine Maschinengewehrgarbe so dicht neben ihnen Erdfontänen in die Luft fetzte, dass ganze Grasbüschel und kleine Steinchen auf ihren Rücken prasselten. Die amerikanischen Tiefflieger machten Jagd auf alles, was sich bewegte. Firschings einzige Milchkuh hatten sie draußen auf der Weide abgeschossen.

In der Woche vorher hatte man den kleinen Robert Eberstein aus dem Oberdorf beerdigt. Er war einfach auf der Wiese stehen geblieben, als das Flugzeug auf ihn zukam. Er wollte sich den Piloten in der Glaskanzel angucken, sein Bruder hatte behauptet, den könne man ganz deutlich erkennen. Kein Wunder, dass Johanna nach Erwins Ankündigung angstvoll heimgerannt war, um Oma Mariechen, ihre Mutter und Tante Fanni zur sofortigen Flucht in die Wälder zu überreden. Mama hatte den Arm um sie gelegt und sie erst einmal beruhigt, Oma Mariechen war in eine ihrer erbitterten Schimpfereien ausgebrochen, die in der Feststellung gipfelte, dass sie schon immer was gegen die Schellenbergers gehabt habe und dass Erwin noch unverschämter lüge als sein Großvater, dem sie schon seit vierzig Jahren nicht mehr traue. Tante Fanni hatte nur gesagt: „Wer weiß denn, ob die Amerikaner überhaupt kommen!"

Jetzt, an diesem grauen Aprilmorgen, während Johanna, Oma Mariechen und Mama stumm aus dem Fenster sahen, schien es Wirklichkeit zu werden: Die Amerikaner waren im Anmarsch. Unten fuhr ein Militärwagen vorbei, wendete

vor der Panzersperre und hielt. Ein deutscher Offizier stieg aus, man erkannte
ihn an der Mütze. Er rief den Soldaten etwas zu und stieg gleich wieder ein. Die
Soldaten sprachen laut mit den Volkssturm-Männern, kletterten auf den LKW
und fuhren los, hinter dem Militärwagen her. Oma Mariechen stellte sich auf
Zehenspitzen, um ihnen nachsehen zu können, öffnete dann sogar das Fenster
und beugte sich hinaus.

„Die sind weg. Ich schätze, für immer. Sie sind in Richtung Bamberg davongefahren", berichtete sie und schloss das Fenster wieder.

Die alten Männer vom Volkssturm arbeiteten jetzt viel langsamer, es war niemand mehr da, der sie antrieb. Sie stießen einen der langen Stämme vom Anhänger, rollten ihn gemächlich weiter, klemmten erst das eine Ende zwischen die aufrecht stehenden Stämme auf der linken Seite, hoben dann mit lautem „Hau ruck!" das andere Ende hoch. Mindestens zehn Männer mussten da mithelfen, bis es endlich zwischen den beiden Stämmen auf der rechten Seite steckte. Auf einen Zuruf ließen alle gleichzeitig los und sprangen zurück. Der Stamm polterte zu Boden, sprang noch einmal eine gute Handbreit hoch, bevor er auf dem Straßenpflaster liegen blieb. Nun holten sie den nächsten Stamm vom Anhänger.

„Wenn die amerikanischen Panzer kommen, und hier ist ein Sperre: Warum fahren die nicht einfach ums Dorf herum?", fragte Johanna.

„Weil sie da im Morast stecken bleiben. So ein Panzer ist schwer, der sinkt ein, wenn er nicht auf der Straße fährt", erklärte Mama.

Johanna überlegte: „Wenn ich ein Amerikaner wäre, würde ich die Sperre einfach wegschießen", sagte sie. „Die haben doch so eine Kanone oben an ihrem Panzer."

Oma Mariechen schaute sie erschrocken an. „Sie spricht das aus, was ich die ganze Zeit schon denke", sagte sie zu Johannas Mutter. „Was soll so eine lächerliche Panzersperre! Die hält sie doch nicht einmal eine Viertelstunde auf. Sie fahren einfach zwanzig Meter zurück und schießen so lange darauf, bis nichts mehr davon übrig ist!"

„Um Himmels willen", sagte Mama. „Dann ist aber von Glöckners Haus auch nichts mehr übrig. Und das vom alten Nöth fällt ja schon um, wenn man sich dagegenlehnt, das ist ja jetzt schon baufällig!"

„Und unseres?" Oma Mariechen malte ihre Schreckensfantasie weiter aus. „Unser Haus liegt genau in der Schusslinie. Die ärgern sich doch so über diese dumme Sperre, dass sie das halbe Dorf in die Luft jagen. Denk nur nicht, da guck ich einfach zu! Das mach ich nicht, wahrhaftig nicht!"

„Was willst du denn tun?!"

„Die sollen die Panzersperre erst gar nicht aufbauen. Ich rede mit ihnen."

„Tu das nicht!" Johannes Mutter war entsetzt. „Das ist doch Sabotage für die, das ist Wehrkraftzersetzung. Die hängen dich noch auf!"

„Eine alte Frau werden sie schon nicht hängen …"

„Denk doch an den Soldaten, der immer noch drüben an Vollerts Birnbaum hängt, mit diesem Schild auf der Brust! Der arme junge Kerl, er wollte nur heim. Er war aus Schweinfurt, sagen sie. Bring dich um Gottes willen nicht jetzt noch in Gefahr! In ein paar Tagen ist sowieso alles vorbei. Dann kommen die Amerikaner …"

„… und schießen unser Haus in die Luft", ergänzte Oma Mariechen. „Ich geh mal runter. Die kennen mich doch alle seit mehr als fünfzig Jahren, das sind doch Leute aus dem Dorf. Ich rede mit dem alten Mattenheimer, der ist der Vernünftigste von allen."

„Gut, dann gehe ich aber mit!", sagte Johannas Mutter.

„Das hätte mir gerade noch gefehlt! Du bist wohl nicht ganz bei Trost!", schimpfte Oma Mariechen. „Bleib du mal bei deinem Kind. Es genügt, wenn sie eine aus der Familie aufhängen. Wer füttert denn sonst das Schwein? Fanni vielleicht?"

Als hätte sie nur auf dieses Stichwort gewartet, kam in diesem Augenblick Tante Fanni im Nachthemd durch die Tür. „Was ist denn da draußen los?", fragte sie. „Was ist das für ein Lärm?"

„Lass es dir von Paula erklären", sagte Oma Mariechen und nützte die Gelegenheit, um aus dem Zimmer zu schlüpfen.

Tante Fanni wurde hastig über den Stand der Dinge unterrichtet. „Mein Gott! Hoffentlich passiert Mama nichts!", sagte sie erschrocken und starrte mit den beiden durch den Gardinenspalt.

Es dauerte eine Weile, bis Oma Mariechen unten aus der Vordertür kam. Sie trug vier Bierkrüge, zwei in jeder Hand. Als sie bei den Männern ankam, rief sie ihnen etwas zu und schwenkte die Krüge am Henkel. Die Männer lachten, unterbrachen ihre Arbeit und bildeten einen Kreis um Oma Mariechen. Die Bierkrüge wurden herumgereicht, jeder nahm einen Schluck. Dann redete Oma Mariechen heftig auf sie ein. Die Männer schüttelten abwehrend den Kopf, sie waren offenbar anderer Ansicht als Oma Mariechen. Man konnte vom Schlafzimmer aus nicht hören, was sie sagten, man sah nur ihre Gesten und ihre Mienen. Die Unterhaltung wurde lebhafter, es bildeten sich Grüppchen von drei, vier Männern, die heftig miteinander diskutierten. Oma Mariechen zeigte auf ihr Haus, auf den Giebel, wie es schien, und alle blickten in die angegebene Richtung. Johanna und die beiden Frauen wichen unwillkürlich vom Fenster zurück, obwohl man sie durch die Gardine bestimmt nicht sehen konnte.

„Wenn wir nur wüssten, was die da unten reden!", sagte Johannas Mutter. „Hoffentlich geht alles gut aus!"

„Hoffentlich!" Tante Fanni biss sich vor Anspannung auf die Unterlippe, dass die ganz weiß wurde.

Johanna holte ihre Kleider vom Stuhl, setzte sich auf den Bettrand und zog sich schnell an. Sie würde einfach hinausgehen zu Oma Mariechen, sich weder von Mama noch von Tante Fanni aufhalten lassen! Einem Kind würden die da draußen bestimmt nichts tun. Sie war noch nicht mit dem Anziehen fertig und wollte soeben die langen Wollstrümpfe an die Strumpfhalter knöpfen, da rief Mama: „Sie kommt! Ich glaube, sie kommt!"

Johanna rannte mit rutschenden Strümpfen zum Fenster. Oma Mariechen löste

239

sich gerade aus der Männergruppe und machte ein paar Schritte auf das Haus zu. Dann fiel ihr offensichtlich noch etwas ein, sie blieb stehen, überlegte kurz und ging zurück zu den Männern.

300 „Jetzt fängt sie noch einmal an zu reden!", Tante Fanni war unruhig. „Warum kommt sie denn nicht!"

Oma Mariechen wollte aber gar nicht mehr reden, sie sammelte lediglich die leeren Bierkrüge ein, die zu Füßen der Männer auf dem Straßenpflaster standen. Dann erst ging sie zum Haus zurück. Nun hielt es die drei nicht länger
305 oben am Fenster, sie rannten die Treppe zum Erdgeschoss hinunter. Oma Mariechen kam ihnen im Nebenzimmer entgegen, die Krüge hatte sie in der Gaststube auf der Theke abgestellt.

„Was ist?", fragte Johanna. „Was haben sie denn gesagt?"

„Sie waren vernünftig", sagte Oma Mariechen lakonisch. „Sie bauen die Sperre
310 wieder ab. Der Schellenberger war natürlich erst dagegen, der bildet sich Wunder was ein, seitdem er hier der Ortsbauernführer ist. Aber die allermeisten sind dafür. Vor den Amerikanern haben sie weniger Angst. Mehr vor den Unsrigen. Sie sagen: Wenn die deutschen Soldaten noch mal zurückkommen, werden wir alle erschossen, als Verräter. Ich glaube, ich hab sie beruhigt. Ich hab gesagt:
315 Die sind alle weggefahren, raus aus dem Dorf, in Richtung Bamberg, die retten ihre eigene Haut, die haben doch selber die Hosen voll!

Jetzt haben wir ausgemacht, dass ich alles beobachte und Zeichen gebe, von unserm Dachfenster aus. Von da oben sehe ich meilenweit, die Straße nach Bamberg und die nach Schweinfurt auch.
320 Wenn sie die Sperre erst mal abgebaut haben, ist alles gut. Dann verziehn sie sich nämlich und verstecken sich im Oberdorf, bis der Amerikaner da ist.

Gefährlich ist es nur jetzt, solange sie noch arbeiten. Kommen unsere Soldaten zurück, müssen sie die Sperre schnell wieder aufbauen, sonst kostet's sie womöglich das Leben. Wenn der Offizier sie fragt, warum sie immer noch nicht
325 fertig sind, sagen sie einfach, einem von ihnen ist ein Baumstamm auf den Fuß gefallen, den hätten sie erst versorgen und wegbringen müssen. Das hat sich der Mattenheimer ausgedacht, der schlaue Fuchs.

Kommen aber die Amerikaner, müssen sie rennen wie die Hasen. Die fangen doch bestimmt gleich an zu schießen, wenn man vor ihrer Nase die Straße sper-
330 ren will. Ich geh jetzt auf den Dachboden und gucke.

Kommen Autos von links auf das Dorf zu, sind es unsere Soldaten. Dann soll ich schreien und mit dem Taschentuch winken. Kommen welche von rechts, sind es die Amerikaner. Dann winke ich nur mit der Hand. So wissen sie, was zu tun ist: aufbauen oder wegrennen."

335 „Ich darf mit, ja?", bettelte Johanna. „Ich bin auch schon angezogen."

„Gut, meinetwegen. Zwei sehen mehr als eine, und du hast scharfe Augen", sagte Oma Mariechen.

Johanna schaute mit Oma Mariechen oben aus dem schmalen Giebelfenster. Johanna beobachtete die Straße von Schweinfurt her, ihre Oma schaute nach
340 links, in Richtung Bamberg.

Kein Auto näherte sich, kein LKW, kein Personenwagen, nicht einmal ein Motorrad.

Die Panzersperre war abgebaut, die Stämme lagen rechts und links der Straße, die Männer waren weggegangen, so schnell sie das mit ihren alten Beinen noch konnten. Nur Herr Mattenheimer hatte den beiden oben im Fenster hastig noch einmal zugewinkt. Langsam wurde es langweilig.

„Wir können genausogut unten auf die Amerikaner warten", sagte Oma Mariechen schließlich. „Ob wir sie nun von weitem kommen sehen oder nicht, das ist gehupft wie gesprungen. Wenn sie da sind, sind sie da. Aufhalten kann sie sowieso keiner mehr. Komm, wir gehen zu deiner Mama und zu Fanni!"

Es wurde noch ein sehr langer Vormittag. Das Wetter war angenehm, es klarte auf, sogar die Sonne kam ein bisschen heraus. Der Tau vom frühen Morgen war verdunstet, die Straße wurde einen Farbton heller. Eine Schar Spatzen saß so selbstverständlich in der Straßenmitte, als würde nie mehr ein Mensch da entlanggehen. In allen Häusern wartete man. Niemand traute sich vor die Tür, kein einziges Fuhrwerk war unterwegs. Dabei hätte man jetzt gut pflügen können, das Wetter war günstig. Johanna und die Frauen standen im Nebenzimmer und schauten nach draußen. Selbst Oma Mariechen, die eigentlich nie ohne Arbeit sein konnte, stand bei ihnen. Vorher hatte sie die vier Bierkrüge schnell noch ausgespült, abgetrocknet und in das Gläserregal gestellt.

Es war merkwürdig still im Dorf, man hörte nur das Klirren der Kuhketten aus den Ställen ringsum. Hinter den Fenstern der Nachbarhäuser bewegte sich ab und zu eine Gardine, auch dort wartete man auf das Kommende. Gegen Mittag, die Kirchturmuhr hatte schon zwölfmal geschlagen, jaulte plötzlich irgendwo ein Automotor auf. Wenig später kam ein offener amerikanischer Jeep in rasender Fahrt die Gasse vom Oberdorf herab, bog mit quietschenden Reifen nach rechts in die Hauptstraße ein und fuhr in Richtung Schweinfurt aus dem Ort. Deutlich konnte man die vier sitzenden Soldaten sehen, mit ihren merkwürdig hohen Helmen, und den fünften, der zwischen ihnen am Maschinengewehrkranz stand.

Kaum war das Motorengeräusch verklungen, raste ein zweiter Jeep aus dem Oberdorf heran, bog nach links und fuhr in der entgegengesetzten Richtung bis zum Ortsrand. Nach wenigen Minuten kamen die beiden Jeeps zurück, hielten nebeneinander an der Straßeneinmündng und gaben Zeichen nach oben. Vom Oberdorf rollte langsam ein kleiner Konvoi mit neun oder zehn Mannschaftswagen herab. Links und rechts von den Autos gingen amerikanische Soldaten, sicherten nach allen Seiten, das Gewehr schussbereit in die Armbeuge gelegt.

Oma Mariechen begann hysterisch zu lachen. „So ein Witz!", rief sie. „So ein schlechter Witz!"

Paula und Fanni schauten sie erschrocken an. „Warum lachst du? Was ist denn?", fragte Johannas Mutter unsicher. Ob Oma Mariechen am Ende doch noch die Nerven verlor?

„Ja, seht ihr es denn nicht?", fragte Oma Mariechen. „Da wollen sie hier unten eine Panzersperre bauen und machen uns so viel Sorgen damit – und jetzt sind

241

385 die Amerikaner gar nicht den Main entlang gekommen. Sie sind über die Berge gefahren, von Stessfeld her. Die Panzersperre hätte gar nichts genützt! Komm, Johanna, wir haben oben noch was zu tun! Wir hängen jetzt die weiße Fahne raus."

„Weiße Fahne? Was denn für eine weiße Fahne?", fragte Johanna.

390 „Die weiße Fahne bedeutet: Wir kämpfen nicht, wir ergeben uns!", erklärte ihr Oma Mariechen, während sie nebeneinander die Treppe hochgingen.

„Warum denn kämpfen? Es sind doch sowieso nur Frauen und alte Männer im Dorf", sagte Johanna.

„Das wissen die aber nicht, deswegen muss man's ihnen zeigen."

395 Oma Mariechen öffnete ein Fenster im ersten Stock, steckte einen Besenstiel hinaus und klemmte ihn am Fensterflügel fest.

„So, nun gib mir einen Bettbezug!", bat sie Johanna. „Nein, nicht den obersten, der ist doch geflickt, was sollen denn die Nachbarn denken! Den kann ich doch nicht aus dem Fenster hängen!"

400 Oma Mariechen suchte selbst einen Leinenbezug aus, einen, auf den sie früher mal ihr Monogramm gestickt hatte, und legte ihn über den Besenstiel draußen vor dem Fenster. Als sei dies ein verabredetes Signal, gingen überall in der Nachbarschaft die Fenster auf, und weiße Laken, Bettbezüge, Handtücher und sogar ein Nachthemd wurden hinausgestreckt.

405 „So", sagte Oma Mariechen zufrieden und stieg wieder die Treppe hinunter. „Jetzt ist der Krieg für uns vorbei. Der Krieg ist aus, verstehst du! Nun kann alles nur noch besser werden!"

Eine dritte Textprobe zeigt euch, wie sich in Johannas Leben etwas zu verändern beginnt. Zunächst trifft sie sich mit ihrem Freund Manni:

Johanna hatte gehofft, sie könne sich in den Mittagspausen mit Manni treffen, mit ihm reden, ein bisschen durch die Stadt bummeln. Sie wurde schnell eines

Besseren belehrt. An eine Pause war gar nicht zu denken. Mittagszeit bedeutete Essenszeit, also Hochbetrieb im Hofbräu. Johanna konnte froh sein, wenn sie sich gegen zwei Uhr endlich an den Tisch neben der Theke setzen und mit den Kellnerinnen zusammen das essen durfte, was noch übrig geblieben war.

Manni holte sie regelmäßig nach der Arbeit ab, und sie gingen miteinander zum Stadtbahnhof. Meistens nahmen sie die schmale Straße am Main entlang. Das war ein Umweg, aber sie machten ihn gern, weil sie dabei ungestört reden konnten. Im Zug saßen immer andere Leute aus Hesterhausen um sie herum und mischten sich ungebeten ins Gespräch. Manni war mit seiner Stelle recht zufrieden.

„Heute hat mich der Chef sogar gelobt", erzählte er stolz, während er mit Johanna zum Bahnhof ging.

Die Sonne stand schon tief, ihre Schatten spazierten ihnen voraus und kletterten weit vor ihnen die flache Ufermauer hoch. Unter Mannis Schuhen knirschte nasser Sand. Der war von den Lastwagen gerieselt, die tagsüber zwischen den Sandkähnen, am Mainkai und den Baustellen in der Stadt hin- und herfuhren. An den dunklen Tropfspuren auf dem Straßenpflaster konnte man den Weg ablesen, den sie gewöhnlich nahmen. Es wurde wieder gebaut in Schweinfurt, die ersten neuen Häuser wuchsen aus den Trümmerfeldern hoch, die Mörtelmaschinen schluckten den Sand zentnerweise. Manchmal waren die Lastwagen bis in den Abend hinein unterwegs. „Bei uns im Laden bin ich einfach nur der Manni. Oder sie rufen mich ‚Stift'. Das gefällt mir. Ich weiß nicht, ob du das verstehst", sagte Manni.

Johanna fragte: „Wer solltest du denn sonst sein?"

„Emanuel. Der Emanuel von Verena!"

Johanna nickte. Sie begriff, was er meinte.

„Und wie ist es bei dir im Hofbräu? Immer noch so schlimm?", erkundigte er sich.

„Schlimmer als schlimm. Den ganzen Tag nur Geschirr abwaschen, abwaschen, abwaschen. Wenn ich so was lernen will, muss ich doch nicht nach Schweinfurt fahren! Und das nennen sie auch noch Lehre."

„Das ist bestimmt nur am Anfang so." Manni versuchte sie zu trösten. „Bald wird es besser, und du lernst kochen."

„Und dann?"

„Dann bist du irgendwann Köchin."

„Und dann?"

„Und dann, und dann! Du kannst einem die Haare vom Kopf fragen. Dann gehst du an ein großes Hotel, wirst Chefköchin, verdienst viel Geld und kaufst dir ein Auto …"

„Ich geh nirgendwohin, werd keine Chefköchin, und Geld krieg ich auch nicht besonders viel. Weil ich nämlich in Hesterhausen hocke, bis ich so alt bin wie Oma Mariechen. Und wer bleibt ein für allemal der Chefkoch und will alles bestimmen?"

„Dein Vater", antwortete Manni überflüssigerweise.

243

„Manni, lass uns doch zusammen weit weggehen, in eine Großstadt oder sogar in ein anderes Land!"

„Und wovon willst du dort leben? Johanna, manchmal redest du noch wie ein Kind."

„Es muss ja nicht gleich sein. Meinetwegen erst in sieben Jahren, wenn ich volljährig bin. Dann haben wir doch beide einen Beruf und können Geld verdienen. Ich will nur, dass ich denken kann: In ein paar Jahren ist alles anders! Dann kann ich's im Hofbräu besser aushalten."

Manni schwieg. Johanna streckte ihre Hand aus und ließ deren Schatten hinüber zu Mannis langem Schatten wandern. Sie hob den Arm ein wenig: Meterweit von ihnen streichelte ihr Schatten Mannis Schatten über den Rücken. Manni merkte nichts davon, er ging mit gesenktem Kopf neben ihr her.

„Sag halt ja!", bat sie.

„Ich würde gern ja sagen. Aber ich kann dich doch nicht anlügen, Johanna. Warum soll ich weg? Ich denk mir immer ganz andere Sachen aus, wenn ich mir so wie du was Schönes vorstellen will …"

„Was denkst du dann?"

„Ich stell mir vor, wir sind verheiratet, haben ein eigenes Haus in Hesterhausen …"

Johanna unterbrach ihn. „Ich will aber gar nicht heiraten!"

„Nie?", fragte er bestürzt. „Warum? Was hast du dagegen?"

„Ich seh doch bei meiner Mutter und meinem Vater, wie das ist, verheiratet zu sein. Besonders an meiner Mutter." Sie spürte, dass ihn ihre Ablehnung kränkte, lenkte ein und sagte versöhnlicher: „Jedenfalls will ich nicht gleich heiraten. Ganz später vielleicht mal. Was hast du überhaupt gegen das Wegziehen?"

„Ich kann meine Mutter doch nicht allein lassen …"

„Warum nicht? Du kannst sie ja besuchen."

„Du weißt nicht, was sie durchgemacht hat. Ich hab's dir nie erzählt. Als Sammy wieder zurück musste und Fanni mit ihm gefahren ist, hat sie sich tagelang ins Zimmer eingeschlossen und geheult. Sie hat sogar gesagt, wenn ich nicht wäre, würde sie sich umbringen."

„Alles wegen ihrer Freundin Fanni!", sagte Johanna.

„Wegen Fanni und Sammy", verbesserte Manni. „Da konnte sie doch vergleichen. Ihr Freund Dave hat nie daran gedacht, sie mitzunehmen. Der hat auf Wiedersehn gesagt und ist weggefahren. Meine Mutter hat noch nie einen Freund gehabt, der bei ihr geblieben ist. Sie sagt, jetzt ist sie zu alt für einen neuen Freund, sie will auch keinen mehr, die enttäuschen einen immer nur. Da kann ich sie doch nicht auch noch allein lassen, wo sie jetzt nur noch mich hat. Das musst du doch verstehn."

Johanna nickte langsam. Sie fühlte sich ein bisschen wie Oma Mariechen, als man ihr das Schwein wegnahm und sagte: Du kannst das Tier doch nicht an Altersschwäche eingehen lassen. Jetzt ist der beste Zeitpunkt, es zu schlachten. Das musst du doch verstehn!

Verstehen konnte sie so was schon. Und trotzdem …

Ihr fragt euch vielleicht, was der Titel "Kartoffel=
käferzeiten" bedeutet. Für mich ist die Erinnerung
an meine Kindheit eng verbunden mit der an diese
Käfer, die damals in Massen über die Kartoffelpflanzen
herfielen. Man traf sich nachmittags nach der
Schule, Kinder und Erwachsene, jeder hatte eine
leere Blechdose oder ein Glas dabei, dann ging
man über die Kartoffeläcker und sammelte diese
schwarzgelben Käfer Stück für Stück von den Blättern
ab und warf sie in die Dose oder ins Glas. Noch
heute kann ich mich an den typischen Geruch
der Käfer erinnern: Sie stanken widerlich!
Und weil diese Käfer so typisch waren für die
Zeit, die ich beschreiben wollte, habe ich das
Buch nach ihnen genannt.
Es fiel mir nicht leicht, einen Titel für das
Buch zu finden. Vorher hätte ich an "Der Krieg
ist aus" gedacht oder an "Über die Mauer
gucken". Zuerst wollte ich das Buch nach der
Hauptperson einfach "Johanna" nennen. Dann
hat mein Verlag entdeckt, dass es schon ein
Buch von Renate Welsh mit dem gleichen Titel
gibt, also musste ich diese Idee wieder auf=
geben. – Welchen Titel hättet ihr gewählt?
Oder fällt euch – nachdem ihr das Buch
gelesen habt – noch ein neuer, ganz anderer
ein?

        Euer Paul Maar

Die Wüste lebt

Aufbruch in die Wüste
Uwe George

In der Kühle des Morgens war ich in einer kleinen Oase inmitten der Sahara aufgebrochen, um meine Reise fortzusetzen. Im Schutz der Palmengärten hatte ich die stürmische Nacht verbracht.

Mein Geländefahrzeug war mit Expeditionsausrüstung, Wasser und Benzinvorräten schwer beladen. So quälte es sich durch ein Labyrinth von Palmen und haushohen Dünen. Ich fuhr in die offene Wüste, hinaus in einen Raum von ozeangleicher Weite. *Bahr bela ma* nannten die arabischen Karawanenführer diese größte Wüste der Erde – „Meer ohne Wasser". Sie verglichen ihre Reise mit einer Seefahrt, und der Südrand der Sahara war für sie der *Sahel*, das Ufer, das es zu erreichen galt.

Bereits nach kurzer Fahrt versanken die grünen Palmen der Oase hinter mir am Horizont. Die Erdkrümmung entzog sie meinen Blicken. Und wie beim Seemann, wenn er den Hafen verlässt und das offene Meer erreicht, so waren nun meine Blicke auf den Horizont vor mir gerichtet. Ich wollte Neues entdecken in einer Landschaft, die so groß und im Detail so wenig erforscht war, dass die Entdeckung jedes Geheimnisses noch möglich erschien.

Mit den Stunden nahm die Hitze zu. Über der von der Sonne ausgeglühten Landschaft begann die Luft zu wallen und ließ den Horizont verschwimmen. Die schwarzen „Inselberge", die ich klar umrissen in der Ferne gesehen und zur Orientierung benutzt hatte, verwandelten sich seltsam. Sie verzerrten sich, durch die heiße Luft betrachtet, zu breiten, linsenförmigen Gebilden, die, losgelöst vom Untergrund, über dem Boden schwebten. Vor mir tauchten blaue Seen auf, die jedes Mal, wenn ich mich ihren Ufern zu nähern schien, zerrannen. Einzelne blaue Fetzen trieben links und rechts vorüber und flossen hinter dem Auto wieder als eine geschlossene Wasserfläche zusammen. Ich dachte an Moses, wie er die Wasser des Meeres teilt. War das Volk, das er führte, nicht eher durch eine Wüste gezogen?

Es war die Zeit des Tages, da in der Wüste die Grenzen zwischen Schein und Wirklichkeit verschwimmen, die Zeit der *Fata Morgana*. Die Seen waren das Himmelsblau, das sich an der Grenze zweier verschiedener Luftschichten über dem stark erhitzten Gestein spiegelte. Näherte ich mich einem der durch Lichtbrechung linsenförmig verzerrten Berge, die scheinbar im Wasser schwammen, so stellte er in seiner Mitte wieder einen Kontakt mit dem Boden her und nahm die Gestalt eines riesigen Pilzes an. Einige der Berge, von denen mich noch eine große Distanz zu trennen schien, waren nach wenigen Metern Fahrt erreicht und schrumpften zu ballgroßen Felsbrocken zusammen. Sie waren nur durch die heiße, verzerrende Luft so gewaltig vergrößert erschienen.

Größen und Weiten, die Verteilung der Dinge in Raum und Zeit entsprachen nicht mehr den Erfahrungswerten, die ein Mitteleuropäer gemeinhin von der Welt besitzt. Die unwirkliche Szenerie bewirkte bald das Gefühl in mir, dass nicht ich mich durch die Landschaft bewegte, sondern dass ihre einzelnen Be-

standteile an mir vorübertrieben. Federwolken zogen auf, der Wind wurde böig, und die Richtung, aus der beides kam, verhieß nichts Gutes. Die Böen wirbelten dichte Staubfetzen hoch. Gelegentlich rollten abgestorbene, vom Wind über dem Boden abgebrochene kleine Büsche vorbei. Unzählige Umdrehungen auf dem harten Wüstenboden hatten das Geäst zu einer Kugel geschliffen.
Nach kurzer Zeit hatte der nun konstant wehende Wind gewaltige Staubmengen aufgesogen, die er als gelbbraune Masse vor sich hertrieb. Die Luft war damit so angefüllt, dass die vorher grellweiße Sonne nur noch als mattgelbe Scheibe zu erkennen war. Staubsturm!
Ich wusste aus langjähriger Erfahrung, dass Staubstürme oft in Sandstürme übergehen. Der Wind nahm zu. Als der feine Staub weggeblasen war, wurde die Sicht klarer. Vorübergehend. Dann kündigte sich der Sandsturm mit einzelnen schmalen, gelben Sandbändern an, die über den dunklen Wüstenboden dahintrieben. Der Farbkontrast erinnerte mich an einen aufgewühlten Ozean, wenn der Wind lange Streifen weißen Schaumes über die düsteren Wogen peitscht. Die wirbelnden Sandstreifen schlossen sich schnell zu einem gelben fliegenden Teppich. Der Anblick der fließenden Wüste erregte Schwindel. Mit zunehmender Geschwindigkeit wirbelte der Wind immer größere Mengen der schweren Sandkörner auf, wodurch der Teppich immer dicker wurde. Ich hatte das Gefühl, mit meinem Fahrzeug langsam in einem Ozean zu versinken. Die Sandmassen quollen gegen die Windschutzscheibe. Bevor mir die letzte Sicht genommen wurde, fuhr ich auf eine Anhöhe. Hier war ich sicher; so hoch wurde der Sand nicht gewirbelt.
Von diesem winzigen Eiland aus bot sich mir ein unbeschreiblich schöner Anblick: Über dem goldgelb wogenden Wüstenmeer breitete sich, so weit ich blicken konnte, ein tiefblauer Himmel. In einiger Entfernung ragten andere Kuppen und Berge wie Inseln aus dem dahinfließenden Sandmeer. Nur an ihrer dem Sturm abgewandten Seite, wo der Sandteppich durch Wirbel aufgerissen wurde, waren noch kleine Flecken des mit Gesteinstrümmern übersäten Bodens zu sehen.

Die Texte, Bilder und Grafiken dieser Sequenz erzählen vom Lebensraum Wüste, von seinen Gesetzmäßigkeiten, den bizarren Erscheinungsformen und der Kunst des Überlebens in dieser feindlichen Umwelt.

Wie man diese vielen Informationen zum Lebensraum „Wüste" aus den Sachtexten gewinnen und darstellen kann, zeigt dir die folgende Übersicht auf Seite 249, der *Leitfaden zur Erschließung von Sachtexten*.
Sicher kennst du schon einige Techniken aus den vorhergehenden Jahrgangsstufen. Versuche nun einzelne Techniken auf den vorhergehenden Text oder andere Texte anzuwenden.

Leitfaden zur Erschließung von Sachtexten

Was ist dein Ziel?	**Womit kannst du es erreichen?**
Das **Thema** des Textes benennen.	Lies und betrachte genau die **Überschrift** und die **Bilder**. Formuliere die Überschrift als Frage: Was? Wann? Wo? Wie? Warum? …
Unbekanntes (Fremdwörter, Fachbegriffe …) klären.	Du kennst fünf Möglichkeiten, um unbekannte Wörter zu klären: a) Das Wort verrät sich selbst. b) Im Text steht die Erklärung. c) Bilder zeigen die Bedeutung. d) Schlage im Lexikon nach. e) Befrage Experten.
Sich einen **Überblick** verschaffen.	Teile den Text dazu in **Abschnitte**. Bilde zu den einzelnen Abschnitten **Teilüberschriften**.
Das **Wichtigste** im Text festhalten.	Schreibe dazu die **Schlüsselstellen** heraus. Schlüsselstellen sind die Textstellen, die für einen Inhalt besonders markant sind und damit wesentliche Aussagen enthalten.
Wichtige **Einzelheiten** notieren.	Mit **Stichpunkten** kannst du wichtige Einzelheiten in kurzer Form festhalten.
Informationen **ordnen**.	Versuche die Informationen in einer **Tabelle** zu ordnen.
Die Informationen **veranschaulichen**.	Zeichne **Grafiken** und **Bilder**.

Oft besteht das Problem beim Lesen darin, sich in kurzer Zeit einen Überblick über den Inhalt des Texts zu verschaffen. Dies kannst du erreichen, indem du dein Lesetempo steigerst oder einen Text diagonal liest.
Um einem Missverständnis vorzubeugen: „Schnell-Lesen" oder „Diagonal-Lesen" meint nicht flüchtig oder oberflächlich lesen.
Beides erfordert hohe Konzentration und ungestörtes Lesen, um möglichst viele Informationen aufzunehmen.

Diagonal-Lesen heißt nicht, Wort für Wort und von Zeile zu Zeile zu lesen, sondern den Text quer zu lesen und dabei nur die Stellen zu lesen, die über den Inhalt des Textes Aufschluss geben und einen Überblick vermitteln. Solche „Ankerstellen" für die Augen könnten im folgenden Text sein:

Ordnung aus dem Chaos — Überschriften und Teilüberschriften

Staub und Sand sind nichts anderes als das Endprodukt der Verwitterung von Gesteinen der Erdkruste. Sie tritt in den Wüsten, die nicht von dichter Vegetation bedeckt sind, in den tausende Meter hohen Gebirgszügen, ausgedehnten Gesteins-
5 plateaus und bizarren Felslandschaften besonders augenfällig zu Tage.
Hervorgerufen wird die Verwitterung in der Wüste durch die großen Temperaturunterschiede zwischen Tag und Nacht. — Der erste Satz eines Absatzes
Ursachen dafür sind das Fehlen einer Wolkendecke und die ex-
10 trem geringe Luftfeuchtigkeit – sie beträgt oft nur drei bis fünf Prozent (der europäische Mittelwert liegt bei gut 60 Prozent). Während etwa in der Klimazone Mitteleuropas nur zirka 30 Prozent der Sonnenstrahlen den Boden erreichen – der Rest wird von den Wolken, der hohen Luftfeuchtigkeit und den
15 Pflanzen absorbiert –, sind es in der Wüste bis zu 95 Prozent. Ungehindert also können die Sonnenstrahlen auf die Wüstenoberfläche treffen und **sie im Sommer über 80 Grad Celsius aufheizen** — Zahlen im Text
– die höchsten Werte, die auf der Erde allein durch die Einwirkung der Sonnenstrahlen erreicht werden. Die Glut
20 der Steine dringt schmerzhaft durch die Schuhsohlen. Wasser verdampft wie auf einer Herdplatte. Die gleichen atmosphärischen Bedingungen, die am Tage die hohe Aufheizung ermöglichen, führen nachts zu einer starken Abkühlung.
Nicht von Luftfeuchtigkeit, nicht von Wolken gehalten, ent- — Der letzte Satz
25 **weicht die Wärme dorthin, woher sie gekommen ist – in den Weltraum.** eines Absatzes
Nach Sonnenuntergang kann die Temperatur in der Wüste innerhalb weniger Stunden um 50 Grad Celsius, die der Steine

sogar um 80 Grad sinken. Derart extremen Schwankungen
halten weder die Gesteine der Wüste noch die Flanken der
Berge stand – sie bersten. Die Trümmer rutschen oft als gewaltige
Gesteinsgletscher zu Tal. Dabei zerbrechen sie in immer
kleinere Teile. In langer Zeit wird so eine Gesteinsschicht
nach der anderen total zertrümmert.

Manchmal kann man in der Sahara ein Bersten und Krachen
vernehmen, hin und wieder untermischt von einem peitschenden
Knall, wenn irgendwo im Gestein einer jener jäh klaffenden
Risse entsteht, die bis zu hundert Meter lang sein können.
Oft erlebt der Wüstenwanderer eine enttäuschende Überraschung,
wenn er einen besonders schön geformten Stein aufheben
will, der dann in mehrere bizarre Teile zerfällt. Anschließend
lassen sich die Einzelteile wie bei einem dreidimensionalen
Puzzle fugenlos zusammensetzen .

Viele der flachen **Steinwüsten** in der Sahara, die sich von
Horizont zu Horizont erstrecken, sehen so aus, als seien sie
mit versteinerten Kohlköpfen übersät. Von den großen Steinen
kann man, wie die Blätter bei einem Kohlkopf, Schicht
für Schicht abheben. Diese merkwürdige Art der Verwitterung
wird durch eingeschlossene Mineralien bewirkt. Regenwasser,
das nur im Abstand vieler Jahre aus verirrten Wolken vom

Durch letzte Spuren von Feuchtigkeit quellen die in den Gesteinen enthaltenen Mineralien auf. Dieser Vorgang lässt Felsbrocken rindenartig auseinander brechen.

Himmel fällt und winzige Mengen Tau dringen durch haarfeine
Sprünge ins Gestein ein. Die Feuchtigkeit ist jedoch zu gering,
um – wie in nasseren Klimazonen – die Mineralien, zum
Beispiel Salze, zu lösen und aus dem Gestein herauszuspülen.
Stattdessen quellen sie auf und versiegeln die Risse. Auf diese
Weise entsteht im Inneren ein Sprengdruck bis zu dreißig
Atmosphären. Dieser Druck bewirkt, dass der Stein sich
schichtweise schält, abblättert und langsam einem Kohlkopf
immer mehr ähnelt. Je mehr die Gesteine verwittern, umso
mehr verwandelt sich die Erdoberfläche auch farblich. Das
Wort *Sahara* aus dem Arabischen bedeutet: die Rote.

1 Du willst in kurzer Zeit (ca. 2 Minuten!) auch einen Überblick über den nächsten Text erhalten.
„Laufe" dazu mit den Augen quer über den Text und lies nur die „Ankerstellen".
Achte dabei auf die folgenden Grundregeln zum diagonalen Lesen:

A Konzentriere dich voll, sodass du nicht nachlesen musst und dabei Zeit und Lust verlierst.

B Richte dein Auge weniger auf einzelne Begriffe, sondern auf ganze Wortgruppen.

C Nimm nicht jedes Wort ernst und versuche nicht alles zu merken. Konzentriere dich auf Weniges, aber Wesentliches.

D Spring gegebenenfalls zum nächsten Absatz, wenn du meinst, die Informationen seien nicht so wichtig.

Wer die Wüste kennt, den werden zwei Eindrücke nicht loslassen: Die Weite und die Farben – das Goldgelb der Dünenmeere und das dunkle, manchmal fast schwarze Rotbraun der düsteren, ausgeglühten Gebirge und Trümmer-
65 flächen. Das Gestein hat einen metallischen Glanz, es sieht aus, als sei es mit einer rotbraunen und schwarzen Lackschicht überzogen. Dieses Phänomen wird treffend als **Wüstenlack** bezeichnet.

Blickt man gegen die Strahlen der tief stehenden Sonne über die schwarze Steinwüste, so erlebt man eine grandiose Erscheinung. Die hochglanzpolierten Steine reflektieren das Licht milliardenfach, und weil die Oberflächen der unebenen Steine alle in einem anderen Winkel zu der Lichtquelle stehen, verändern sich die Reflexionen ständig. Die tote Wüste bietet für kurze Zeit das Bild einer Landschaft, die in ein gleißendes, silbernes Glitzern getaucht ist.

Die mechanischen, die chemischen und die biologischen Kräfte der Verwitterung verwandeln in Millionen von Jahren die steinerne feste Haut der Erdkruste in eine Trümmerlandschaft. Ganze Gebirge versinken im Laufe der Zeit in ihrem eigenen Schutt. Letztlich zerfällt alles zu Sand und Staub.

Die Verwandlung von Hochplateaus und Gebirgen zu **Sanddünen**, diese Metamorphose toter Materie, fasziniert mich an der Sahara am stärksten. Obgleich die meisten Menschen mit der Wüste sogleich die Vorstellung von Sanddünen verbinden, bedecken sie einen weit geringeren Teil der Sahara, als gemeinhin angenommen wird – nur zu etwa 20 Prozent. Aber das sind fast zwei Millionen Quadratkilometer, und schon einzelne dieser Sandgebiete, die über die gesamte Sahara verteilt liegen, sind beinahe so groß wie die Bundesrepublik Deutschland (vor 1990) mit ihren fast 250 000 Quadratkilometern.

Am Anfang der Entstehung der vielfältigen Gebilde von Sanddünen steht zunächst einmal eine flache Sandrippel. Es beginnt damit, dass sich der Sand bei starkem Wind in drei verschiedenen Ebenen und in unterschiedlicher Weise über den Boden fortbewegt. Im Windschatten kleinster Unebenheiten am Boden bleiben die fortkriechenden Sandkörner plötzlich liegen. Es kommt zu einem Stau. Eine erste Rippel bildet sich quer zur Windrichtung.

Die entstandene **Rippel** stellt nun ihrerseits ein Hindernis für die über den Boden kriechenden schweren Körner dar. Vergleichbar einem Verkehrsstau mit Auffahrunfällen, so wird die Rippel immer breiter und höher. Wenn mittelgroße, springende Sandkörner auf die Rippel treffen, prallen sie in die Höhe und fliegen wie Bockspringer über das Hindernis hinweg.

Anschließend landen alle in der gleichen Entfernung, weil sie alle von gleicher Größe und gleichem Gewicht sind und bei jeder Windstärke eine genau festgelegte Sprungweite haben. Wo nun diese Körner massenhaft am gleichen Ort auftreffen, entsteht ein neuer Stau, eine neue Rippel, die ihrerseits wieder eine Rippel entstehen lässt. Je nach Windstärke und Sandmenge können die Rippeln zu zehn bis zwanzig Meter hohen Dünen anwachsen, die endlos wie die Wellen eines Meeres tausende Quadratkilometer bedecken. Solche Areale innerhalb der Sahara werden treffend als Sandsee bezeichnet.

Die überaus komplizierten Bedingungen, unter denen die großen Sandozeane entstanden, sind längst noch nicht völlig erforscht. Wenn sich die Dünen bilden und aus sich selbst erhalten, spielen sicherlich auch thermische Aufwinde sowie elektrostatische Aufladungen der mit Metalloxyd umhüllten Sandkörner in Verbindung mit dem Magnetfeld der Erde eine große Rolle.

Bei einem Sandsturm kann die elektrische Spannung der Luft enorm ansteigen. Bis zu achtzig Volt wurden gemessen. Das natürliche elektrische Feld des menschlichen Körpers kann dadurch empfindlich gestört werden. Der deutsche Geograph van der Esch geriet in den dreißiger Jahren in einen Sandsturm, der tagelang wütete. Die elektrische Spannung, die sich in seinem Körper aufgestaut hatte, verursachte ihm rasende Kopfschmerzen und Unwohlsein. Schließlich kam van der Esch auf die Idee, eine stählerne Stange in den Boden zu stoßen, um die Elektrizität abzuleiten. Die Sache funktionierte. Eine halbe Stunde später, so berichtete der Forscher, waren die Kopfschmerzen merklich zurückgegangen.

Das Studium der Sandwüste bietet die einzigartige Möglichkeit, etwas über die Naturgesetze zu erfahren, die eine Selbstorganisation unbelebter Materie bewirken. Mit einer solchen Selbstorganisation von Materie begann vor Jahrmilliarden wahrscheinlich auch die Entstehung der Spiralnebel, der Sonnen, unseres eigenen Planetensystems und des Lebens. So besehen, ist in der Formenvielfalt, den Strukturen und Ordnungen der Sandwüste das Geheimnis der Schöpfung selbst enthalten.

2 Schreibe in Stichpunkten auf, was du nach dem diagonalen Lesen des Textes jetzt schon über die Entstehung von Wüsten weißt.

3 Manche Begriffe und Aussagen waren für dich rätselhaft, bzw. haben dich vielleicht neugierig gemacht. Schreibe sie auf und notiere dir dazu Fragen.

4 Lies jetzt den Text zur Entstehung von Wüsten gründlich durch.
Was ist für dich neu?

„Überlebenskünstler" Kamel

Kamele sind optimal ausgerüstet für die Existenz in der Wüste. Ungewöhnlich lange Beine heben den Körper über die heißeste Luftschicht. Während sich der Boden auf mehr als 80 Grad aufheizen kann, beträgt die Temperatur in 1,50 Meter Höhe unter dem Bauch der Kamele nur noch etwa 45 Grad Celsius. Mit
5 ihren ebenfalls ungewöhnlich großen, tellerartigen Füßen können die Kamele über weichen Sand laufen, ohne einzusinken. Der Körper der Kamele zeigt die Form einer aufrecht stehenden flachen Linse. Die Tiere haben das Verhalten entwickelt, sich während der heißesten Zeit stets nach den einfallenden Sonnenstrahlen auszurichten; dies, zusammen mit der Körperform, verhindert eine
10 zu starke Aufheizung.
Darüber hinaus müssen die Kamele aber auch noch körpereigene Wärme abstrahlen. Das stellt sie vor ein weiteres Problem. Da Nahrung in der Wüste sehr unregelmäßig anfällt, müssen die hier lebenden Tiere in der Lage sein, große Fettreserven zu speichern, so wie die Kakteen Wasser speichern. Fett stellt eine
15 gute Isolierung gegen Wärmeaustausch dar. Deshalb umgeben sich die Tiere kalter Zonen rundum mit einer gleichmäßigen Fettschicht an der Innenseite der Haut. Das jedoch wäre in der Wüste zweischneidig. Einerseits würde eine solche Schicht zwar die Außenhitze abwehren, andererseits aber verhindern, dass überschüssige Körperwärme abstrahlt. Die Kamele haben das Problem dadurch
20 gelöst, dass sie ihren gesamten Fettvorrat nur in einer bestimmten Körpergegend konzentrieren – dort, wo die meisten Sonnenstrahlen auftreffen: im Rückenhöcker. Die Flanken und der Bauch der Tiere sind nicht durch Fett isoliert und können so ungehindert Körperwärme abstrahlen.
Vor fast zweitausend Jahren schrieb der römische Geograph *Plinius* in seiner
25 „Naturalis historiae", das Kamel könne deshalb in der Wüste überleben, weil es ein wasserspeicherndes Organ besäße. Seither galt es als ausgemachte Sache, dass Kamele in Höckern und Mägen riesige Mengen an Wasser aufbewahren können, also regelrechte Wasserreservoirs mit sich herumschleppen. In zahllosen abenteuerlichen Berichten wurde immer wieder geschildert, wie For-
30 schungsreisende dem Tod des Verdurstens nur dadurch entkamen, dass sie die Höcker ihrer Reitkamele anstachen und als sprudelnden Quell nutzten. Aber ganz so simpel ist die Sache nicht. Kamele können mehr als zwei Wochen ohne zu trinken und zu fressen leben. Ihre Leistung wird dadurch keinesfalls beeinträchtigt. Ohne jede feste oder flüssige Nahrung können sie hunderte von Kilo-
35 metern zurücklegen, um von einer Weide, Tränke oder Oase zur anderen zu gelangen. Erst diese Fähigkeit der Kamele hat es den Menschen ermöglicht, die Wüsten Afrikas und Asiens zu durchqueren und zu besiedeln.
Kamele sind in der Lage, bis zu 120 Liter Wasser auf einmal zu trinken. Die Flüssigkeit gelangt zunächst in den Magen, wird jedoch schon kurze Zeit später
40 gleichmäßig im Körpergewebe verteilt – über die roten Blutkörperchen, die eine außergewöhnliche Eigenschaft besitzen: Sie können sich wie ein Ballon ausdehnen, und zwar auf das Zweihundertvierzigfache ihres Normalvolumens. Trifft

255

ein Kamel auf gute Weide, so frisst es Tag und Nacht und baut in kurzer Zeit einen bis zu 25 Kilo schweren Fetthöcker auf. Zugleich wird die dabei aufgenommene Feuchtigkeit im Fettvorrat chemisch gebunden. Während Hunger- und Durststrecken ernähren sich die Kamele von ihrem Fettvorrat im Rückenhöcker. Ihren Bedarf an Flüssigkeit decken sie durch das Wasser, das gleichermaßen im Körpergewebe und in den roten Blutkörperchen gespeichert ist, und durch den Abbau des Fetthöckers.

Etwa ein Drittel des Wassers geht dem tierischen wie menschlichen Körper bei hohen Temperaturen durch Ausatmen verloren. Das Kamel weiß auch dies wirkungsvoll zu verhindern. Es besitzt in seinen Nüstern eine große Membrane, die wie ein Ventil arbeitet. Sie lässt es zu, dass die Luft beim Einatmen befeuchtet wird, hält aber die Feuchtigkeit beim Ausatmen zurück. Auf diese Weise kann das Nasenventil etwa zwei Drittel des Lebenselixiers einsparen, die sonst verloren gingen.

Während des Sommers bei mehr als 50 Grad im Schatten kann selbst das Kamel über seine großen Körperflächen keine Eigenwärme mehr abstrahlen. Aber auch jetzt beginnen Kamele weder zu hecheln noch zu schwitzen, um ihren Körper zu kühlen. Sie haben für diese lebensgefährliche Situation eine unter den Säugetieren wahrscheinlich einzigartige Eigenschaft entwickelt. Die Temperatur des Körpers – und damit auch die des Blutes – kann ohne jegliche Beeinträchtigung der Leistungsfähigkeit bis auf neun Grad Celsius über Normalwert steigen. Erst darüber hinaus schreitet ein Kamel zu der letzten Kühlmethode – es beginnt zu schwitzen. Andere Tierarten – der Mensch eingeschlossen – wären bereits längst tot. Doch selbst übermäßiges Schwitzen kann dem Kamel nichts anhaben. Der Gehalt des Blutwassers sinkt nicht, wie bei anderen Lebewesen in vergleichbarer Situation, auf lebensgefährliche Werte ab.

Wenn du ein Referat halten sollst oder einen Text schreiben willst, reicht es nicht nur diagonal zu lesen. Dazu brauchst du detaillierte Informationen aus Texten, die du möglichst übersichtlich festhalten solltest.
Am besten, du erstellst ein **Exzerpt** als Basis für dein Referat oder deinen Text. „Exzerpieren" kommt aus dem Lateinischen und heißt wörtlich übersetzt: „herausklauben, herauslesen".
Damit ist auch schon gesagt, was bei der Arbeit am Text gemeint ist: Wichtiges aus einem Text schriftlich festhalten.
Ein Exzerpt aus dem obigen Text könnte so aussehen:

Kamele sind an den Lebensraum Wüste hervorragend angepasst

Eine Gesamtüberschrift, die genau den Inhalt beschreibt.

1. Schutz vor Wärme

Einteilung des Textes in einzelne Kapitel mit formulierten Teilüberschriften.

– Großer Abstand vom Boden durch lange Beine
– Linienförmiger Körper vermindert die Fläche zum Aufheizen.
– Der gesamte Fettvorrat ist in den Höckern gespeichert. „Die Flanken und der Bauch der Tiere sind nicht durch Fett isoliert und können so ungehindert Körperwärme abstrahlen."

Das Wesentliche wird in Stichpunkten oder kurzen Sätzen festgehalten.

Besonders wichtige Stellen werden in Anführungszeichen zitiert.

? Welche Funktion haben die langen Beine bei den Kamelen?

Auch Fragen, die man zum Text hat, können notiert werden.

2. Kamele haben große Wasser- und Nahrungsspeicher zum Überbrücken von Hunger- und Durststrecken

– Ohne flüssige und feste Nahrung können Kamele zwei Wochen leben und legen dabei hunderte von Kilometern zurück.
– ==Fett== wird im 25 Kilo schweren ==Höcker== gespeichert.
– Wasser wird in den roten Blutkörperchen, im Körpergewebe und im Höcker gespeichert.

Besonders wichtige Aussagen können zur besseren Übersicht markiert werden.

3. Kamele sind vor Wasserverlust geschützt

– Membrane in der Nase hält die Feuchtigkeit zurück.
– Kamele schwitzen nur selten. „Die Temperatur des Körpers … kann bis auf neun Grad Celsius über Normalwert steigen."

! Beim Menschen ist ein Anstieg der Temperatur von 5 Grad Celsius über Normalwert tödlich!

– Bei übermäßigem Schwitzen bleibt der Gehalt des Blutwassers gleich.

Eigene Einfälle und Kommentare ergänzen das Exzerpt, sind aber besonders markiert.

5 Jetzt weißt du, was in einem Exzerpt festgehalten wird und wie es gestaltet ist. Zur Übung kannst du Exzerpte zu den folgenden beiden Texten erstellen.
Gehe dabei so vor:

> 1. Bearbeite die Nummer 1 bis 5 aus den Arbeitstechniken auf S. 249.
> 2. Halte wichtige Zitate aus dem Text fest.
> 3. Notiere eigene Fragen, Zusätze oder Kommentare.
> 4. Erstelle jetzt das Exzerpt.

6 Damit das Exzerpt zum Lernen oder Vortragen übersichtlich und verständlich bleibt, achte auf folgende Punkte:
a) Formuliere kurze Sätze.
b) Teile das Blatt gut ein und spare nicht mit Platz.
c) Markiere mit Farben oder anderen Hervorhebungen Wichtiges.
d) Arbeite mit unterschiedlichen Symbolen.
e) Schreibe sauber.

Die Überlebenstricks der Wüstenspringmaus

Die kleinsten Säugetiere in dieser feindlichen Umwelt, die nur 50 bis 70 Gramm wiegenden Wüstenspringmäuse, können nicht wie die Kamele eine nomadische Lebensweise führen, um den wasser- und nahrungsspendenden Wolken
5 zu folgen. Trotz ihrer ungewöhnlich langen Hinterbeine, mit denen sie sich wie ein Känguru fortbewegen, sind dafür die Entfernungen in der Wüste zu groß. Diese Tiere leben ortsgebunden und müssen mit den Bedingungen der Wüste fertigwerden – in guten wie in schlechten Zeiten.
10 Wie Kamele legen diese Mäuse in nahrungsreichen Jahren eine Reserve für magere Zeiten an – nicht nur in ihrem Körper als Fett, sondern hauptsächlich als Vorrat von Samenkörnern in ihren unterirdischen Wohnkammern. Die Wüstenspringmäuse gehören zu den wenigen Säugetieren, die nie etwas trinken müssen. Sie haben für ihre Wasserversorgung ein perfektes Verfah-
15 ren von Recycling entwickelt. Sie decken ihren Flüssigkeitsbedarf mit Wasser, das während des Stoffwechsels freigesetzt wird. Aus 100 Gramm gefressenen Sämereien kann eine ihrer Arten 54 Gramm Wasser zurückgewinnen. Normalerweise wird dieses Wasser von Tier und Mensch als Abfallprodukt, als Urin, ausgeschieden oder zusammen mit dem Kohlendioxyd als Wasserdampf ausge-
20 atmet. Nicht so bei den Wüstenspringmäusen. Sie haben diese Verschwendung weitgehend ausgeschaltet.

Wüstenspringmäuse leben rein nachtaktiv. Sie verschlafen den Tag in ihrem tiefen, unterirdischen Bau, in dem selbst an heißesten Tagen die Temperatur nie über 30 Grad Celsius ansteigt. So vermeiden sie den Wasserverbrauch zur Körperkühlung. Da diese Mäuse ihren Harn in äußerst konzentrierter Form ausscheiden und der Kot völlig trocken ist, haben sie auch den Wasserverlust durch Körperausscheidungen beträchtlich eingeschränkt. Dasselbe gilt für den Verlust von Wasser beim Ausatmen. Wenn sich die Wüstenspringmäuse schlafen legen, rollen sie sich in ihrem Nest so zusammen, dass die Nase fast den Vorratshaufen berührt. Die Feuchtigkeit des Atems schlägt sich im Pflanzensamen nieder, der wie ein Filter wirkt. Frisst die Maus von ihrem Vorrat, so kommt ihr die darin gespeicherte Feuchtigkeit wieder zugute. Außerdem verschließt die Maus, bevor sie sich schlafen legt, den Eingang ihres Baus mit einem Erdpfropfen. Die Luftfeuchtigkeit wird somit gestaut und erzeugt in der Schlafkammer ein feuchtes Mikroklima.

Wie Pflanzen in der Wüste überleben

Die Voraussetzungen für pflanzliches Leben sind in der Wüste stark verschoben. Während das Sonnenlicht in gefährlichem Übermaß vorhanden ist, bleibt Wasser knapp und selten oder fehlt völlig. Die Wüstenpflanzen, die dennoch in solchen Gegenden dauerhaft überleben und deren Wurzeln oft mehrere Jahre im knochentrockenen Boden vergeblich nach Wasser suchen, mussten zahlreiche tiefgreifende Anpassungen an Trockenheit und Hitze entwickeln.
Der Mesquitebaum hat sein Problem der Wasserbeschaffung auf besondere Art gelöst. Im Gegensatz zu den Kakteen besitzt der Mesquitebaum senkrecht in die Tiefe führende Wurzeln. Er zapft damit Gesteinsschichten an, die aus fernen Gebirgen mit reichem Niederschlag Grundwasser heranführen. Die natürliche Fernleitung versorgt den Baum nicht selten über hunderte von Kilometern mit Wasser. Auf diese Weise erklärt sich, dass der Mesquitebaum selbst in extremen Trockenperioden, wenn sogar die Kakteen zusammenschrumpfen, weil ihr Wasservorrat zur Neige geht, einer saftig grünen Oase gleich in der verdorrten Landschaft ausharrt.
Den Rekord bei der Suche nach Grundwasser halten die Akazien in der Sahara. Bis zu 80 Meter tief reichen ihre Wurzeln Sie sind damit – einzigartig in der Pflanzenwelt – in der Lage, ihren Durst mit fossilem Grundwasser zu stillen – mit Regenwasser, das vor Jahrzehntausenden vom Himmel fiel. Nur so erklärt sich die wundersame Erscheinung, dass man in der Sahara manchmal in Gebieten ohne jedes Oberflächenwasser auf grüne Akazien trifft. Als Jungpflanzen sind sie natürlich wie andere Gewächse von den seltenen und unregelmäßigen Niederschlägen der Gegenwart abhängig. Die Akazien scheinen sich in den ersten Lebensjahren kaum zu entwickeln, sie werden nicht größer. Aber dieser Schein trügt. Während Bäume im tropischen Regenwald mit geballter Kraft

nach oben zum Licht drängen, versuchen die jungen Akazien zunächst, mit aller Energie ihres Wachstums nach unten zum Wasser zu gelangen.

Auf der Suche nach Wasser im Kampf ums Überleben haben einige Pflanzen der Wüste Anpassungen entwickelt, die weit von der Norm abweichen. Zum Wesen der Bäume gehört es, dass sie ihren Standort nicht verlegen können. Diese Ortsgebundenheit bedingt einen festen, unveränderlichen Untergrund. Schon deshalb sind Gebiete von Wanderdünen denkbar ungünstige Lebensräume für Bäume. Sie würden von den wandernden Sandmassen verschüttet oder ihre Wurzeln würden freigelegt werden; sie würden umstürzen, absterben. Und doch gibt es eine Ausnahme – wandernde Bäume, die dem Wasser folgen. Sie wachsen auf den Kämmen von Wanderdünen und sind so klein, dass man sie für Krüppelbüsche halten könnte. Trotzdem gehören sie zur Pflanzengruppe der Bäume. Der Abfraß durch Tiere und vor allem der starke Wind, der den Untergrund, in dem sie wurzeln, vorantreibt, verdammen sie zur Kleinheit. Vom Wind verformt, bildet ein schmächtiger Stamm meistens eine flache, doppelte S-Kurve, als setze sich die geschwungene Form der Sandwogen in ihnen fort.

An der dem Wind zugewendeten Dünenseite werden die Wurzeln freigelegt und sterben ab. Zugleich bilden die Bäume an der windabgewandten Seite, wo sich der Sand wieder ablagert, ständig neue Wurzeln aus. Dadurch ist die Pflanze in der Lage, die Wanderung der Düne mitzumachen. Es handelt sich dabei nicht um ein mechanisches Vorwärtskriechen der ganzen Pflanze einschließlich ihres Stammes, sondern um ein Wurzelwachstum. Bei fortschreitender Verlagerung der Düne muss die Pflanze immer wieder ihren alten Stamm aufgeben und aus Wurzelverdickungen einen neuen ausbilden. Ausgelöst wird das gerichtete Wurzelwachstum durch die Suche nach Feuchtigkeit, die im Inneren der Dünen relativ hoch sein kann.

Die Lebensbedingungen in der Wüste sind gnadenlos. Wer kein eigenes Revier besitzt, in dem Nahrungs- und Trinkkonkurrenten rigoros ausgeschaltet werden, kann nicht überleben. Da die ortsgebundenen Pflanzen, anders als die Tiere, nicht aktiv gegen Eindringlinge vorgehen können, haben sie andere Verteidigungsmechanismen ausgebildet. Typisch für Pflanzengesellschaften der Wüste ist, dass die Individuen der gleichen Art immer in einem ganz regelmäßigen Abstand zueinander wachsen, sodass auf riesigen Flächen feste Muster entstehen. Die Abstände ergeben sich aus dem Konkurrenzkampf der Wurzeln um das Wasser. Aus den Abständen der Pflanzen lässt sich sehr genau die Menge des Niederschlages ablesen. Je trockener ein Gebiet, desto größer der Abstand.

Wo alte Pflanzen wachsen, die mit ihrem entwickelten Wurzelsystem alle verfügbare Feuchtigkeit aufsaugen, besteht für junge Pflanzen nicht die geringste Aussicht, einen Platz zu erobern.

Mit welchen passiven, aber äußerst wirksamen Methoden es Pflanzen verhindern, dass sich Exemplare der gleichen Art zu nah beieinander ansiedeln, dafür ist wieder der Mesquitebaum ein gutes Beispiel. Vergräbt man seine Samen und bewässert sie reichlich, so passiert dennoch überhaupt nichts. Erst ein Tier verhilft dem Samen zum Keim. Es ist der Maultierhirsch, der sich dem Leben in der Sonora-Wüste erfolgreich angepasst hat. Die Samen des Mesquitebaumes keimen sofort, nachdem sie die Verdauungsorgane des Hirsches passiert haben. Der Grund dafür ist, dass der Samen des Mesquitebaumes eine keimungshemmende Schutzhülle besitzt, die von den Verdauungssäften des Tieres aufgelöst werden muss. Die Keimfähigkeit des Samens wird dabei nicht beeinträchtigt. Wenn der Samen mit dem Kot des wandernden Tieres ausgeschieden wird, so geschieht das in der Regel weit von jenem Baum entfernt, von dem er stammt.

Diese reichlich komplizierte Methode garantiert, dass der Mesquitebaum weit verbreitet wird und sorgt obendrein dafür, dass der lebenswichtige Abstand zwischen den Einzelexemplaren erhalten bleibt. Andere Arten lösen das Problem, die Samen nicht unter der Elternpflanze keimen zu lassen, indem sie ihre Saat mit einer Schutzhülle versehen, die erst durch mechanischen Abrieb beseitigt werden muss, bevor die Frucht keimen kann. Dies besorgt der Wind, wenn er die Samen über den rauen Boden forttreibt.

Im Kampf um ihr eigenes Wassereinzugsgebiet ist den Wüstenpflanzen jedes Mittel recht. Es scheint so, dass manche Arten aus ihren abgefallenen Blättern giftige Substanzen ausscheiden und damit die Ansiedlung junger Pflanzen in der Nähe verhindern. Ein chemischer Kampf gegen den eigenen Nachwuchs – eine Geburtenkontrolle als letztlich einzige Möglichkeit, eine Überbesiedlung zu verhindern und das Überleben der Art zu sichern.

Viele Pflanzen haben bei diesem Kampf einen noch anderen Weg eingeschlagen. Sie versuchen erst gar nicht, sich der Lebensfeindlichkeit der Wüste dauerhaft zu widersetzen. Nur nach Regenfällen bilden sie oberirdische Teile, Stängel und Blätter aus, um Fotosynthese zu betreiben. Während der Dürrezeit leben sie dann von ihren in Knollen und Wurzeln gespeicherten Nahrungsvorräten. Um diese möglichst lange zu strecken – denn der nächste Regen kann jahrelang ausbleiben –, reduzieren sie ihre Stoffwechselfunktionen weitgehend, um gleichsam scheintot jahrelang zu überleben. Während einige dieser Pflanzen in trockenen Zeiten ihre oberirdischen Teile völlig

261

absterben lassen, werfen andere, wie der Ocotillo-Strauch in der Sonora-Wüste, nur ihre Blätter ab. Auch beim Fettblattbaum der Sahara sterben die Blätter zu Beginn der Dürrezeit ab. Allerdings fallen sie nicht herunter, sondern hängen zäh und ledern oft noch jahrelang an den Ästen. Mit dieser dichten Decke beschattet der Baum nicht nur seine Äste und seinen Stamm, sondern auch den Boden. Das ist außerordentlich wichtig, denn dieser Bodenschatten verhindert, dass die in den Wurzeln gespeicherte Feuchtigkeit allzu schnell verdunstet. Der „Sonnenschirm" fällt erst beim nächsten Regen ab, wenn der Baum neue Blätter treibt.

Wenn du am Naturwunder „Wüste" Interesse gewonnen hast, findest du weitere Informationen in Büchereien, im Buchhandel oder in den Tageszeitungen.

Sehr vielseitige Informationsquellen zum Thema „Wüste" sind Multimedia CD-ROMs, z. B.:

◄ Von diesem Screen aus lassen sich alle Funktionen des Programms steuern. In der linken Spalte haben Sie die Wahl zwischen fünf Themenbereichen. Mit einem Klick auf einer der fünf Bildbuttons öffnet sich das entsprechende Inhaltsverzeichnis.

Videos, Fotos und Animationen veranschaulichen, wie das Ökosystem Wüste funktioniert. ▶

◄ Ein Klick auf die Buttons der rechten Screenseite führt Ihnen die vielfältige Tier- und Pflanzenwelt der Wüsten vor.

20 Karten zeigen die Verbreitung der Wüsten auf der Erde. Ein Mausklick – und die jeweilige Karte vergrößert sich. ▶

◄ Ein Mausklick in die rechte obere Ecke des Hauptscreens öffnet das Hilfe-Menü. Diese Seite zeigt Ihnen, wie Sie sich am besten durch das umfassende Programm der CD-ROM navigieren.

Mit unserem Wüsten-Quiz können Sie Ihr Wissen spielerisch testen und vertiefen. ▶

7 Wenn du das Inhaltsverzeichnis gelesen hast, kannst du vielleicht erklären, was mit dem Begriff „Multimedia CD-ROM" gemeint ist.
Kennst du schon ähnliche CD-ROMs wie die hier abgebildete?

8 Vergleicht ein Buch mit einer CD-ROM. Was bietet das Buch, was die CD-ROM? Beschafft euch diese CD-ROM oder vielleicht findest du zu anderen Themen ähnlich gestaltete CD-ROMS.

Weitere Informationen zum Thema „Wüste" bietet das Internet. Du findest vielleicht noch weitere Hinweise über eine „Suchmaschine" zum Stichwort *Wüste*.
Sicher aber erhältst du viele Hinweise zu Informationen in den Suchmasken der Buchkataloge.

Unter den Internet-Adressen *http://www.Buchkatalog.de* oder auch *http://www.buchhandel.de* kannst du dir mit den entsprechenden **Suchmasken** alle lieferbaren Bücher und Medien zu gewünschten Themen auflisten lassen und sogar bestellen.

9 Geht in den Computerraum und probiert aus, welche Möglichkeiten euch diese Suchmaske bietet.

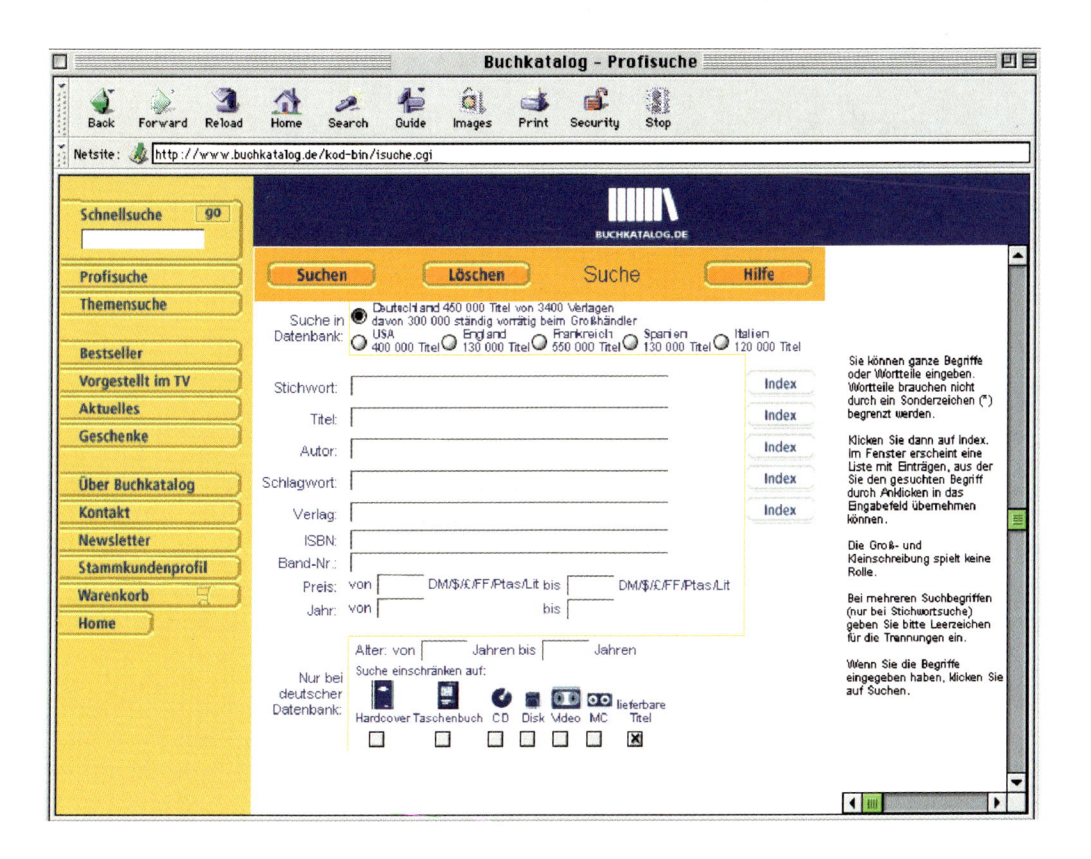

„Wüstenrätsel"

Das Rätsel der wandernden Steine konnte bis heute nicht gelöst werden. Niemand hat bisher herausgefunden, wie diese bis zu 300 Kilogramm schweren Felsbrocken über den völlig ebenen Boden der Mojave-Wüste wandern und dabei kilometerlang tiefe Furchen hinterlassen.

Mitte oben: Rätselhafte Seen

Mitte unten: Versteinerte Fische sind in Felsplatten der Wüste eingeschlossen.

Rechts: Vor 9000 Jahren entstand die fünf Meter breite Gravur eines Rindes im Felslabyrinth von Tinterhert auf dem Tassili-Plateau in der zentralen Sahara. Voller Rätsel ist das abstrakte Stilelement der Spirale, das den Umriss ausfüllt.

Eisnacht am Montblanc

Ende August 1998 berichteten die Zeitungen im Bergsteigerdorf Chamonix am Fuße des Montblanc in der Region Hochsavoien mit großen Schlagzeilen über ein tragisches Ereignis auf dem höchsten Berg Europas:

Eisnacht

Bergsteiger verunglückt

Gefährliche Falle: Eisregen

ALPINISMUS Der Bericht über den Unfall am 24. August liegt jetzt vor

Fataler „Corridor"

8 Tote

ALPIN Namen & Nachrichten

Mont Blanc – Schwarze Serie

Tödlicher Regen auf 4000 Metern

Zwei Deutsche und sechs weitere Bergsteiger am Montblanc verunglückt

Montblanc

Tod am Montblanc

Unter den Bergtoten ist auch Rekordbergsteiger Patscheider

Turnschuh-Alpinisten werden selten gesichtet

Der Inhalt der Nachricht

Was war passiert? Die Süddeutsche Zeitung berichtet darüber in ihrer Ausgabe vom 25. August 1998 in einer Nachricht:

Tödlicher Regen auf 4000 Metern

Zwei Deutsche und sechs weitere Bergsteiger am Montblanc verunglückt

Chamonix (dpa/AFP) – Mindestens acht Bergsteiger sind am Montblanc, Europas höchstem Berg, innerhalb von 48 Stunden bei Eisregen tödlich verunglückt. Unter den Toten sind auch zwei deutsche Bergsteiger, ein Mann und sein Sohn, wie die französische Hochgebirgsgendarmerie am Montag in Chamonix berichtete. Die beiden Bundesbürger seien am Sonntag am Bosses-Kamm an der Nordseite des Massivs abgestürzt. Die Verunglückten seien zwar noch nicht gefunden worden, müssten aber als tot gelten, hieß es weiter.

An der Absturzstelle war zuvor schon ein Ungar tödlich verunglückt; er fiel 400 Meter in die Tiefe. Am Montag stürzte ebenfalls am selben Kamm eine französische Seilschaft ab, wobei eine Bergsteigerin ums Leben kam. Auf der anderen Seite des Montblanc-Massivs kam ein weiterer französischer Bergsteiger ums Leben. Drei Tote, deren Herkunft zunächst unklar war, sichteten die Rettungsmannschaften vom Hubschrauber aus.

Am Wochenende hatte es in mehr als 4000 Meter Höhe am Montblanc geregnet. Der Schnee sei dadurch mit einer Eisschicht bedeckt worden, die den Aufstieg mit Haken extrem gefährlich gemacht habe, berichteten die Retter in Chamonix. Auch Steigeisen hätten keine Sicherheit geboten. „Der Schnee ist hart wie ein Brett", erklärte die französische Berggendarmerie. Die Kletterer seien durch den Eisregen überrascht worden, hätten den Halt verloren und seien in die Tiefe gestürzt. Die Gendarmerie schloss nicht aus, dass die Zahl der Opfer noch höher liegt. Das Montblanc-Massiv in den französischen Alpen reicht bis in 4810 Meter Höhe. Die meisten der am Sonntag und Montag getöteten Bergsteiger benutzten vielbegangene Routen zum Aufstieg. Nach Angaben von Experten ist es höchst selten, dass es wie am vergangenen Wochenende in mehr als 4000 Meter Höhe regnet. Am Montblanc kommen jedes Jahr mehrere Dutzend Bergsteiger ums Leben.

Wer? – Die beteiligten Personen:
Was? – Das Geschehen:
Wann? – Die Zeit:
Wo – Der Ort:
Wie? – Der Ablauf:
Warum? – Die Ursachen:

1 Lege in deinem Heft eine Tabelle nach obigem Muster an und schreibe die Antworten in die dritte Spalte.

2 Gliedere auch Nachrichten aus eurer Tageszeitung nach dem W-Fragen-Schema.

3 Ein Leitsatz für Journalisten lautet: „Eine Nachricht ist nur dann vollständig, wenn alle W-Fragen beantwortet werden." Nimm dazu Stellung.

Der grafische und inhaltliche Aufbau einer Nachricht

Haupt- oder Schlagzeile: Tödli... ...etern

Unterzeile: Zwei Deutsche und sechs weitere ... er am Montblanc verunglückt

Ort (Quelle bzw. Autor) / **Text**:

... (AP) Mindestens acht Bergsteiger sind am Montblanc, Europas höchstem Berg, innerhalb von 48 Stunden bei Eisregen tödlich verunglückt. Unter den Toten sind auch zwei deutsche Bergsteiger, ein Mann und sein Sohn, wie die französische Hochgebirgsgendarmerie am Montag in Chamonix berichtete. Die bei- Am Wochenende hatte es in mehr als 4000 Meter Höhe am Montblanc geregnet. Der Schnee sei dadurch mit einer Eisschicht bedeckt worden, die den Aufstieg mit Haken extrem gefährlich gemacht habe, berichteten die Retter in Chamonix. Auch Steigeisen hätten keine Sicherheit geboten. „Der Schnee ist hart wie ein

1 Sucht ähnliche Beispiele in eurer Tageszeitung.

2 Aus welchen Gründen sind alle Nachrichten nach dem gleichen grafischen Muster gestaltet?

3 Welche Aufgaben haben die einzelnen Bausteine einer Nachricht?

4 Weitere Hilfsmittel zur grafischen Gestaltung sind z.B. Rahmen, Linien, Kästen… Betrachtet dazu die ganze Seite einer Tageszeitung.
Welche Mittel der grafischen Gestaltung werden dort verwendet?

5 Erstellt eine Grafik vom Aufbau einer Nachricht in eurem Heft.

Für jede Zeitungsnachricht gilt der Grundsatz: **Das Wichtigste zuerst!**
Mit abnehmender Wichtigkeit folgen dann die weiteren Informationen.

6 Übertragt das Nachrichten-Dreieck in euer Heft und füllt es mit Hilfe eines Zeitungsberichtes, z. B. über einen Unfall, mit Inhalt.

Die Hauptsache
Nähere Umstände
Einzelheiten

7 Untersucht auch andere Nachrichten aus der Tageszeitung mit Hilfe des Nachrichten-Dreieckes.

8 Denke daran, dass durchschnittlich jeder Bundesbürger sich täglich nur ca. eine halbe Stunde Zeit nimmt, um die Tageszeitung zu lesen. Kannst du dir erklären, warum die Nachrichten nach diesem Muster aufgebaut sind?

Überregionale Tageszeitungen

Die Süddeutsche Zeitung ist eine große überregionale Abonnement-Tageszeitung. Sie erscheint täglich in München, wird von vielen Menschen abonniert und wird in ganz Deutschland, ja in der ganzen Welt gelesen.

1 Informiere dich, welche überregionalen Tageszeitungen es noch gibt.

Auch andere Zeitungen haben über das Ereignis berichtet, z. B. die Bild-Zeitung am 25. August 1998:

Eisnacht

8 Tote am Montblanc

Von TANJA KUCHENBECKER

Der besonnene Hüttenwirt warnte sie. Erfahrene Bergführer kehrten um. Aber sie kletterten unbeirrt weiter.

Tödlicher Eisregen auf dem gewaltigen Montblanc (4807 Meter) – mindestens acht Bergsteiger starben. Auch zwei Deutsche stürzten in den Tod.

★★★

Vater und Sohn kamen aus Hessen, schliefen in der Hütte Gouter an der Nordflanke des höchsten Alpenbergs, nur 1000 Meter unterhalb des Gipfels. Als sie den relativ leichten Aufstieg beginnen wollten, setzte oberhalb von 4000 Metern plötzlich Regen ein, die Temperatur sank innerhalb von Minuten. **Felsen und Wege vereisten – Lebensgefahr!**

Ein Major der Gebirgsgendarmerie von Chamonix: „So etwas kommt hier nur alle 10 Jahre vor. Da oben war's glatt wie auf 'ner Eisbahn."

Hüttenwirt Guy Bauchatay (39): „Die ersten Bergführer kamen bereits zurück. Ich hab' alle Leute gewarnt, die bei mir losmarschierten. Auch den Deutschen, der etwa 60 war, und seinen Sohn. Aber sie wollten nicht hören – auf unserer Höhe schien ja die Sonne."

Tödlicher Leichtsinn!

In den folgenden Stunden stürzten auf dem Berg ein ungarischer Kletterer 400 Meter in den Tod, eine italienische Dreier-Seilschaft, ein Franzose, weiter südlich **ein 18-jähriger Tourist.**

Ein Retter: „Die Deutschen fielen etwa 30 Meter tief in eine Gletscherspalte. Andere Bergsteiger sahen sie abstürzen. Wir versuchen, ihre Leichen zu bergen."

2 Vergleiche den Artikel aus der Bild-Zeitung mit dem aus der Süddeutschen Zeitung. Welche Unterschiede fallen mit einem Blick auf? Achte dabei insbesondere auf folgende Punkte: Bild- und Textanteil, Größe der Schlagzeile, Schlagzeile und Textanteil, Gliederung des Textes…

3 Auch Pressefotos sollen der Information dienen und somit ebenso Aufschluss über die W-Fragen geben. Betrachte daraufhin das Foto in der Bild-Zeitung.

4 Vergleiche die Formulierung der Schlagzeile in beiden Zeitungen.

In einem Handbuch für Journalisten heißt es zu den Überschriften:

> Eine Überschrift hat den Kern der Information richtig wiederzugeben und das Leserinteresse zu wecken. Sie darf keine falschen Erwartungen wecken und muss mit einem beschränkten Platz auskommen.

5 Lest nun den Artikel der Bild-Zeitung. Werden alle W-Fragen beantwortet?

6 Zwei Grundsätze der Nachrichten-Gestaltung lauten: „Das Wichtigste zuerst!" und „In einer Zeitungsnachricht haben Kommentierungen nichts verloren!" Nimm dazu Stellung.

7 Vergleicht nun auch die Sprache der beiden Artikel. Achtet dabei auf Satzbau, Satzlänge und den Gebrauch der wörtlichen Rede.

8 Die Bild-Zeitung ist eine Boulevard-Zeitung (*boulevard*, frz. „Straße") oder Straßenverkaufszeitung. Diese Zeitung wird nur von sehr wenigen Lesern abonniert und in der Hauptsache täglich auf der Straße oder im Kiosk angeboten.
Sie muss deshalb immer auf sich aufmerksam machen. Wie gelingt ihr das?

9 „Menschen auf der Straße" wollen schnell informiert werden.
Wie wird die Bild-Zeitung diesem Wunsch gerecht?

10 Die Süddeutsche Zeitung hat eine Auflagenzahl von ca. 400 000 Zeitungen, die Bild-Zeitung dagegen von ca. 4,5 Mio.
Wie sind die unterschiedlichen Verkaufszahlen zu erklären?

11 Vergleicht beide Zeitungen, indem ihr die Berichterstattung und Aufmachung eines aktuellen Ereignisses in beiden Zeitungen untersucht.

12 Führt in der Klasse ein Streitgespräch zum Thema: Pro und kontra Bild-Zeitung.

Regionale Tageszeitungen

Weitere Zeitungen haben über die schrecklichen Ereignisse am Montblanc berichtet, so auch die regionale Tageszeitung „Main-Post", die in der Region Unterfranken erscheint. Folgendes konnte man dazu lesen:

Unter den Bergtoten ist auch Rekordbergsteiger Patscheider

Turnschuh-Alpinisten werden selten gesichtet

Bern (AP/DPA)
Die Todesserie in den Bergen hat auch Rekordbergsteiger Reinhard Patscheider getroffen am Grand Combin im Wallis.

Der 41-jährige Südtiroler, der jetzt geborgen wurde, war nach Angaben seines heimatlichen Alpenvereins bereits am Montag bei Eisregen 80 Meter tief in eine Gletscherspalte gestürzt. Der Vater dreier kleiner Kinder, ein erfahrener Alpinist, galt als ausgezeichneter Kenner des Himalaya und war einer der Großen unter den Extrembergsteigern.

1995 war ihm in der Rekordzeit von nur 22 Stunden im Alleingang die Besteigung des höchsten Berges der Welt, des Mount Everest, gelungen. Für die Eiger-Nordwand hatte er 1983 vier Stunden und 45 Minuten gebraucht, 1984 für die Nordwand des Matterhorns zwei Stunden und zehn Minuten. 1987 war ihm ein Höhenabfahrtsrekord auf Skiern aus 8400 Meter Höhe vom Mount Everest gelungen.

Doch trotz dieses prominenten Opfers und der Unglücksfälle der vergangenen Tage in den Bergen – mit drei weiteren Toten gestern am Montblanc waren es allein dort seit dem Wochenende 13 Opfer – meinen Experten, dass rein statistisch gesehen in diesem Sommer die Zahl der Bergtoten eher niedriger liegen dürfte als im Vorjahr. Zwar gebe es immer wieder Fälle, in denen Urlauber mit Turnschuhen aufs Matterhorn starten würden, berichtet etwa Zermatts Rettungschef Bruno Jelk. Doch Bergsteiger mit so schlechter Ausrüstung seien nicht mehr alltäglich: Generell seien die Alpinisten heute gerade bei Kleidung besser ausgerüstet.

Trotzdem kam es auch in dieser Sommersaison wieder zu Dutzenden Unfällen. Bis Mittwoch starben allein in den Schweizer Bergen 48 Menschen. Für Ueli Mosimann, Unfallexperte des Schweizerischen Alpen-Clubs, täuscht die Unfallserie dieser Tage aber etwas über das tatsächliche Geschehen hinweg. „Mit Ereignissen wie jenem am Mont-Blanc muss natürlich immer gerechnet werden", sagt er. Bisher aber herrschten „eigentlich günstige Verhältnisse."

So sei durch die extreme Wärme heuer der Schnee auf den Bergen sehr stark geschmolzen. Die gefährlichen Übergänge von Fels und Firn seien deshalb gut sichtbar gewesen. Etwa vor zwei Wochen sei zudem sogar das normal blanke Eis sehr weich geworden. Im vergangenen Jahr dagegen sei die rutschige Oberfläche oft mit Schnee bedeckt und damit nicht sichtbar gewesen. Und dass durch Wärme die Gletscherspalten gefährlicher würden, sei eigentlich allen bekannt. Nach Einschätzung von Rettungschef Jelk wird nach der Wärme nun die Kälte zum Problem: Der Nassschnee gefriere, werde hart und glitschig, die Ausrutschgefahr damit größer.

Bei auffallend vielen Bergunfällen dieses Sommers handelt es sich um einzelne Alpinisten, die abgestürzt sind. Mosimann führt dies auf die Entwicklung der vergangenen Jahre zurück. Vor etwa zehn Jahren habe es eine starke Häufung von sogenannten Mitreißunfällen gegeben. Damals sei argumentiert worden, dass ohne das Seil der Schaden begrenzt werden könne. Und diese Einschätzung werde offenbar heute undifferenziert und auch aus Bequemlichkeit befolgt.

Daneben gibt es noch lokale Tageszeitungen, deren Schwerpunkt die örtliche Berichterstattung ist. Die „Saale-Zeitung" im nördlichen Unterfranken hat zu den Bergunfällen folgende **Kurznachricht** veröffentlicht:

Bergsteiger verunglückt

Chamonix (dpa) – Mindestens acht Bergsteiger sind am Montblanc, Europas höchstem Berg, innerhalb von 48 Stunden bei Eisregen tödlich verunglückt. Unter ihnen sind zwei deutsche Bergsteiger, ein Mann und dessen Sohn, wie die französische Hochgebirgsgendarmerie am Montag in Chamonix berichtete. Sie seien am Sonntag am Bosses-Kamm an der Nordseite des Massivs abgestürzt. Sie seien zwar noch nicht gefunden worden, müssten aber als tot gelten. Dort war zuvor schon ein Ungar tödlich verunglückt. Am Montag stürzte ebenfalls an diesem Kamm eine französische Seilschaft ab, wobei eine Bergsteigerin starb. Auf der anderen Seite des Massivs kam ein weiterer französischer Bergsteiger ums Leben. Drei Tote, deren Herkunft zunächst unklar war, sichteten die Rettungsmannschaften vom Hubschrauber aus. Am Wochenende hatte es in mehr als 4000 Meter Höhe am Montblanc geregnet, was sehr selten der Fall ist.

1 Welche Unterschiede in der Berichterstattung sind in den drei Tageszeitungen: Süddeutsche Zeitung, Main-Post und Saale-Zeitung festzustellen? Achtet dabei nicht nur auf die Länge, sondern auch auf den Schwerpunkt der Nachricht.

2 Wie sind die Unterschiede zu erklären?

Die Unfallserie hat in der Öffentlichkeit eine große Resonanz hervorgerufen. Daraufhin hat am 31. August 1998 die Süddeutsche Zeitung zu ihrer Nachricht in ihrem Aktuellen Lexikon noch folgende **Hintergrundinformation** geliefert:

Aktuelles Lexikon: Eisregen

In jüngster Zeit ist einer Reihe von Bergsteigern ein ungewöhnliches Wetterphänomen zum Verhängnis geworden: Eisregen.

Eisregen, oder auch „unterkühlter Regen", entsteht vor allem, wenn Regentropfen aus einer wärmeren, hohen Luftschicht auf eine kältere, bodennahe Luftschicht fallen und dabei auf unter null Grad abgekühlt werden. Wenn der Wassertropfen und die ihn umgebende Luft sehr rein sind, bleibt er trotz der Kälte in flüssigem Zustand; das gilt aber nur, solange er fällt. Beim Kontakt mit dem Boden wird aus dem Wasser in Sekundenbruchteilen Eis. Auf diese Weise kann Eisregen innerhalb von wenigen Minuten ganze Landstriche in regelrechte Rutschbahnen verwandeln. Nach Angaben von Experten regnet es über 4000 Meter Höhe ausgesprochen selten, am Mont Blanc kommt es nach Angaben von Bergführern „normalerweise nur alle zehn Jahre vor".

Für die Bergsteiger kam der plötzliche Niederschlag deshalb völlig überraschend: Er überzog die hochalpine Schneedecke mit einer eisigen Schicht, die hart wie Glas war. Die Männer konnten trotz Steigeisen keinen Halt mehr finden – sie glitten ab und stürzten in die Tiefe. *ajm*

Elektronische Medien

Über Ereignisse mit großem Öffentlichkeitsinteresse wird auch im **Fernsehen** und im **Hörfunk** berichtet. Dies geschieht in der Regel in den speziellen Nachrichtensendungen wie in der „Tagesschau" in der ARD oder in der „heute"-Sendung im ZDF.
Bei Großereignissen senden die Fernsehanstalten eigene Sondersendungen.
Sicher habt ihr schon einmal so einen „ARD-Brennpunkt" oder ein „ZDF-Spezial" gesehen. Darüber hinaus bieten die Fernsehanstalten aktuelle Kurzinformationen in ihrem **Videotext**-Angebot an.
Zahlreiche und insbesondere sehr vielseitige Informationen können im **Internet** abgerufen werden. Nahezu alle überregionalen und regionalen Zeitungen bieten im Internet eine *Home-Page* an.
Auf den täglich aktualisierten Seiten können sich Nutzer über Ereignisse in der Region und in der Welt informieren. In der Regel ist der Name der Zeitung auch die elektronische Adresse. So bietet die Main-Post in Unterfranken unter der Adresse *http://www.mainpost.de* folgende Home-Page an.

1 Sucht im Internet diese Home-Page oder die eurer Tageszeitung. Verschafft euch in einer Surf-Runde einen Überblick von ihrer Informationsfülle.

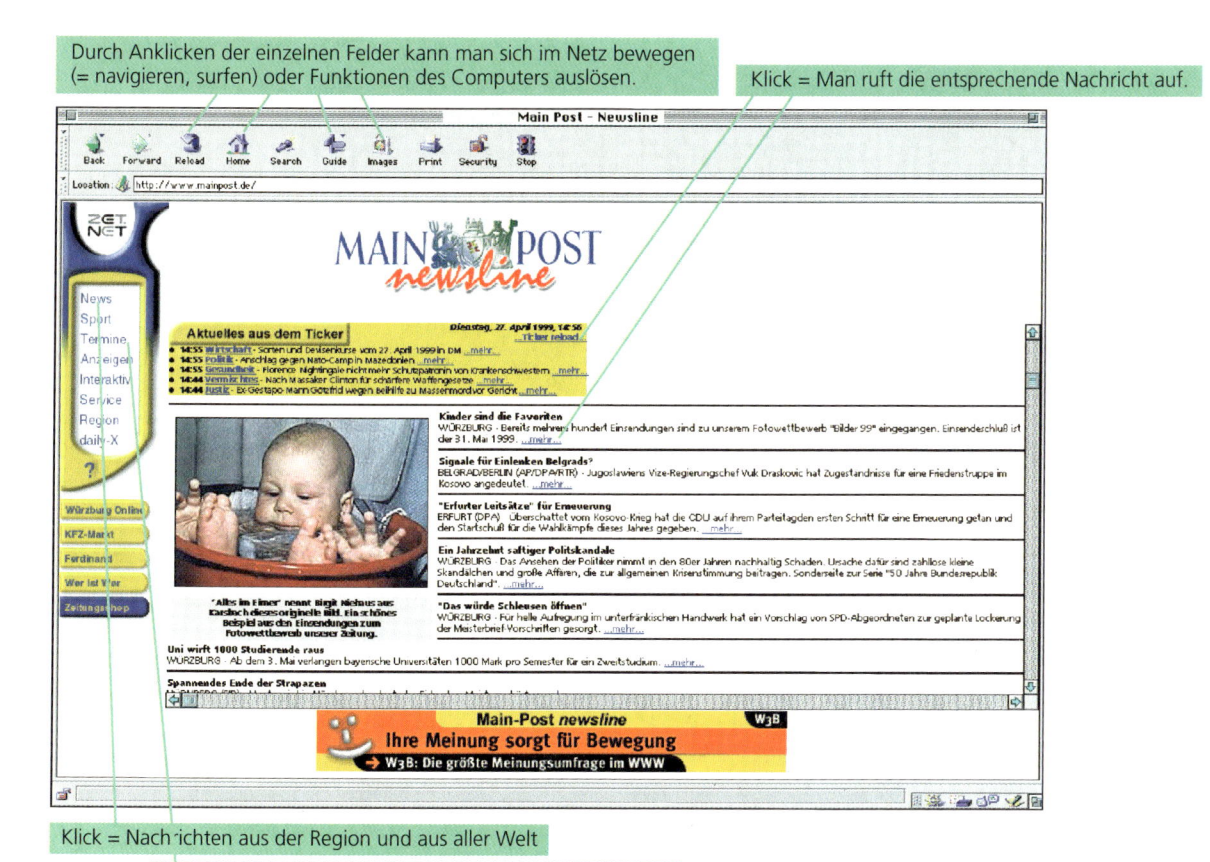

Durch Anklicken der einzelnen Felder kann man sich im Netz bewegen (= navigieren, surfen) oder Funktionen des Computers auslösen.

Klick = Man ruft die entsprechende Nachricht auf.

Klick = Nachrichten aus der Region und aus aller Welt

Klick = Man ruft die aktuellen Veranstaltungstermine auf.

Informationsmedien vergleichen

Jedes Informationsmedium, ob Tageszeitung, Wochenzeitung Fernsehen oder Hörfunk hat sein Vor- und Nachteile.

1 Sucht euch in einer bestimmten Woche ein aktuelles Ereignis aus, dass euch besonders interessiert. Lest dazu die Artikel in den Zeitungen, hört die Nachrichten im Rundfunk, schaut euch die Nachrichtensendungen verschiedener Fernsehprogramme an und beschafft euch Informationen aus dem Internet.

2 Vergleicht die einzelnen Medien auf ihre Vor- und Nachteile.
Legt dazu in eurem Heft folgende Tabelle an:

	Vorteile	Nachteile
Zeitung	☆ ☆ ☆ ☆	☆ ☆ ☆ ☆
Hörfunk	☆ ☆ ☆ ☆	☆ ☆ ☆ ☆
Fernsehen	☆ ☆ ☆ ☆	☆ ☆ ☆ ☆
Internet	☆ ☆ ☆ ☆	☆ ☆ ☆ ☆

Die Reportage

Der Tod des berühmten Extrembergsteigers Reinhard Patscheider hat vor allem in seiner Heimat in Südtirol große Bestürzung verursacht.
In zwei Reportagen hat „Die Südtiroler Wochenzeitung" in den Ausgaben vom 5. September 1998 und vom 21. November 1998 seine Persönlichkeit gewürdigt und den genauen Unfallhergang geschildert:

Norbert Dall'Ò über den letzte Woche am Grand Combin verunglückten Bergsteiger Reinhard Patscheider

„Seids richtig drauf?"

Er könne sich nicht vorstellen, sagte Hans Kammerlander dem Sender Bozen, dass Eisregen schuld an der Katastrophe am Grand Combin sei. Für einen Bergsteiger vom Schlage eines Reinhard Patscheider sei Eisregen kein Problem. Ähnlich habe ich vor nunmehr genau fünf Jahren gedacht, als man mir sagte, Kurt Fritz sei am Ortler, auf dem Normalweg (!), mit einem Kunden in eine Gletscherspalte gestürzt und gestorben. Das kann doch nicht sein, sagte ich mir damals. Das kann einem Kurt nicht passiert sein. Er, der diesen Ortler von allen Seiten und bei jeder Witterung x-mal bestiegen hat, der sich 1986 den Jux erlaubte, gemeinsam mit seinem Freund Reinhard Patscheider diesen fantastischen und für mich unnahbaren Zeigefinger Fitz Roy in Patagonien zu besiegen, und zwar in Rekordzeit. Kurt, der im Stande war auf die Königsspitze zu rennen, nur um von dort oben mit dem Paragleiter hinunter nach Sulden zu schweben? Für diesen Burschen soll eine banale Gletscherspalte an seiner Hausstrecke das Grab geworden sein? Für Bergsteiger ihres Schlages ist Eisregen genauso wenig ein Problem, wie es eine Gletscherspalte ist ... Es sind, wenn schon, Hindernisse, die sie gelernt haben mit dem alpinen Einmaleins zu überwinden. Wer einmal mit einem Bergführer in einem für unsereinen schwierigen Gelände unterwegs war, weiß, dass Leute dieses Schlages auf jede Frage eine leichte Antwort haben.

Reinhard Patscheider

Wo uns die Knie schlottern, fühlen sie sich erst richtig wohl.
Nicht-Bergsteiger können sich wahrscheinlich nicht vorstellen, was es bedeutet, die Matterhorn-Nordwand in 2 Stunden und 15 Minuten zu durchsteigen. Reinhard Patscheider hat dies 1984 getan. Für ihn nichts Besonderes, hatte er doch drei Jahre vorher für alle drei Nordwände oberhalb von Sulden (Ortler, Zebrù und König) nicht mehr als zehneinhalb Stunden benötigt. Und 1983 hatte er die Welt aufhorchen lassen, als er nach nur 4 Stunden und 45 Minuten die berüchtigte, 1.800 Meter hohe, nahezu senkrechte und extrem gefährliche Nordwand des Eiger durchkletterte.
Was das – unabhängig von der gewaltigen physischen Leistung – bedeutet? Voll darauf vertrauen, dass es gut geht. Dass der winzige Vorsprung hält, dass das Eis nicht bricht, dass kein Stein fällt oder – falls er fällt – weit genug vorbei-

donnert. Für eine Sicherung in heiklen Situationen bleibt da keine Zeit. Pech haben ist bei solchen Abenteuern nicht vorgesehen. Ja, Leute dieses Schlages sagen, sie seien gerade deshalb so schnell unterwegs, um dem Pech keine Chance zu geben. …

Menschen wie Reinhard können nur positiv denken. Erich Gutgsell, der Chef der Bergführer, erinnert sich, wie Reinhard Patscheider vor etwa 20 Jahren die so genannte Schaumrolle am König anging. Er, Gutgsell, habe ihm noch gesagt, er solle doch eine lange Eisschraube mitnehmen. Man wisse ja nie. Was soll ich mit diesem Bajonett, lachte der junge Wilde zurück. Schließlich nahm er sie doch mit. Als Gutgsell um 11.30 Uhr mit dem Fernrohr den Gipfel des Königs anpeilte, sah er Folgendes: Der 20-jährige Reinhard pendelte am Seil. Über ihm die Schaumrolle, unter ihm die Nordwand. Minutenlang dauerte es, bis es ihm gelang sich bis zum Eis zu schwingen und sich dort festzuhalten. Jeder andere wäre nach dem Schrecken auf dem „Normalweg" weitergestiegen. Aber was tat Patscheider? „Der Patscheider ging die Schaumrolle ein zweites Mal an. Und diesmal hatte er Erfolg." Man sagt, er sei immer „richtig drauf" gewesen. …

Über Patscheider munkelte man, dass er ein bisschen zu waghalsig sei. Diese Unterstellung stammte aus Kreisen, die sich oft darüber wunderten (und auch ärgerten), wie diesem Autodidakten (die Bergführerprüfung hat er erst relativ spät abgelegt) die unmöglichsten Dinge gelangen, ohne dass er dafür im klassischen Sinne trainiert hätte. Während ein Reinhold Messner seine Touren bis ins kleinste Detail plante, sich entsprechend vorbereitete und nichts dem Zufall überließ, stürmte Patscheider drauflos. Mag sein, dass ihm, dem Spätgekommenen, dem man keine unbestiege-

Gefasste Trauer: Sohn Hagen, Ehefrau Sibylle und Tochter Miriam

nen Gipfel übrig gelassen hatte, nichts anderes übrig geblieben war, als durch die Schnelligkeit von sich reden zu machen.
Und Patscheider, das Naturtalent, der Langtauferer, der den Berg in seinem genetischen Code hatte, war dort, wo es extrem wurde, schnell wie kein anderer. „Er war ein Geist, der die Unruhe des heiligen Augustinus spürte", sagte in seinem schönen Nachruf Pfarrer Josef Hurton beim Begräbnis am Samstag in der Kirche von Pedroß in Langtaufers. Gleichzeitig war Reinhard aber auch die Ruhe in Person: der Ehemann seiner Frau Sibylle, die die Stärke besitzt, ihrem Partner die Freude nicht zu nehmen; der Vater von drei Kindern, denen er jede freie Minute widmete. Hagen, mit zehn sein Ältester, stand mit Papi bereits am Ortler. Unverantwortlich? Oder einfach nur schön das Glück zu haben, keinen Pantoffelhelden und Bierdeckelsammler zum Vater zu haben?
Im Jahr 1985 hatte Reinhard Patscheider unwahrscheinliches Glück. Beim Abstieg vom Himalajariesen Annapuma – er nahm das erste Mal an einer Expedition von Reinhold Messner teil – fiel er aus der Wand und stürzte 500 Meter über ein steiles Eisfeld ab. Es wäre der klassische Tod eines Extremen gewesen. Aber während sein Rucksack nochmals mehrere hundert Meter tiefer in den Felsen zerschellte, blieb Reinhard unverletzt an einem Vorsprung hängen.
Hätte er an diesem 24. August auch nur ein Quentchen jenes Glücks gehabt, wäre dieses verdammte Plateau de Dèjeuncr am Grand Combin trotz Eisregens und Eislawine ein Kinderspiel gewesen. Aber dieses eine Mal hatte er Pech. Ganz banales Pech. ■

Drei Pickel

Die Tragödie am Grand Combin

Was passierte an jenem 24. August am Grand Combin? Als eine der ersten Erklärungen für den Absturz von Reinhard Patscheider und seinen zwei Begleitern wurde Eisregen im steilen Korridor angeführt. Aber die Rettungsmannschaft von Air Glacier schließt eine solche Dynamik aus. Zu FF sagte ein Exponent der Schweizer Bergrettung am Dienstag dieser Woche, dass die Stelle, an der die Bergsteiger abgestürzt sind, nahezu flach und einfach ist. Die drei waren um 9.30 Uhr auf dem 4314 Meter hohen Gipfel des Grand Combin angelangt. Gegen 11 Uhr zog Schlechtwetter auf, die Sicht war schlecht. Trotzdem befand sich Patscheider auf der richtigen Route. Was dann – es muss gegen die Mittagszeit gewesen sein – passierte, ist bislang ein Rätsel. Fest steht (das wurde später festgestellt), dass in etwa 20 Meter Entfernung von ihnen eine Eislawine abging. Die Männer von Air Glacier tendieren zu der Annahme, dass Patscheider und seine Kunden gelaufen sind, als sie die Lawine über sich hörten. Dann müssen sie aber stehen geblieben sein, da sie ihre drei Pickel ins harte Eis rammten. Wurden sie von der Druckwelle der Lawine umgeworfen? Wurde einer von ihnen von Eisbrocken getroffen? Gefunden wurden die drei tags drauf um 11 Uhr in einer Gletscherspalte etwa 100 Meter unterhalb der Stelle, wo ihre Pickel steckten. Patscheider und seine zwei deutschen Freunde, mit denen er bereits mehrmals Touren unternommen hatte, überlebten den Aufprall auf das steinharte Eis in der Spalte nicht.

Einen Tag vorher hatte Reinhard Patscheider während einer Einwärmtour seine beiden Kunden fotografiert: Dabei gelangte im Hintergrund zufällig genau jene Stelle aufs Bild, an der die drei am Tag darauf tödlich verunglücken sollten. Die Bilder waren im Fotoapparat von Ulf Johannsmeier.

---

1 Eine Reportage ist ein **Erlebnisbericht**.
Schreibt die entsprechenden Stellen heraus, an denen ihr das merken könnt.

2 Weiterhin heißt es: „Die Reportage ist aus der Sicht einer Person geschrieben."
An welchen Stellen wird dies im Text deutlich?

3 Vergleiche auch die Darstellung der Ursachen für diesen tragischen Bergunfall in der Main-Post und in der Reportage der Wochenzeitung.
Wie sind die Unterschiede zu erklären?

Das Interview

Was aber sagen die Fachleute dazu? In der Fachzeitschrift „Der Bergssteiger" hat Pit Schubert, der Sicherheitsexperte beim Deutschen Alpenverein, in einem Interview Stellung bezogen:

1 Worauf führt der Sicherheitsexperte die Unfälle hauptsächlich zurück? Wie begründet er seine Meinung?

Tod am Montblanc

Im August kamen in den Westalpen neun Bergsteiger wegen eines seltenen Phänomens ums Leben: Eisregen. Die Behörden in Chamonix verhängten wegen der Unfälle und zahlloser dadurch notwendig gewordener Rettungseinsätze ein Betretungsverbot für den Montblanc. Pit Schubert, Sicherheitsexperte beim Deutschen Alpenverein, beantwortet die Fragen des „Bergsteigers" zum Thema:

Bergsteiger: Ende August kamen am Montblanc acht Bergsteiger ums Leben, kurz darauf verunglückte einer am Grand Combin tödlich. Ursache war ein Eisregen. Können Sie uns dieses Wetterphänomen etwas näher erklären?

Pit Schubert: Eine Warmfront (reicht bis in Höhen von 5000 Meter) folgt einer Kaltfront. Durch zusätzliche nächtliche Abkühlung gefriert der Regen aus der nachfolgenden Warmfront, wenn er den Boden erreicht. Dergleichen passiert ja, wie bekannt, im Winter gelegentlich auch im Flachland.

Bergsteiger: Kommt es eigentlich oft vor, dass es in Höhen von über 4000 Metern regnet?

Schubert: Nein, nur selten.

Bergsteiger: Die Verunglückten waren ordnungsgemäß mit Pickel und Steigeisen ausgerüstet. Warum genügte dies nicht, um festen Halt zu finden?

Schubert: Es dürften überwiegend weniger erfahrene Alpinisten gewesen sein, die einem solchen Wettersturz mehr oder weniger ratlos gegenüberstanden – denn mit vereistem Fels und hartem Blankeis muss man in vielen Routen in der Montblanc-Gruppe grundsätzlich rechnen; außerdem waren zum gleichen Zeitpunkt (also während des Eisregens) hunderte andere Alpinisten ebenso unterwegs, und denen ist kein Unheil zugestoßen. Was noch als Ursache in Frage kommt, ist die Tatsache, dass „faule" Schneebrücken durch die Eisschicht vielleicht einen sicheren Eindruck machten (einige der Verunglückten kamen bei Sturz in Spalten ums Leben, Anm. der Red.).

Bergsteiger: Nur wenige „Normalbergsteiger" schleifen ihre Steigeisen regelmäßig; sie laufen mit stumpfen Gerät herum. Wäre das eine ausreichende Vorsichtsmaßnahme gewesen?

Schubert: An der Schärfe der Steigeisen dürfte es nicht gelegen haben, sondern – wie schon gesagt – am Unvermögen, mit der Situation fertig zu werden.

Bergsteiger: Was kann man Bergsteigern empfehlen, um einem derartigen Eisregen zu entgehen?

Schubert: Vor Antritt der Tour den Wetterbericht einholen. Der wird, täglich aktualisiert, am Bergführerbüro in Chamonix ausgehängt. Am Telefon kann man auch den Alpinen Wetterbericht in Deutschland oder Österreich für das Montblanc-Gebiet abhören – falls man des Französischen nicht mächtig ist; mit dem Mobiltelefon hat man erst recht die Möglichkeit dazu. Natürlich können am Berg Funkschatten auftreten. Aber auch die Hüttenwirte haben immer den aktuellen Wetterbericht und können diesen, auch wenn sie nicht deutsch sprechen sollten, irgendwie verständlich weitergeben. Die heutigen Möglichkeiten, eine Wetterprognose einzuholen, werden viel zu wenig ausgenutzt.

Bergsteiger: Ist es im Jahr 1998 bisher zu besonders vielen Unfällen gekommen?

Schubert: Nach den uns vorliegenden Zahlen nicht. Im Montblanc-Gebiet muss man jährlich mit etwa 40 bis 60 Toten rechnen; dort tummeln sich im Sommer Leute aus allen bergsteigenden Nationen… Bei dieser Vielzahl von Bergsteigern und Kletterern geht es leider nicht ohne Unfälle ab.

Der Kommentar

In einer weiteren Fachzeitschrift „Alpin" hat ein Redakteur zu den Ereignissen einen Kommentar geschrieben. Hier ist seine Meinung:

ALPIN Namen & Nachrichten

Mont Blanc – Schwarze Serie

CK – Man könnte es ja relativieren. Man könnte sagen, es sei eben in jeder Sommersaison eine starke Zunahme der tödlichen Bergunfälle die Regel, insbesondere an den höchsten Bergen. Oder sagen, dass im Straßenverkehr viel mehr passiert. Die Absturzserie im August 1998 hatte viele Ursachen, darunter oft Leichtsinn und schlechte Ausrüstung. Wie immer. Dass ein sehr warmer Sommer besondere Gefahren birgt, kommt hinzu.

Ungewöhnlich an dem Todes-Wochenende am Mont Blanc war aber der heimtückische Eisregen. Wolfgang Asenhuber vom DAV: „Viele Möglichkeiten hat man in solchen Situationen nicht, weil man schlecht oder gar nicht vorwärts kommt und auch nicht mehr zurück!

Bis zum vorletzten Augustwochenende sind im Mont Blanc-Gebiet in diesem Jahr bereits über vierzig Menschen zu Tode gekommen, allein im Juli zwanzig. Man muss aber sehen, dass im Sommer oft 6000 Bergsteiger pro Tag im Massiv unterwegs sind. Zählt man die Bergwanderer dazu, kommt man auf etwa 15 000. Zehn bis fünfzehn Rettungseinsätze pro Tag sind keine Ausnahme.

Der Mont Blanc ist ein Berg, der Massen anzieht. Wie viele darunter sind, die gefährlichen, unvorhersehbaren Situationen gewachsen sind, ist Grauzone. Ausbildung, Ausrüstung, Bergführer können das Risiko nur minimieren. 100-prozentige Sicherheit gibt es nicht, weder im Straßenverkehr, noch bei der Bahn, im Flugzeug, auch nicht beim Bergsport. Auch der beste Bergführer kann sich irren. Die Entscheidung zwischen Ja oder Nein zu einer Tour teilt das Risiko in zwei Hälften: falsch oder richtig. Der Berg bleibt gefährlich, das wird nie anders sein. Das Wissen um die Gefahr, das ist unser wichtigster natürlicher Schutz vor Unfällen.

> Ein Kommentar enthält meist folgende Teile:
> **1. Das Ereignis:** Welches Ereignis wird hier kommentiert?
> **2. Die Erklärungen:** Wie erklärt sich der Autor diese Vorkommnisse?
> **3. Die Meinung:** Zu diesen Vorkommnissen formuliert er seine Meinung.
> **4. Die Begründung:** Wie wird sie von ihm begründet?
> **5. Die Konsequenzen:** Was schlägt er vor?

1 Ordne die Aussagen im Kommentar den Fragen zu.

2 Suche auch in anderen Kommentaren die oben genannten Merkmale.

3 Beschreibe in Stichpunkten die Unterschiede zwischen Kommentar und Nachricht.

Der Leserbrief

In Leserbriefen haben die Leser Gelegenheit ihre Meinung zu aktuellen Ereignissen zu äußern. Sie sind feste Bestandteile einer Zeitung.
Wesentliche Bedingung für die Veröffentlichung eines Leserbriefes ist,
dass der Leserbrief-Schreiber seinen vollen Namen und seine Adresse angibt.
Auch zu der Unfallserie am Montblanc wurden Leserbriefe veröffentlicht.
Hier ein Beispiel:

> In allen Medien wurde über die Absturzserie im Mont-Blanc-Gebiet berichtet.
> Wie so oft dokumentiert die medienwirksame Aufbereitung des Themas eine gewisse Vereinfachung und Verfälschung der tatsächlichen Ereignisse.
> **1. Eisregen:** Der als „tödlich" bezeichnete Eisregen, war nicht unmittelbar die Ursache für die Abstürze. Wir waren mit einer Seilschaft zu eben dieser Zeit auf dem Weg zum Gipfel und hatten keinerlei Probleme mit den Verhältnissen. Mit einer entsprechenden Gehtechnik fanden wir und weitere etwa 100 Bergsteiger mit den Steigeisen einen sehr griffigen Halt im hart gefrorenen Schnee. Von spiegelglatt kann also keine Rede sein.
> **2. Leichtsinn:** Sicher, die Verhältnisse waren nicht so, dass sie einen Fehler verziehen haben. Ein Fehltritt war tödlich, aber es war für einen erfahrenen Bergsteiger durchaus kein Leichtsinn weiter zu gehen. Er kann mit dieser Situation und den wechselnden Verhältnissen am Berg umgehen. Probleme hatten aber offensichtlich diejenigen Bergsteiger, oder sollte man sie besser Bergtouristen nennen, die mit den schwieriger werdenden Verhältnissen überfordert waren.
> **3. Tödliches Risiko des Bergsteigens:** Grundsätzlich ist daher die Frage zu stellen, ob diese Menschenkarawane mit 100 bis 300 Gipfelstürmern noch etwas mit Bergsteigen zu tun hat. Denn man weiß, dass die Mehrheit der Kandidaten am Mont-Blanc sonst nicht auf die Berge steigt und keinerlei oder nur sehr wenig Erfahrung im Umgang mit dem Material und der Technik des Bergsteigens besitzt.
> **4. Unfallbilanz:** Bislang liegt im Mont-Blanc-Gebiet die Unfallbilanz mit etwa 50 Toten im Bereich der Zahlen der vergangenen Jahre. Die Absturzserie ist demnach keine Sensation, sondern die traurige aber durchaus normale Unfallbilanz eines Bergsteigersommers.
>
> Zusammenfassend lässt sich daher vermuten, dass die Berichterstattung in manchen Presseorganen an einer umfassenden Reportage und aufklärenden Information der Geschehnisse am Mont-Blanc nur wenig Interesse hatte und vielmehr die aufreißerische Darstellung der angeblich so „einmaligen und sensationellen" Absturzserie im Mittelpunkt stand. Das so erlebnisreiche, spannende und zugegeben auch gefährliche Bergsteigen wird somit verfälscht dargestellt.
> Wir jedenfalls werden es wieder tun, müssen diese Momente wieder erleben, dieses Hinaufsteigen zwischen die Wolken. Es ist der herrlichste Unsinn der Welt und wer einmal damit angefangen hat ... Ich besteige Berge wegen solcher Augenblicke, nicht nur, um den Gipfel zu erreichen – der ist ein Geschenk – darüber hinaus.
> *Wolfgang Schwab, Garmisch-Partenkirchen*

1 Vergleicht die Meinung dieses Lesers mit der Meinung des Kommentators auf S. 279. Stellt Unterschiede und Gemeinsamkeiten heraus.

2 Sucht Leserbriefe in eurer Tageszeitung und stellt sie in der Klasse vor.

3 Schreibt selbst einen Leserbrief zu einem aktuellen Thema.

Projektidee

Wenn ihr mehr über Zeitungen erfahren wollt, so wendet euch
an eure Regionalzeitung. Viele Redaktionen bieten Besichtigungen an,
um das Innenleben einer Zeitung vor Ort kennen zu lernen.
Oft besteht die Möglichkeit eine Tageszeitung für einen gewissen Zeitraum
für die Klasse zu abonnieren, um täglich in der Schule Zeitung lesen zu können.
Die Main-Post in Unterfranken bietet den Schülerinnen und Schülern
ein umfangreiches Medienprojekt an:

1 Erkundigt euch nach ähnlichen Projekten bei eurer Regionalzeitung.

KLASSE!

Das Medienprojekt für Schulen (1998/99)
von Main-Post, Schweinfurter Tagblatt und Bote vom Haßgau

- Vier Wochen Frei-Abonnement für *KLASSE!*-Schüler
- Fünf Arbeitsmappen als Lehrmaterial
  1. Journalistische Darstellungsformen
  2. Aufbau einer Zeitung
  3. Medium und Meinung/Medienvergleich
  4. Die regionale Tageszeitung
  5. Praktische Tipps zur Pressearbeit
- Redakteure stehen *KLASSE!*-Klassen Rede und Antwort
- Veröffentlichung von Schüler-Artikeln
- Eine kostenlose Kleinanzeige für jeden *KLASSE!*-Schüler
- *KLASSE!* im Internet
- Besichtigung des Druckzentrums der Zeitungsgruppe Main-Post

Textsortenverzeichnis

Balladen/Erzählgedichte
- 157 *Erlkönig* Johann Wolfgang von Goethe
- 158 *Der Knabe im Moor* Annette von Droste-Hülshoff
- 160 *Die Bürgschaft* Friedrich von Schiller
- 164 *Die Brück' am Tay* Theodor Fontane
- 168 *Die Ballade von dem Briefträger William L. Moore* Wolf Biermann
- 170 *Die Ballade von den sieben Schneidern* Wilhelm Busch

Berichte
- 42 *Unsere kleine Farm* Gracemary Cuming
- 120 *Mit dreizehn hat man noch Träume …* Gabriele Heymann

Erzählungen und Kurzgeschichten
- 25 *Fahrerflucht* Josef Reding
- 30 *Die Probe* Herbert Malecha
- 35 *Ein komischer Liebesbrief* Karl Valentin
- 37 *Mein Dorf* Isabella Nadolny
- 55 *Klagelied eines alten Münchners* Siegfried Sommer
- 62 *Über Frieden* Astrid Lindgren
- 64 *Jenö war mein Freund* Wolfdietrich Schnurre
- 67 *Spaghetti für zwei* Federica de Cesco
- 70 *Vorbei ist fast nichts* Renate Welsh
- 72 *Die Mutprobe* Peter Grosz
- 87 *Eifersucht* Tanja Zimmermann
- 88 *Down by the river* Olaf Büttner
- 96 *Das Ende von Etwas* Ernest Hemingway
- 100 *Das Brot* Wolfgang Borchert
- 111 *Die gefrorenen Träume* Willi Fährmann
- 123 *„Eigentlich habe ich keine Lust"* Achim Bröger
- 126 *Masken* Max von der Grün

Gedichte
- 10/21 *Man wünschte sich herzlich gute Nacht* Wilhelm Busch
- 11/139 *Abendständchen* Clemens Brentano
- 12/21 *Ein Fichtenbaum steht einsam* Heinrich Heine
- 12/21 *Humorlos* Erich Fried
- 12/92 *Gedicht* Jürgen Theobaldy
- 13/143 *Großstadt* Egon Rieble
- 14/22 *Nachts* Joseph von Eichendorff
- 14/22 *Nachtlied* Hans Georg Lenzen
- 15/22 *Mittag* Theodor Fontane
- 15/22 *Mittagsstille* Martin Greif
- 16/23 *April* Christine Busta
- 16/137 *Novembertag* Christian Morgenstern
- 17/23 *Baden* Dieter Mucke
- 18/23 *August* Elisabeth Borchers
- 19 *Fünfter sein* Ernst Jandl
- 20 *Selbstbedienungsrestaurant* Hans Manz
- 92 *Dû bist mîn* Unbekannter Verfasser
- 93 *sieben bemerkungen am 5. 12. 76* Ernst Jandl
- 94 *In der Frieh auf un dervoo (nooch Goethe)* Helmut Haberkamm
- 95 *Willkommen und Abschied* Johann Wolfgang von Goethe
- 113 *Nachmittag* Peter Maiwald
- 119 *Ich träume* Mehmet Arat
- 135 *Vorfrühling* Hugo von Hofmannsthal
- 136 *Sommergesang* Paul Gerhardt
- 137 *Im Nebel* Hermann Hesse
- 138 *So kam die Nacht* Wolfgang Bächler
- 138 *Mondnacht* Joseph von Eichendorff
- 140 *Augen in der Großstadt* Kurt Tucholsky
- 142 *Sommersonntag in der Stadt* Georg Britting
- 144 *Das Karussell* Rainer Maria Rilke
- 145 *Das ästhetische Wiesel* Christian Morgenstern
- 145 *Moin, Moin, Morgenstern* Robert Gernhardt
- 146 *So – so* Kurt Schwitters
- 146 *Es sitzt ein Vogel* Wilhelm Busch

Interviews/Augenzeugenberichte
- 51 *Gedanken zu „Heimat"* Schülerinnentexte (Larissa/Violeta)
- 52 *Gespräch mit jugendlichen Aussiedlern*
- 118 *Zukunftsperspektiven und Träume* (Shell-Studie)
- 278 *Interview mit Pit Schubert* Der Bergsteiger

Jugendbuchauszüge
- 45 *Wie Spucke im Sand* Klaus Kordon
- 48 *Heimat ist nicht nur ein Land* Karin Kusterer/Edita Dugalic
- 83 *Liebste Abby* Hadley Irwin
- 90 *Bitterschokolade* Mirjam Pressler
- 205 *Paule Pizolka oder Eine Flucht durch Deutschland* Arnulf Zitelmann
- 211 *Reise im August* Gudrun Pausewang
- 217 *Dann eben mit Gewalt* Jan de Zanger
- 233 *Kartoffelkäferzeiten* Paul Maar

Kommentar
- 279 *Mont Blanc – Schwarze Serie* Unbekannter Verfasser

- 280 **Leserbrief**

Liedtext
- 41 *Bochum* Herbert Grönemeyer
- 77 *Imagine* John Lennon

Reportage
275 „Seid's richtig drauf?" Norbert Dall'Ò
277 *Drei Pickel* Unbekannter Verfasser

Romanauszug
114 *Der Fänger im Roggen*
     (Willst du nicht mit mir fort?)
     Jerome D. Salinger

Sach- und Gebrauchstexte
247–265 *Wüstentexte* Uwe George

Szenische Texte
181 *Beim Arzt* Karl Valentin
183 *Schmeckt's?* Loriot
187 *Dornröschen* Robert Walser
193 *Der Spitzel* Bertolt Brecht

Zeitungsberichte
166 Aus der Vossischen Zeitung vom
     30. 12. 1879
267 *Tödlicher Regen auf 4000 Metern*
     Süddeutsche Zeitung
269 *Eisnacht – 8 Tote am Montblanc*
     BILD-Zeitung
271 *Turnschuh-Alpinisten werden selten
     gesichtet* Main-Post
272 *Bergsteiger verunglückt* Saale-Zeitung
272 *Aktuelles Lexikon: Eisregen*
     Süddeutsche Zeitung
279 *Mont Blanc – Schwarze Serie*
     Alpin (Fachzeitschrift)
281 *Medienprojekt* Main-Post

Quellenverzeichnis

Texte

Arat, Mehmet
119 *Ich träume*
aus: Ute Biedermann, Harry Böseke, Martin Burkert (Hrsg.), Morgen beginnt heute, Beltz & Gelberg, Weinheim und Basel 1981

Bächler, Wolfgang
138 *So kam die Nacht*
aus: Wolfgang Bächler, Die Zisterne, Bechtle Verlag, Esslingen 1950

Biermann, Wolf
168 *Die Ballade von dem Briefträger William L. Moore*
aus: Wolf Biermann, Alle Lieder, © by Verlag Kiepenheuer & Witsch, Köln

Borchers, Elisabeth
18, 23 *August*
aus: Elisabeth Borchers, Und oben schwimmt die Sonne davon, Heinrich Ellermann Verlag, München 1965

Borchert, Wolfgang
100 *Das Brot*
aus: Wolfgang Borchert, Das Gesamtwerk, Rowohlt Verlag, Reinbek b. Hamburg 1949

Brecht, Bertolt
193 *Der Spitzel*
aus: Elisabeth Hauptmann (Hrsg.), Bertolt Brecht, Gesammelte Werke in 20 Bänden, Bd. 3: Furcht und Elend des Dritten Reiches, Suhrkamp Verlag, Frankfurt/Main 1967

Brentano, Clemens
11, 139 *Abendständchen*
aus: C. Hohoff (Hrsg.), Clemens Brentano, Eine Auswahl. Hanser Verlag, München o. J.

Britting, Georg
142 *Sommersonntag in der Stadt*
aus: Ingeborg Schuldt-Britting (Hrsg.), Georg Britting, Gesamtausgabe in Einzelbänden, List Verlag, München 1957–1967

Bröger, Achim
123 *„Eigentlich habe ich keine Lust"*
aus: Kultusministerium Rheinland-Pfalz (Hrsg.), Hör mal zu, wenn ich erzähl. Geschichten von Autoren – von Kindern weitererzählt, Anrich Verlag, Kevelaer 1986

Busch, Wilhelm
10, 21 *Man wünschte sich herzlich gute Nacht*
146 *Es sitzt ein Vogel*
170 *Die Ballade von den sieben Schneidern*
aus: Friedrich Bohne (Hrsg.), Wilhelm Busch. Historisch-kritische Gesamtausgabe, Vollmer Verlag, Wiesbaden und Berlin 1959

Busta, Christine
16, 23 *April*
aus: Hans-Joachim Gelberg (Hrsg.), Die Stadt der Kinder, Georg Bitter Verlag, Recklinghausen 1982

Büttner, Olaf
88 *Down by the river*
aus: Olaf Büttner, Gemischte Gefühle, Verlag Edition Thaleia, St. Ingbert 1995

Cesco, Federica de
67 *Spaghetti für zwei*
aus: Federica de Cesco, Freundschaft hat viele Gesichter, Rex Verlag, Luzern und Stuttgart 1986

Cuming, Gracemary
42 *Unsere kleine Farm*
aus: „jetzt" Nr. 40, 1998, Süddeutsche Zeitung vom 28. 9. 1998, München (Beilage)

Dall'Ò, Norbert
275/277 *„Seids richtig drauf?"/Drei Pickel*
aus: FF – Die Südtiroler Wochenzeitung vom 5. 9. 1998

von Droste-Hülshoff, Annette
158 *Der Knabe im Moor*
aus: Julius Schwering (Hrsg.), Annette von Droste-Hülshoff, Sämtliche Werke in 6 Teilen, Teil 1, Deutsches Verlagshaus Bong & Co., Berlin o. J.

von Eichendorff, Joseph
14, 22 *Nachts*
138 *Mondnacht*
aus: G. Baumann (Hrsg.), Joseph von Eichendorff, Werke, Cotta'sche Buchhandlung, Stuttgart 1953

Fährmann, Willi
111 *Die gefrorenen Träume*
aus: Willi Fährmann, Der weise Rabe, Arena Verlag, Würzburg 1994

Fontane, Theodor
15, 22 *Mittag*
164 *Die Brück' am Tay*
aus: Edgar Groß, Kurt Schreinert (Hrsg.), Theodor Fontane. Sämtliche Werke in 23 Bänden, Nymphenburger Verlagshandlung, München 1964

Fried, Erich
12, 21 *Humorlos*
aus: H.J. Kliewer (Hrsg.), Die Wundertüte. Alte und neue Gedichte für Kinder, Reclam Verlag, Stuttgart 1989

George, Uwe
247 *Wüstentexte*
aus: Uwe George, Geo: Die Wüste, Gruner und Jahr, Hamburg 1981

Gerhardt, Paul
136 *Sommergesang*
aus: Evangelisches Kirchengesangbuch, Schlütersche Verlagsanstalt und Buchdruckerei und Vandenhoeck & Ruprecht, Hannover und Göttingen o. J.

Gernhardt, Robert
145 *Moin, Moin, Morgenstern*
aus: Robert Gernhardt, Wörtersee. Gedichte, Haffmans Verlag, Zürich 1995

von Goethe, Johann Wolfgang
95 *Willkommen und Abschied*
157 *Erlkönig*
aus: Goethes Werke, Hamburger Ausgabe. Textkritisch durchgesehen von Erich Trunz, Christian Wegener Verlag, Hamburg 1948

Greif, Martin
15, 22 *Mittagsstille*
aus: Hans-Joachim Gelberg (Hrsg.), Die Stadt der Kinder, Georg Bitter Verlag, Recklinghausen 1982

Grönemeyer, Herbert
41 *Bochum*
aus: H. Grönemeyer, CD: 4630 Bochum,
© by Grönland-Musikverlag, Berlin 1984
Text und Musik: Herbert Grönemeyer

Grosz, Peter
72 *Die Mutprobe*
aus: Reiner Engelmann (Hrsg.), Morgen kann es zu spät sein. Texte gegen Gewalt – für Toleranz, Arena Verlag, Würzburg 1993

von der Grün, Max
126 *Masken*
aus: Max von der Grün, Fahrtunterbrechung und andere Erzählungen, Europäische Verlagsanstalt, Frankfurt/Main 1965

Haberkamm, Helmut
94 *In der Frieh auf un dervoo (nooch Goethe)*
© by ars vivendi Verlag, Cadolzburg

Heine, Heinrich
12, 21 *Ein Fichtenbaum steht einsam*
aus: Klaus Briegleb (Hrsg.), Heinrich Heine. Sämtliche Schriften in zwölf Bänden, Ullstein Verlag, Frankfurt 1981

Hemingway, Ernest
96 *Das Ende von Etwas*
aus: Ernest Hemingway, 49 Stories, Rowohlt Verlag, Reinbek b. Hamburg 1950

Hesse, Hermann
137 *Im Nebel*
aus: Hermann Hesse, Gesammelte Schriften in sieben Bänden, Bd. 5, Suhrkamp Verlag, Frankfurt/Main 1952

Heymann, Gabriele
120 *Mit dreizehn hat man noch Träume ... Was Jugendliche werden wollen*
aus: Schüler 1998 – Zukunft, Friedrich Verlag, Seelze 1998

von Hofmannsthal, Hugo
135 *Vorfrühling*
aus: Hugo von Hofmannsthal, Gedichte und lyrische Dramen, S. Fischer Verlag, Frankfurt/Main 1952

Irwin, Hadley
83 *Liebste Abby*
aus: Hadley Irwin, Liebste Abby, Beltz & Gelberg, Weinheim und Basel 1993

Jandl, Ernst
19 *Fünfter sein*
aus: Ernst Jandl, Der künstliche Baum, Luchterhand Verlag, Neuwied 1970
93 *sieben bemerkungen am 5. 12. 76*
aus: A. Gustav (Hrsg.), Erotische Gedichte von Männern, Luchterhand Verlag, Neuwied 1987

Kordon, Klaus
45 *Wie Spucke im Sand*
aus: Klaus Kordon, Wie Spucke im Sand, Beltz & Gelberg, Weinheim und Basel 1987

Kratzner, Clemens Thomas
279 *Mont Blanc – Schwarze Serie (Kommentar)*
aus: „Alpin" 10/1998

Kuchenbecker, Tanja
269 *Eisnacht – 8 Tote am Montblanc*
aus: BILD-Zeitung vom 25. 8. 1998, Springer Verlag, Berlin und Hamburg

Kusterer, Karin und Dugalic, Edita
48 *Heimat ist nicht nur ein Land*
aus: Karin Kusterer/Edita Dugalic, Heimat ist nicht nur ein Land. Eine bosnische Flüchtlingsfamilie erzählt, Dachs-Verlag, Wien 1997

Lennon, John
77 *Imagine*
aus: John Lennon, CD: Imagine, © 1971 by Lenono Music/EMI Music Publishing GmbH, Hamburg

Lenzen, Hans Georg
14, 22 *Nachtlied*
aus: Hans-Joachim Gelberg (Hrsg.), Die Stadt der Kinder, Georg Bitter Verlag, Recklinghausen 1982

Lindgren, Astrid
62 *Über Frieden*
aus: L. Binder und Internationales Institut für Jugendliteratur und Leseforschung (Hrsg.), Wir machen Frieden, Esslinger Verlag J. F. Schreiber, Esslingen 1983

Loriot
183 *Schmeckt's?*
aus: Loriots dramatische Werke, Diogenes Verlag, Zürich 1981

Maar, Paul
233 *Kartoffelkäferzeiten*
aus: Paul Maar, Kartoffelkäferzeiten, Verlag Friedrich Oetinger, Hamburg 1990

Malecha, Herbert
30 *Die Probe*
aus: Wilhelm Helmich/Paul Nentwig (Hrsg.), Erzählungen deutscher Dichter, Bd. 5, Westermann Verlag, Braunschweig 1965

Manz, Hans
20 *Selbstbedienungsrestaurant*
aus: Hans Manz, Lieber heute als morgen, Beltz & Gelberg, Weinheim und Basel 1987

Maiwald, Peter
113 *Nachmittag*
aus: J. Fuhrmann (Hrsg.), Gedichte für Anfänger, Rowohlt Verlag, Reinbek 1980

Metzner, Andreas
272 *Aktuelles Lexikon: Eisregen*
aus: Süddeutsche Zeitung v. 31. 8. 1998, Süddeutscher Zeitungsverlag, München

Morgenstern, Christian
16, 137 *Novembertag*
145 *Das ästhetische Wiesel*
aus: Margareta Morgenstern (Hrsg.), Christian Morgenstern. Gesammelte Werke in einem Band, Piper Verlag, München 1961

Mucke, Dieter
17, 23 *Baden*
aus: H.J. Kliewer (Hrsg.), Die Wundertüte. Alte und neue Gedichte für Kinder, Reclam Verlag, Stuttgart 1989

Nadolny, Isabella
37 *Mein Dorf*
aus: Isabella Nadolny, Mein Dorf, in: Merian 7, 1984, Hoffmann und Campe Verlag, Hamburg 1984

Pausewang, Gudrun
211 *Reise im August*
aus: Gudrun Pausewang, Reise im August, Ravensburger Buchverlag, Ravensburg 1995

Pressler, Mirjam
90 *Bitterschokolade*
aus: Mirjam Pressler, Bitterschokolade, Beltz & Gelberg, Weinheim und Basel 1986

Reding, Josef
25 *Fahrerflucht*
aus: Josef Reding, Nennt mich nicht Nigger, Georg Bitter Verlag, Recklinghausen 1978

Rieble, Egon
13, 143 *Großstadt*
aus: W. Rothe (Hrsg.), Deutsche Großstadtlyrik vom Naturalismus bis zur Gegenwart, Reclam Verlag, Stuttgart 1973

Rilke, Rainer Maria
144 *Das Karussell*
aus: Rilke-Archiv in Verbindung mit Ruth Silber-Rilke (Hrsg.), Rainer Maria Rilke. Sämtliche Werke. Insel Verlag, Frankfurt/Main 1962

Salinger, Jerome D.
144 *Willst du nicht mit mir fort?*
aus: Jerome D. Salinger, Der Fänger im Roggen, aus dem Amerikanischen übersetzt von Heinrich Böll, Verlag Kiepenheuer und Witsch, Köln und Berlin 1963

von Schiller, Friedrich
160 *Die Bürgschaft*
aus: Gerhard Fricke, Herbert G. Göpfert (Hrsg.), Friedrich Schiller. Sämtliche Werke, Carl Hanser Verlag, München 1959

Schnurre, Wolfdietrich
64 *Jenö war mein Freund*
aus: Wolfdietrich Schnurre, Als Vaters Bart noch rot war, Berlin Verlag, Berlin 1996

Schwitters, Kurt
146 *So – so*
aus: Friedhelm Lach (Hrsg.),
Kurt Schwitters. Das literarische Werk,
Verlag DuMont Schauberg, Köln 1973

Sommer, Siegfried
55 *Klagelied eines alten Münchners*
aus: Siegfried Sommer, Das große Blasius-Buch, 201 Münchner Geschichten,
Süddeutscher Verlag, München 1976

Steinbichler, Georg und Schubert, Pit
278 *Tod am Montblanc (Interview)*
aus: Der Bergsteiger 11/1998

Theobaldy, Jürgen
12, 92 *Gedicht*
aus: Jan Hans (Hrsg.), Aber besoffen bin
ich von dir. Liebesgedichte, Rowohlt
Verlag, Reinbek b. Hamburg 1979

Tucholsky, Kurt
140 *Augen in der Großstadt*
aus: F. Raddatz, M. Gerold-Tucholsky
(Hrsg.), Kurt Tucholsky. Gesammelte Werke, Bd. 3, Rowohlt Verlag, Reinbek 1960

Valentin, Karl
35 *Ein komischer Liebesbrief*
181 *Beim Arzt*
aus: Michael Schulte (Hrsg.), Alles von
Karl Valentin, Piper Verlag, München 1978

Walser, Robert
187 *Dornröschen*
aus: Spielplatz 10. Kinder spielen Theater,
Verlag der Autoren, Frankfurt/Main 1997

Welsh, Renate
70 *Vorbei ist fast nichts*
aus: Renate Welsh, Zwischenwände, Jungbrunnen Verlag, Wien und München 1993

de Zanger, Jan
217 *Dann eben mit Gewalt*
aus: Jan de Zanger, Dann eben mit
Gewalt, Übersetzer: Siegfried Mrotzek,
Beltz & Gelberg, Weinheim und Basel
1995

Zimmermann, Tanja
87 *Eifersucht*
aus: R. Boldt u.a. (Hrsg.), Das Rowohlt
Lesebuch für Mädchen, Rowohlt Verlag
Reinbek b. Hamburg 1984

Zitelmann, Arnulf
205 *Paule Pizolka oder Eine Flucht durch
Deutschland*
aus: Arnulf Zitelmann, Paule Pizolka …,
Beltz & Gelberg, Weinheim und Basel 1991

Unbekannte Verfasser

51 *Gedanken zu „Heimat"* Schülerinnentexte
52 *Gespräch mit jungen Aussiedlern*
aus: Zeitschrift für Kinder- und Jugendhilfe, Heft 12/1989, Lambertus Verlag,
Freiburg
92 *Dû bist mîn*
aus: Carl von Kraus (Hrsg.), Des Minnesangs Frühling, S. Hirzel Verlag, Stuttgart 1959
118 *Zukunftsperspektiven und Träume*
aus: Jugend '97, 12. Shell-Jugendstudie,
Leske + Budrich, Opladen 1997
166 *Aus der Vossischen Zeitung v. 30. 12. 1879*
267 *Tödlicher Regen auf 4000 Metern*
aus: Süddeutsche Zeitung v. 25. 8. 1998,
Süddeutscher Zeitungsverlag, München
271 *Turnschuh-Alpinisten werden selten
gesichtet*
aus: Main-Post vom 28. 8. 1998
272 *Bergsteiger verunglückt*
aus: Saale-Zeitung vom 25. 8. 1998
273 *Internet-Homepage*
aus: KLASSE! – Projekt der Zeitungsgruppe
Main-Post, 1998
280 *Leserbrief* (Wolfgang Schwab)

Abbildungen

17 George Pierre Seurat, Badende in
Asnières, 1883/84
Bildarchiv Preußischer Kulturbesitz, Berlin
20 K2 Ski-, Sport- und Mode-GmbH, Hassloch
24, 32 Rainer Krause, Bielefeld
35 Interfoto Pressebild-Agentur, München
36 Gabriele Dünwald, Hamburg
38 Bildagentur Huber, Garmisch-Partenkirchen (oben: Alfeld; unten: R. Schmid)
39 Bildagentur Huber; Foto: R. Schmid
41 Conrad Felixmüller, Ruhrrevier I, 1920
Archiv für Kunst und Geschichte, Berlin;
© VG Bild-Kunst, Bonn 1999
42/43 laif, Agentur für Photos und Reportagen,
Köln; Foto: J.M. La Roque
48 Andrew Wyeth, Christinas Welt, 1948
Museum of modern art, New York
50 © Zoro/Magnum Distrib., Photo- und
Presseagentur FOCUS, Hamburg
51 Martin Mezger, Essenbach
54 links: © Roman Bezjak, Photo- und Presse-Agentur FOCUS, Hamburg
rechts: Bavaria Bildagentur, Gauting;
Foto: Tibor Bognar
unten: © Ian Berry, Photo- und Presseagentur FOCUS, Hamburg

62/63	VISUM, Hamburg (zerstörte Telefonzelle/Solingen, Fotos: Wolfgang Steche; Stadion in Rostock, Foto: Gerhard Krewitt; Springerstiefel, Foto: Dietmar Gust); laif, Agentur für Photos und Reportagen, Köln (Gewalt in der Schule, Foto: Regina Bermes); FOCUS, Photo- und Presseagentur, Hamburg (FAP-Zentrale, Foto: Martin Langer; vermummter Fußball-Fan, Foto: G. Mendel/Magnum); zerbrochene Tür, Foto: Günther Menn)
66	Archiv für Kunst und Geschichte, Berlin
70/71	Deutsche Presse Agentur, Hamburg; Fotos: O. Berg, Zentralbild, Hollemann Action Press, Hamburg; Foto: Botschinsky
74	Keystone Pressedienst, Hamburg
75	Archiv für Kunst und Geschichte, Berlin
77	Wilhelm Lehmbruck, Der Gestürzte, 1915/16 Kunstdia-Archiv Artothek, Peissenberg; © Staatsgalerie moderne Kunst, München
82	Gabriele Dünwald, Hamburg
84/85	Rainer Krause, Bielefeld/Klaus G. Kohn, Braunschweig
87	Klaus G. Kohn, Braunschweig
88	Sandro Botticelli, Venus und der schlafende Mars, 1483 Archiv für Kunst und Geschichte, Berlin
90	Foto: Bavaria Bildagentur, Gauting; © Stock Imagery
92	Archiv für Kunst und Geschichte, Berlin
94/95	Rainer Krause, Bielefeld
99	Bildarchiv Waltraud Klammet, Ohlstadt
101	Christopher Wood, Amerikanische Gotik, 1930; © Art Institute of Chicago, New York
110	Gabriele Dünwald, Hamburg
113	Lee Böhm, Leipzig
115	© A. Bohnenstengel, Photo- und Presseagentur FOCUS, Hamburg
116	Bavaria Bildagentur, Gauting; Foto: Masterfile Cooperation
122	Bavaria Bildagentur, Gauting; Foto: FPG
129	© Snowdon/Hoyer, Photo- und Presseagentur FOCUS, Hamburg
134	Adolph von Menzel, Das Balkonzimmer, 1845 Bildarchiv Preußischer Kulturbesitz, Berlin
139	Caspar David Friedrich, Mondaufgang am Meer, 1822 Bildarchiv Preußischer Kulturbesitz, Berlin
140	Bavaria Bildagentur, Gauting; Foto: Harald Theissen
142	Max Liebermann, Papageienallee, 1902 © Kunsthalle Bremen
143	Oskar Schlemmer, Treppenszene, 1925; Hamburger Kunsthalle, © Elke Walford, Hamburg
145	aus: Robert Gernhardt, Wörtersee. Gedichte, Haffmans Verlag, Zürich 1995
146	Archiv für Kunst und Geschichte, Berlin; Foto: Lewis W. Hine, 1930
156	Johann Heinrich Füssli, Der Nachtmahr, 1790 Frankfurter Goethe-Museum, Frankfurt
159	Otto Modersohn, Mondnacht im Teufelsmoor, um 1900 Kunstdia-Archiv Artothek, Peissenberg; © VG Bild-Kunst, Bonn 1999
160–163	Rainer Krause, Bielefeld
166/167	Archiv für Kunst und Geschichte, Berlin
168	Sportimage Fotoagentur, Hamburg
170–172	aus: Friedrich Bohne (Hrsg.), Wilhelm Busch. Historisch-kritische Gesamtausgabe, Vollmer Verlag, Wiesbaden und Berlin 1959
180	oben: aus: Der Bau/Heiner Müller, Ullstein Bilderdienst, Berlin; Foto: Binder/Thiele Mitte: aus: Macbeth/Johann Kresnik, Ullstein Bilderdienst, Berlin; Foto: Binder/Thiele unten: aus: Dreigroschenoper/Bertolt Brecht, Ullstein Bilderdienst, Berlin; Foto: David Beltzer
182	Deutsches Institut für Filmkunde, Frankfurt
195	Bildarchiv Preußischer Kulturbesitz, Berlin
196/197	Ullstein Bilderdienst, Berlin
204	Klaus G. Kohn, Braunschweig
206	Archiv für Kunst und Geschichte, Berlin
212	Yad Nashen, Jerusalem
216	Bildarchiv Preußischer Kulturbesitz, Berlin
226–245	Gerhard Launer, Rottendorf
242	Archiv für Kunst und Geschichte, Berlin
246	Magazin Bildagentur, München
251	Uwe George, Hamburg
252	Uwe Karstens, Hamburg
254/256	Prof. Dr. Peter Fuchs, Göttingen
260/261	oben: © Jörg Wischmann, Photo- und Presseagentur FOCUS, Hamburg unten: Uwe George, Hamburg
264	Bill Ratcliffe
265	oben u. rechts: Uwe George, Hamburg unten: © James L. Amos, Photo- und Presseagentur FOCUS, Hamburg
266/269	Bildagentur TONY STONE, Hamburg
274	Rainer Krause, Bielefeld
275/276	aus: FF Südtiroler Wochenzeitung, Bozen Nr.: 36/98; Fotos: Othmar Seehauser/E & N
277	aus: FF Südtiroler Wochenzeitung, Bozen Nr.: 47/98; Foto: Ulf Johannesmeier

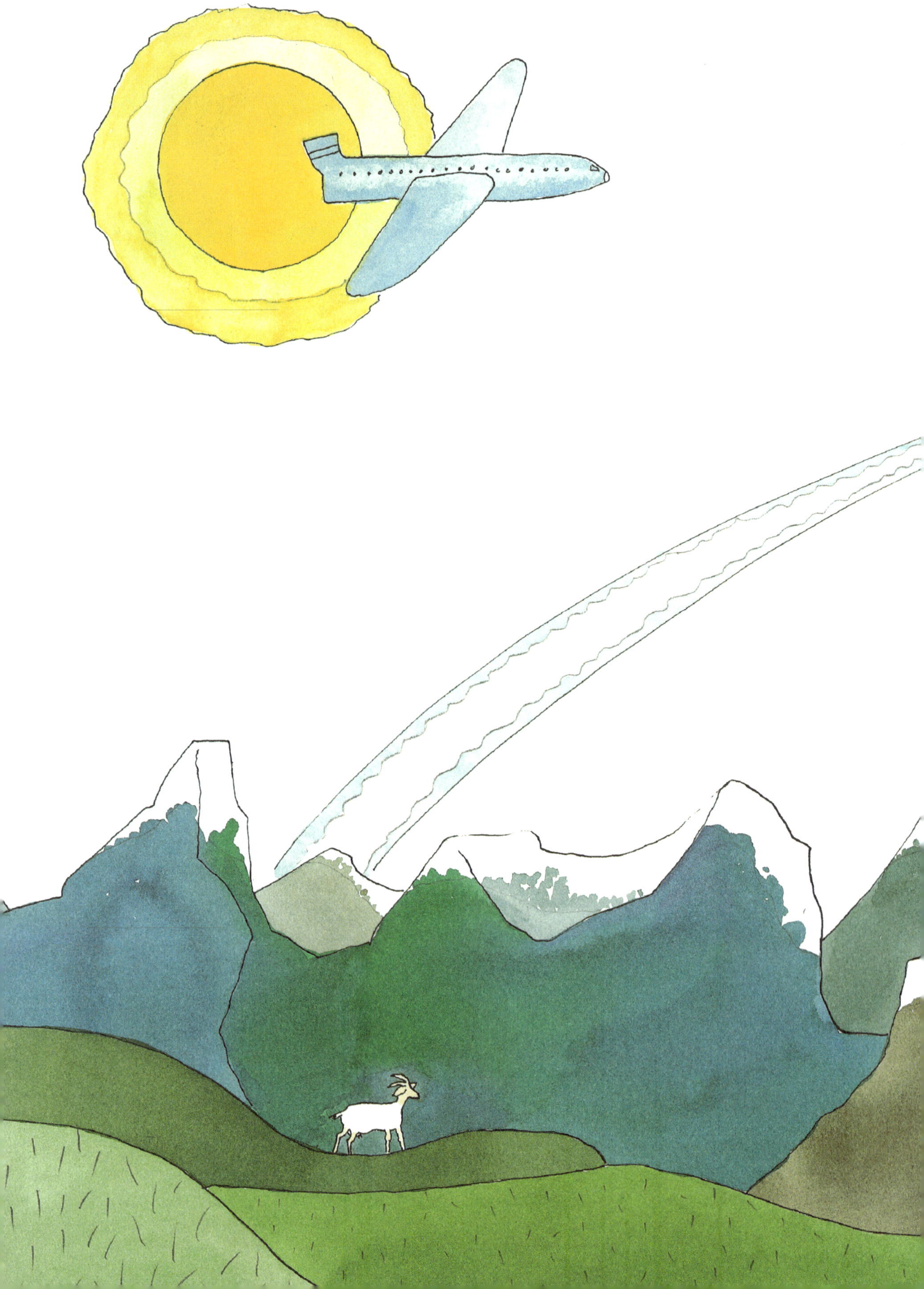